Melchíades Rodrigues Martins

O PREPOSTO E A REPRESENTAÇÃO DO EMPREGADOR EM JUÍZO TRABALHISTA E ÓRGÃOS ADMINISTRATIVOS

DE ACORDO COM A LEI N. 13.467/2017(REF0RMA TRABALHISTA) E LEI 13.874/2019 (LIBERDADE ECONÔMICA)

Conceito de preposto, seu perfil e qualidades, carta de proposição, depoimento e outros temas correlatos fazem parte desta obra.

2ª EDIÇÃO

LACIER

Ficha Catalográfica

Dados Internacionais de Catalogação na Publicação (CIP)
(Câmara Brasileira do Livro, SP, Brasil)

O Preposto e a representação do Empregado em juizo trabalhista e órgãos administrativos / Melchíades Rodrigues Martins - Campinas, SP : Lacier Editora, 2021.

1. Direito 2. Direito do trabalho - Brasil I .

ISBN - 978-65-88805-02-2

65-88805 CDD - 340

Índices para catálogo sistemático:

1. Direito do trabalho : Brasil 34:331 (81)

Diretor: *Lacier José de Rezende*

Direitor Assitente: Eduardo S. Aureliano

Projeto gráco e capa: D7 Livros

Diagramação: D7 Livros

LACIER
www.lacier.com.br

SUMÁRIO

AGRADECIMENTOS

Em razão da minha aposentadoria ocorrida em 31.8.01, como Juiz Presidente da 2ª Vara do Trabalho da cidade de Assis, Estado de São Paulo, fui homenageado em uma sessão de confraternização, em jantar oferecido, com a participação da minha família, numa festa da qual jamais poderei esquecer, porque marcante em minha vida de Magistrado.

Desejo, nesta oportunidade, registrar a minha gratidão à cidade de Assis, pela maneira carinhosa com que me acolheu durante o período que lá estive e mencionar dentre todos os amigos e familiares que propiciaram a inolvidável homenagem de despedida, como segue:

Dr. Marco Antonio de Souza Branco, Juiz Presidente da 1º Vara do Trabalho de Assis e Diretor do Fórum;

Dr. José Antonio de Oliveira. Diretor de Secretaria;

Sandra Regina Pagnan, Assistente de Juiz e

Cláudia Regina Spricido, Secretaria de Audiência, todos da 2ª Vara do Trabalho;

Servidores do Fórum de Assis;

Amigos e familiares presentes ao evento;

Colegas Magistrados e seus familiares;

Advogados da Região de Assis e suas Entidades de Classe;

Vereadores de Assis; e Juízes componentes da Amatra XV e do TRT da 15ª Região e dos seus servidores, dos quais sempre recebi boa acolhida.

Gratidão e compreensão da minha querida esposa Maria Lydia, dos filhos: Dr. Fernando, também colaborando na leitura dos temas e apresentando sugestões; Dra Ana Paula, Eduardo e Flávia; do genro Antonio Luiz e dos netos Nathalia e Victor, todos privados da minha presença nos momentos dedicados a esta obra.

E, por último, agradeço, e muito, ao Dr. Irany Ferrari pelas suas sugestões neste empreendimento.

Quis Deus que nesta 2ª Edição a família tenha aumentada, com mais um genro Vinicius, nora Vanessa, e mais quatro netos, Guilherme, Miguel, Marina e Thiago. Agradeço também a Deus pela família que tenho e que sempre foi o meu suporte para chegar até aqui.

APRESENTAÇÃO

A função de preposto na Justiça do Trabalho, no âmbito da empresa, no judiciário trabalhista e nos órgãos administrativos sempre nos cativou, daí a razão dessa segunda edição já que a primeira se acha esgotada.

Ocorre que, por vários anos, quando ligado à área de pessoal, exercendo inclusive a gerência de pessoal de um grupo econômico, fomos designados para a referida função em várias ocasiões, notadamente quando o processo exigia mais cuidado na representação.

Tivemos a oportunidade de funcionar como preposto em processos com renomados advogados, entre eles, os Drs. Irany Ferrari e o saudoso Octavio Bueno Magano. Este não só nos incentivou a seguir a carreira jurídica como nos deu total apoio na empreitada. E quis o destino que tempos depois passássemos a ser o responsável pelo jurídico-trabalhista do mesmo grupo econômico e os contatos com ele passaram a ser mais frequentes em virtude de ser um dos consultores jurídicos contratados pelo grupo econômico.

Conforme dissemos na primeira edição, a pessoa indicada para ser representante do empregador perante a Justiça do Trabalho deve ter todos os predicados que a função exige, e muita responsabilidade, já que o seu depoimento será considerado como se fosse do próprio empregador. Normalmente, a indicação recai sobre empregados que exercem funções de confiança ou se equiparam a eles, principalmente em processos de relevância ou então por funcionários treinados para a respectiva função.

Com a Lei n. 13.467, de 13.7.2017, o preposto poderá ser empregado ou não, em face da inclusão do § 3º no art. 843 da CLT, que estatui:

> ***§ 3º O preposto a que se refere o § 1º deste artigo não precisa ser empregado da parte reclamada.*** (NR)

Sempre sustentamos esse entendimento ora trazido pela Lei n. 13.467, de 13.7.2017, o que está exposto em artigo reproduzido no Capítulo III que trata do preposto, empregado ou não, em que enfatizamos que o Tribunal Superior do

Trabalho deveria rever a sua Súmula n. 377. Muitas foram as razões lá expostas contrárias à referida Súmula, mas uma delas nos pareceu preponderante, ou seja, se o empregador comparece para se defender em juízo, ainda que o seu representante não seja empregado, não é justo aplicar-lhe os efeitos da revelia e da confissão ficta.

A verdade é que a exigência de ser empregado não decorreu de lei, mas sim de uma interpretação, nem sempre conformativa com o princípio da razoabilidade. Ademais, se o empregador não escolheu certo o seu representante responderá pelos prejuízos advindos da respectiva indicação ou nomeação.

Mas, de qualquer forma, é importante que o empregador indique pessoa capacitada para representá-lo em audiência, sendo recomendável que seja empregado porque carregará consigo um perfil e qualidades que o identificam com os interesses do representado. Só pelo fato de conhecer a empresa e o que se passa no seu ambiente de trabalho já terá mais condições de melhor representação. Além do mais, se o advogado da parte adversa tiver conhecimento de que o preposto não é empregado, e mesmo o juiz, por certo farão perguntas que provavelmente não seriam feitas a um preposto empregado.

Como magistrado, nunca deixamos de ouvir as partes em audiência, a não ser em casos que envolvessem matéria de direito ou então quando era prescindível o seu depoimento. A oitiva das partes também se recomenda, pois o que está escrito na petição inicial ou na defesa nem sempre representa a desejada verdade ou com ela se aproximar.

Em determinadas situações verificamos o descaso do empregador na indicação do preposto ou do seu representante. Isso aconteceu em um processo em que, ouvindo o preposto, fomos surpreendidos com a informação do advogado do reclamado de que o preposto tinha sido admitido há poucos dias e não tinha conhecimento dos fatos questionados. Noutro caso, o preposto desconhecia os fatos porque trabalhava em outro local de trabalho e consequentemente não tinha conhecimento dos fatos. Em tais processos as decisões não poderiam ser favoráveis ao empregador, na falta de outras provas.

Como está demonstrado no Capítulo III, o preposto não precisa ter presenciado os fatos, sendo necessário apenas que tenha conhecimento sobre eles, que poderá derivar de relatório ou de informações colhidas por auditoria ou por outros empregados da empresa.

Nesta 2ª edição acrescentamos outros capítulos com o objetivo de fornecer novas considerações sobre o tema e seus desdobramentos, sobretudo diante das novas regras trazidas pela Lei n. 13.467, de 13.7.2017, a qual foi denominada de reforma trabalhista. Muitos capítulos da primeira edição foram atualizados com doutrina e jurisprudência, esta última, com a utilização de ementas extraídas do Suplemento de Jurisprudência LTr, do qual fomos responsáveis até décimo nono ano ou de outras publicações.

Finalmente, a presente obra é a continuação da primeira, com o mesmo objetivo de trazer as questões envolvendo o papel do preposto e a sua participação em juízo trabalhista e órgãos administrativos. Esperamos que o objetivo seja alcançado, embora saibamos pela nossa experiência que é praticamente impossível esgotar toda a matéria sobre o tema.

CAPÍTULO I

CONCEITO DE PREPOSTO E SUA IMPORTÂNCIA PARA O EMPREGADOR

O empregador ou a empresa quando recebe a reclamação trabalhista, a primeira providência que terá que tomar é o registro de entrada com as informações necessárias para o respectivo controle, citando, como exemplo, a Vara do Trabalho onde tramitará o processo, o dia em que se realizará a audiência e o respectivo horário. Normalmente, esse trabalho é feito pelo preposto.

Em seguida, é necessário arregimentar os documentos pertinentes à causa trabalhista, tomando-se por base a pretensão e outras informações que interessam a defesa do empregador. Normalmente, tais incumbências ficam por conta do preposto que tende a ser o representante do empregador no dia da audiência trabalhista. Normalmente é a rotina que ocorre no âmbito da empresa, sendo que nas grandes empresas se exige um departamento específico para atender à demanda dos serviços.

A defesa perante a Justiça do Trabalho é feita pelo advogado, sustentando serem inverídicas as alegações constantes da petição inicial, na sua totalidade ou parcialmente.

Além da presença do advogado, imprescindível na defesa dos interesses do empregador, conforme dispõe o art. 133 da CF, caberá também ao empregador comparecer à audiência, ou por outra pessoa por ele indicada, no caso, o preposto que se identificara com uma carta de preposição. Sobre a carta de preposição nos reportamos ao capítulo V, em que tratamos desse tema.

A verdade é que, o preposto, como representante do empregador no processo do trabalho tem uma significativa importância, pois, na prática, tudo que ele disser ou que venha a conciliar no processo, será como se fosse o próprio empregador. Sua participação no processo se dá em várias situações, as quais serão tratadas em capítulos na presente obra.

O preposto do empregador, normalmente, é o gerente ou outro empregado de sua inteira confiança, no qual ele delega a responsabilidade pelo depoimento em seu nome. Em processo de alta envergadura exige-se que o preposto não só tenha conhecimento dos fatos alegados na petição inicial, mas também dos argumentos apresentados na defesa, e por último, ter muito cuidado com as respostas dadas em audiência para não incidir em confissão.

A permissibilidade de o empregador fazer substituir-se pelo gerente ou qualquer outro preposto que tenha conhecimento dos fatos está prevista no art. 843, § 1º, da CLT que diz:

> *É facultado ao empregador fazer-se substituir pelo gerente, ou qualquer outro preposto que tenha conhecimento do fato, e cujas declarações obrigarão o preponente.*

Justifica essa faculdade Décio Sebastião Daidone ao afirmar que:

> *[...] a nomeação de 'preposto' é faculdade do empregador, pois seria difícil, e em alguns casos até impossível, o seu comparecimento pessoal em juízo, como em regra é determinado pelo* caput *do art. 843, principalmente quando se tratar de empresas de médio e grande porte e às vezes de direito público.*[1]

Na verdade, tão somente quando está no polo passivo de reclamação trabalhista, pequena empresa ou microempresário, a representação quase sempre é feita pelo respectivo sócio da empresa. Já o mesmo não se pode falar das médias e grandes empresas. Nessas, a representação é feita, na sua maioria, pelas mesmas pessoas, as quais são preparadas para essa função, pois não teria sentido o comparecimento de pessoa despreparada para funcionar como preposta por envolver responsabilidade para o seu empregador.

Também o deslocamento de empregado de um determinado setor da empresa para o desempenho das funções de preposto poderia causar prejuízo ao andamento dos serviços e não é aconselhável o envolvimento de outros empregados em questões conflituosas ou litigiosas, as quais devem ficar mais afetas à administração, de modo

1 DAIDONE, Décio Sebastião. *Direito processual do trabalho, ponto a ponto.* 4. ed. São Paulo: LTr, 2016. p. 137.

a não dar propagações ou conhecimentos de questões trabalhistas que devem ficar no âmbito interno do empregador.

Logo, todas essas considerações nos levam à compreensão do papel do preposto e da sua conceituação.

Primeiramente, a acepção do termo preposto "vem de *praepositus*, termo latim, que é tida como uma pessoa colocada adiante, posta a frente de uma operação para conduzi-la e dirigi-la"[2].

Nesse raciocínio, é a lição de George de Oliveira Nobre, para quem:

> *O preposto é a pessoa nomeada/designada por alguém para assumir a direção ou pôr-se à frente de qualquer serviço. No setor jurídico trabalhista o termo Preposto significa o representante do empregador para representá-lo em juízo.*[3]

Também sobre o tema Rodrigo Garcia Schwarz afirma que:

> *O preposto é a pessoa que, no direito empresarial ou do trabalho, substitui o titular do negócio ou do ato a ser praticado, chamado de preponente, representando-o por delegação. O preposto é, portanto, auxiliar direto, empregado ou não, ao qual são delegados, pelo empresário ou pela sociedade empresária, poderes de representação perante terceiros.*[4]

Referindo-se ao preposto no processo do trabalho, na sua origem, assinala o saudoso Emílio Gonçalves que:

> *No Direito do Trabalho, o termo constava da redação primitiva do art. 29, § 1º, da CLT, no qual determinava que as anotações na Carteira de Trabalho e Previdência Social deveriam ser feitas pelo próprio empregador*

2 MENDONÇA, José Xavier Carvalho de. *Tratado de direito comercial brasileiro.* Rio de Janeiro: Freitas Bastos, 1933. p. 436.

3 NOBRE, George de Oliveira. *O preposto na justiça do trabalho.* 2. ed. São Paulo: LTr, 2013. p. 19.

4 SCHWARZ, Rodrigo Garcia (org.). *Dicionário:* direito do trabalho; direito processual do trabalho. Direito previdenciário aplicado ao direito do trabalho. São Paulo: LTr, 2012. p. 758.

ou por preposto devidamente autorizado (o referido artigo teve sua redação alterada pelo Decreto-lei n. 229, de 28.2.1967). Utiliza-o a CLT, no § 1º do art. 843, ao facultar ao empregador fazer-se substituir, na audiência de instrução e julgamento, pelo gerente ou qualquer outro preposto que tenha conhecimento do fato e cujas declarações obrigarão o preponente. Assim também o art. 483, letra e *("praticar o empregador, ou seus prepostos, contra ele 'o empregado ou pessoas de sua família, ato lesivo da honra e da boa fama") e* f *("O empregador ou seus prepostos ofenderam-no (o empregado) fisicamente, salvo legítima defesa própria ou de outrem"). O termo aparece, ainda, no art. 630, § 3º, da CLT.*[5]

Assim, depois de tais considerações, podemos concluir que:

> ***O preposto, no âmbito da Justiça do Trabalho, é aquela pessoa indicada pelo empregador para ser seu representante em audiência trabalhista e suas declarações, favoráveis ou desfavoráveis ao desfecho do processo, serão tidas como sendo do próprio preponente.***

Como se observa na referida definição do preposto, no âmbito da Justiça do Trabalho, não fizemos menção a empregado especificamente, mas à pessoa indicada pelo empregador, pois sempre sustentamos que o preposto não precisava ser empregado, o que contrariava o entendimento mais tarde consagrado no Tribunal Superior do Trabalho, ou seja, de que o preposto deveria ser empregado.

A edição da Orientação Jurisprudencial da SDI n. 99, do Tribunal Superior do Trabalho, veio a dispor no sentido apontado:

> *Preposto. Exigência da condição de empregado, exceto quanto à reclamação de empregado doméstico. O preposto deve ser necessariamente empregado do reclamado. Inteligência do art. 843, § 1º, da CLT.*

Posteriormente, a referida Orientação Jurisprudencial foi transformada na Súmula n. 377, sofrendo alteração e, culminando com a seguinte redação:

5 GONÇALVES, Emílio. *O preposto do empregador no processo do trabalho.* 3. ed. São Paulo: LTr, 1995. p. 16.

PREPOSTO. EXIGÊNCIA DA CONDIÇÃO DE EMPREGADO. Exceto quanto à reclamação de empregado doméstico, ou contra micro ou pequeno empresário, o preposto deve ser necessariamente empregado do reclamado. Inteligência do art. 843, § 1º, da CLT e do art. 54 da Lei Complementar n. 123, de 14 de dezembro de 2006.

Com a Lei n. 13.467, de 13.7.2017, denominada de Reforma Trabalhista foi inserido o § 3º no art. 843 da CLT, assim disposto:

§ 3º O preposto a que se refere o § 1º deste artigo não precisa ser empregado da parte reclamada. (NR)

Diante dessa norma, fica claro que a partir da vigência da Lei n. 13.467, de 13.7.2017, o preposto não precisa ser empregado da empresa, tudo indicando que os termos da Súmula n. 377 do TST só teve validade até o dia 10.11.2017, já que a partir de 11.11.2017 passou a vigorar o disposto no § 3º do art. 843 da CLT, acima destacado.

Entretanto, é recomendável que o preposto seja sempre empregado, já que estará mais preparado para bem representar o seu empregador, diferente daquele que está fora do ambiente de trabalho. Nos capítulos seguintes serão tratados temas relacionados com a figura do preposto e sua importância como representante do empregador.

Jurisprudência

O preposto é aquela pessoa que pressupõe ter pleno conhecimento das questões fáticas relativas à vida da empresa que representa. Demonstrando ele falta de intimidade com a matéria de fato, compromete a defesa do empregador, já que, à guisa do § 1º do art. 843 da CLT, as declarações do preposto obrigarão o preponente. (TRT — 12ª R. — 3ª T. — Ac. n. 008388/95 — Relª Juíza Lília L. Abreu — DJSC 6.11.1995 — p. 95). *Revista do Direito Trabalhista*, Brasília: Consulex.

CAPÍTULO II

PREPOSTO, O SEU PERFIL E QUALIDADES

O preposto, como representante do empregador, em audiência trabalhista, além de conhecer os fatos alegados na reclamação trabalhista, deve ter um perfil que se identifique com a empresa e que possa bem representá-la em audiência.

A jurisprudência não reconhece que a pessoa que exerça a função de representante do empregador em audiência trabalhista seja ocupante de cargo de confiança no amplo sentido doutrinário (art. 62, II, da CLT), a não ser que tenha outras atribuições relevantes que figurem no círculo do cargo, conforme veremos no Capítulo XXI desta obra.

Entretanto, não temos dúvida em afirmar que a pessoa que estará à frente do juiz para representar o empregador deverá ser uma pessoa que lhe inspire confiança, até porque não raras vezes terá que ter poderes para conciliar em seu nome com a parte contrária, com o objetivo de pôr fim ao processo.

A verdade é que tivemos a oportunidade de ser preposto em muitas ações trabalhistas, já que exercemos a função de responsável pela área de pessoal de um grupo econômico e, posteriormente, responsável pelo corpo jurídico trabalhista de todas as empresas do mesmo grupo. Nesse contexto, os processos de relevância tinham a nossa participação como preposto e, por essa razão, sabemos da dificuldade enfrentada nas audiências trabalhistas.

Às vezes, como preposto, pensávamos que o empregador é quem deveria estar na presença do Juiz fazendo-se a representação, dadas as perguntas formuladas pela parte adversa (advogado), principalmente quando se tem um patrono do lado do trabalhador aguerrido no bom sentido, ou seja, tentando de todas as formas a obtenção da desejada confissão da parte empregadora e lograr êxito na demanda.

Aliás, o preposto muitas vezes tem que se utilizar de elucubrações mentais (encontrar uma resposta rápida) que se conforme com a defesa a fim de não comprometer o processo com uma resposta que leve à confissão da reclamada e pondo tudo a perder.

Assim, além do necessário discernimento para o exercício da função de preposto no plano processual, ele tem que ter um perfil e qualidades que o identifiquem com o seu empregador. Ultimamente, surgiram algumas considerações a respeito de tais requisitos.

Com efeito, George de Oliveira Nobre traça o seguinte perfil de preposto:

> *[...] deverá ser alguém comprometido com os interesses da empresa, ter ambição em conseguir buscar a inocência do seu empregador, habilidade na coleta de informações e provas para a solução dos fatos, é imprescindível que o preposto seja conhecedor dos fatos sobre os quais será o dissídio. Sua atuação junto ao advogado é de suma importância, tem que haver sinergia entre ambos, para se conseguir o resultado esperado. Não estamos dizendo que o preposto tem que ser obrigatoriamente alguém com conhecimentos profundos em Direito do Trabalho, mas que seja interessado sobre o assunto.*[6]

Já, Roni Genicolo Garcia, na sua obra *Manual de Rotinas Trabalhistas — Problemas práticos na atuação diária* — descreve as qualidades do preposto ao afirmar que:

> *A empresa deve selecionar, para ser seu preposto, uma pessoa de bom-senso e que inspire confiança; um empregado que se comporte na audiência com sobriedade, desembaraço e educação em relação a todos os presentes, em particular com referência ao magistrado; um representante da empresa que aja nessa conformidade, apresentando-se formalmente vestido e formulando respostas polidas, não provocativas, sem ironias, para as perguntas dirigidas pelo juiz presidente durante a inquirição.*[7]

6 NOBRE, George de Oliveira. *O preposto na justiça do trabalho*. 2. ed. São Paulo: LTr, 2013. p. 19.

7 GARCIA, Roni Genicolo. *Manual de rotinas trabalhistas* – problemas práticos na atuação diária. 10. ed. São Paulo: Gen/Atlas, 2017. p. 339.

Diz ainda que:

> *O preposto não deve se inflamar na defesa dos interesses da empresa, mas, se o fizer e for admoestado pelo magistrado, com a advertência de que cabe ao advogado postular pela reclamada, o empregado com a preposição deve ter a suficiente serenidade para acolher a reprimenda. O preposto deve ser informado de que a direção do processo e a condução da audiência cabem ao juiz. O desrespeito a essa autoridade configura crime de desacato.*[8]

Acrescenta mais o autor que:

> *O preposto deve desejavelmente possuir razoável noção da legislação trabalhista, em condições de entender as pretensões descritas na petição inicial e as razões opostas pela empresa em sua contestação, bem como aptidão para identificar os documentos relacionados com a empresa que estejam nos autos e os respectivos significados, produtores e signatários dos documentos e o momento de produção.*[9]

Por outro lado, o preposto deve ser preparado para a referida função, principalmente quando empregado, já que deverá conhecer a empresa e sua política de pessoal, todos os aspectos do contrato de trabalho, se possível, sendo importante a sua ajuda na obtenção de documentos necessários à defesa, indicação de testemunhas certas, e não instruídas, para que estas não enfrentem situações que possam levar ao possível crime por falso testemunho. O conhecimento da rotina de uma audiência também contribui para o bom desempenho do empregado na função do preposto e facilita o processo para o advogado.

O ideal é a utilização de estudantes na área de Direito, cuja prática adotamos quando fomos responsáveis pela área jurídica de um grupo econômico no que, com o tempo, tais pessoas, pela prática em audiências trabalhistas se tornaram profissionais competentes, com destaque na própria empresa ou em outras.

8 *Idem*, .p. 339

9 GARCIA, Roni Genicolo. *Manual de rotinas trabalhistas* – problemas práticos na atuação diária. 10. ed. São Paulo: Gen/Atlas, 2017. p. 339.

É evidente que, se o preposto tiver qualidades inerentes à referida função, ele poderá contribuir em muito na defesa dos interesses do empregador mormente quando evita a aplicação dos efeitos da confissão. Aliás, o preposto muitas vezes tem que agir com vivacidade na sua função pois nem sempre as pretensões colocadas na peça inicial correspondem à verdade.

Por exemplo, há caso de o reclamante postular horas extras com a afirmação de que o seu trabalho ocorria diariamente até as 20 horas, sem marcação de ponto.

O preposto com uma visão do processo e, atendo-se à futura prova testemunhal procurará saber se o reclamante estudava à noite e, se a resposta for afirmativa, se inteirará do horário de início das suas aulas. Essas informações poderão ser obtidas com os colegas de trabalho e serão importantes para o advogado que patrocina a causa, a fim de fazer parte da defesa e da instrução probatória. Com isso poderá ser demonstrado que o reclamante não trabalhava normalmente no horário declinado na inicial, uma vez que as aulas se iniciavam às 19h00.

É importante o levantamento de possíveis testemunhas do autor da demanda (trabalhadores que saíram da empresa próximos à data da reclamatória) ou ex-reclamantes, e sopesar os limites do seu conhecimento sobre os fatos relacionados com a causa. Nesse caso, as informações colhidas pelo preposto ou outras que interessam à causa serão de grande valia para o advogado da empresa.

Pela nossa experiência como magistrado muitas vezes ficou claro pela prova produzida nos autos que o trabalhador só laborou esporadicamente no horário declinado na inicial em que apontava uma jornada diária elastecida com o objetivo de ter vantagens na reclamação, ou seja, na possível decretação da revelia e a confissão ficta do empregador.

Por essa razão, é que a empresa tem que adotar e fiscalizar o trabalho no sentido de que a assinalação dos horários cumpridos pelos empregados seja correta. A idoneidade dos cartões leva o Juiz a confiar na prova produzida nos processos ligadas à empresa, o que será diferente quando estes documentos se afastam da realidade ao se verificar as mesmas irregularidades em outros processos da mesma empregadora.

Muitas outras situações poderiam ser citadas no universo dos processos trabalhistas tomando-se o período em que atuamos como preposto, advogado, responsável pela área jurídico-trabalhista, assessor de desembargador de Tribunal Regional do Trabalho e, finalmente, magistrado.

Aliás, a atuação do preposto no processo não é tarefa fácil. É que, por mais que se analise a causa e suas pretensões, nunca ficará sabendo, com antecedência, as perguntas que serão formuladas em audiência, quer pelo Juiz, quer pelo advogado adverso (por meio do juiz), e o mau desempenho, até involuntariamente, poderá trazer resultado desfavorável ao processo e ao seu empregador, como parte.

Na atualidade, grande parte das empresas já está preocupada com a área jurídico-trabalhista, deixando aquela visão já superada de que ela seria apenas geradora de custos sem retorno.

Uma política adequada e preventiva da empresa no sentido de se evitarem reclamações trabalhistas contribui para uma boa administração. Esta, por sinal, é reconhecida pelo número de processos trabalhistas existentes. Os conflitos judiciais, procedentes parciais ou não, não são bem vistos pelos demais trabalhadores, como também criam uma imagem negativa da empresa perante o judiciário trabalhista.

Lembramos, por último, que o preposto, devidamente apto para a função e conhecedor dos conflitos trabalhistas que envolvem a empresa ou empresas, poderá contribuir em muito com a administração empresarial, principalmente no apontamento de possíveis falhas da empresa no trato com os trabalhadores, ou mesmo no cumprimento das leis, ou de outras questões que levam aos conflitos trabalhistas, as quais poderiam ser evitadas na sua origem.

Jurisprudência

Ementa: Preposto — Desconhecimento do fato da causa — Confissão ficta — Caracterização. A faculdade de o empregador se fazer substituir por preposto em audiência obriga que este tenha conhecimento dos fatos da causa, cujas declarações obrigarão o preponente. ***O legislador atribuiu ao preposto a mesma qualidade do representante máximo da sociedade comercial ou civil em Juízo. Por isso, as suas declarações em audiência vinculam o empregador com a mesma força, como se as fizesse presente e pessoalmente.*** Com o desconhecimento pelo preposto dos fatos da causa, atribui-se ao empregador um comportamento equivalente à recusa de depor (art. 343, § 2º, do CPC). Indiscutível a caracterização da confissão ficta, cujos efeitos ensejam o encerramento da instrução processual. E mais, uma vez verificada dispensa quem dela se beneficiou da obrigação de provar o fato confessado (art. 334, II, CPC). Recurso ordinário a que se nega provimento no particular. TRT — 15ª Reg. (Campinas/SP) — (Ac. 2ª T. 48661/98) — Rel. Juiz José Antônio Pancotti — DJSP 26.1.1999, p. 65.

Ementa: Preposto. O preposto age em nome da empresa. Seu mau desempenho ao depor em nome da reclamada poderá redundar na condenação da empresa no que tange ao pedido do reclamante. **Deverá, pois, ser pessoa de bom-senso, conhecer os fatos sobre os quais deverá prestar depoimento, a fim de não prejudicar a empresa que representa em Juízo. Em geral, é escolhido como preposto um elemento do departamento do pessoal, que tenha desembaraço, devendo comparecer em Juízo munido de carta de preposição.** No entanto, não há imposição legal de que o preposto tenha idade superior a 21 anos, já que depõe em nome da empresa que representa, devendo apenas ser maior de 18, de acordo com a disposição do art. 792 da CLT.

(TRT —2ª R. — 7ª T. — Ac. n. 02960644420 — Rel. Amaury Formica — DJSP 20.2.1997— p. 43).

CAPÍTULO III

EMPREGADO OU NÃO
(SITUAÇÃO MODIFICADA PELA LEI N. 13.467, DE 13.7.2017, QUE INCLUIU O § 3º NO ART. 843 DA CLT)

Sempre entendemos que o empregador poderia ser substituído por preposto empregado ou não, uma vez que o disposto no § 1º do art. 843 da CLT, não proibia essa faculdade. O importante era o empregador ter um representante que tivesse conhecimentos dos fatos.

Ademais, é relevante o fato de a parte atender ao chamamento judicial e, nesse caso, estaria punindo a parte empregadora de se defender em juízo, sem que houvesse embasamento legal para isso. Outros argumentos foram sustentados por nós em artigo publicado no *Jornal Trabalhista,* Brasília: Consulex, ano XXVIII, 19.9.2011, intitulado "PREPOSTO — EMPREGADO OU NÃO — NECESSIDADE DA REVISÃO DA SÚMULA N. 377 DO TRIBUNAL SUPERIOR DO TRABALHO", os quais reproduzimos a seguir:

1. Introdução

Depois de muita controvérsia na doutrina e na jurisprudência o Tribunal Superior do Trabalho editou a Orientação Jurisprudencial n. 99, da sua SDI-1, posteriormente transformada na Súmula n. 377, assim disposta:

> **SUM-377. PREPOSTO. EXIGÊNCIA DA CONDIÇÃO DE EMPREGADO (nova redação) — Res. n. 146/2008, DJ 28.4.2008, 2 e 5.5.2008.** Exceto quanto à reclamação de empregado doméstico, ou contra micro ou pequeno empresário, o preposto deve ser necessariamente empregado do reclamado. Inteligência do art. 843, § 1º, da CLT e do art. 54 da Lei Complementar n. 123, de 14 de dezembro de 2006.

O entendimento manifestado na referida Súmula não é unanimidade entre os juristas, cujas razões serão indicadas no presente trabalho. Apontaremos que a expressão "preposto" não só foi utilizada no art. 843, § 1º, mas também nas alíneas "e" e "f" do art. 483, ambos da CLT, para melhor compreensão de seu conteúdo.

Outras normas esparsas têm demonstrado igualmente que o disposto na Súmula n. 377 do TST merece revisão ou mesmo o seu cancelamento, como a Lei Complementar n. 123, de 14.12.2006, que trata da representação de microempresa e empresa de pequeno porte, a Lei n. 12.137, de 18.12.2009, que alterou a redação do § 4º do art. 9º da Lei n. 9.099, de 26.9.1995, que dispõe sobre os Juizados Especiais Civis e Criminais, ao tratar do preposto não empregado para representar o réu, pessoa jurídica ou firma individual.

Apresentaremos também a legislação portuguesa (Código de Processo do Trabalho) referente ao tema aqui tratado, assim como recente decisão do Tribunal Superior do Trabalho admitindo preposto, não empregado, para evidenciar a necessidade da revisão da mencionada Súmula.

2. Do disposto no § 1º do art. 843 da CLT e a posição doutrinária

O § 1º do art. 843 da CLT estabelece que "É facultado ao empregador fazer-se substituir pelo gerente, ou qualquer outro preposto que tenha conhecimento do fato, e cujas declarações obrigarão o proponente".

Wagner D. Giglio e Claudia Giglio Veltri Corrêa, comentando sobre o mencionado artigo, asseveram que a argumentação de que o preposto deve ser empregado "não nos parece convincente. O conceito de 'preposto', no Código Comercial de 1850, foi estruturado com base e levando em consideração as condições sociais e econômicas da época. Essas condições sofreram, até nossos dias, profundas alterações. Não seria viável, portanto, dar àquele termo o mesmo significado, hoje em dia, máxime quando inserido no conjunto da legislação do trabalho, produto de modificações econômicas e sociais muito posteriores, no Brasil, à entrada em vigor do Código Comercial. De resto, seria obviamente artificial estender a inteligência de 'preposto', como agente comercial, às atividades industriais, de transporte, educação, de publicidade etc." e acrescenta mais adiante que "a analogia ao termo 'gerente' é muito remota, diante da significativa menção a 'qualquer outro preposto'. Além disso, impressiona-nos a exigência de que o representante do empregador deve ter conhecimento do fato, o que nos leva a concluir ser permitido ao empregador nomear preposto o gerente *ou qualquer outra pessoa*, pois exclusivamente seu é o risco de ser tido como confesso, caso essa pessoa declare ignorar os fatos"[10].

De notar-se que "a acepção da palavra *praepositus*, de *praeponere* (posto adiante ou à testa), designa a pessoa ou o empregado que, além de ser um prestador de serviços, está investido no poder de representação de seu chefe ou patrão, praticando os atos concernentes avença sob direção e autoridade do preponente ou empregador"[11], de forma que não se pode concluir que a pessoa tenha que ser necessariamente empregada do preponente, eis que a preposição não decorre tão somente do contrato de trabalho. Se assim fosse entendido, estaríamos afastando outras formas de representação como o mandato e a gestão, que não encontram na lei consolidada nenhuma vedação.

Ensina Sergio Pinto Martins que "Não está escrito no § 1º do art. 843 da CLT que o preposto tenha que ser empregado, pois aquele comando legal emprega a expressão 'qualquer outro preposto' não mencionando que deve haver relação de emprego entre essa pessoa e a empresa. O preposto vem a ser um substituto e não sinônimo de empregado" e afirma mais adiante que a jurisprudência do TST se firmou no sentido de que o preposto tem que ser necessariamente empregado, apesar de não existir nada nesse sentido na lei[12].

Acrescenta ainda o Autor que "o único requisito que a CLT exige do preposto é que tenha conhecimento dos fatos, pois suas declarações obrigarão o preponente. Só o empregador poderá nomear o preposto, em função de ter confiança irrestrita nessa pessoa, arcando, assim, com os atos por ela praticados. Nota-se, dessa forma, que o preposto, não precisaria ser empregado, podendo o empregador ser substituído por qualquer pessoa, desde que ela tenha conhecimento dos fatos, inclusive por meio

10 GIGLIO, Wagner D.; CORRÊA, Claudia Giglio Veltri. *Direito processual do trabalho*. 15. ed. São Paulo: Saraiva, 2005. p. 193-194.

11 SILVA, De Plácido e. *Vocabulário jurídico*. 28. ed. Atualizadores Nagib Slaibi Filho e Gláucia Carvalho. Rio de Janeiro: Forense, 2009. p. 1079.

12 MARTINS, Sergio Pinto. *Comentários à CLT*. 14. ed. São Paulo: Atlas, 2010. p. 889.

de terceiros, não necessitando tê-los presenciado. Assim, o contador autônomo, que faz a folha de pagamento da empresa poderia substituir o empregador em audiência, como admitimos. Argumenta-se que nesse caso estaria sendo instituída a indústria dos prepostos, mas o que se verifica na prática é que aqueles prepostos de grandes empresas, que sempre vão à Justiça do Trabalho, já o são de maneira profissional, pois sempre comparecem às Juntas de Conciliação e Julgamento"[13].

José Antônio Ribeiro de Oliveira Silva, Juiz do Trabalho da 15ª Região, comentando a então Orientação Jurisprudencial n. 99 do TST, depois transformada na Súmula n. 377, assim se manifestou sobre ela:

> Não conseguimos verificar, *data venia,* na redação do citado dispositivo legal, onde está a exigência de que o preposto deve ser empregado do réu. Imaginemos a situação do empresário que desenvolve a atividade de representação comercial, tendo contratado diversos vendedores (ou representantes), tendo um deles ajuizada reclamação trabalhista para postular o reconhecimento do vínculo empregatício e consectários legais. O empresário não tem nenhum empregado, contando apenas com um gerente ou coordenador das atividades dos vendedores. Ele não poderá fazer-se representar em juízo por esse gerente. Imaginemos ainda a situação do empresário que, se seu empreendimento ruir, tendo de dispensar todos os empregados. Terá que ir pessoalmente a juízo nas ações ajuizadas pelos empregados despedidos?[14]

Acrescenta ainda o autor que "a lei não contém (ou não deveria conter palavras inúteis). Qual seria o significado da locução *qualquer outro preposto que tenha conhecimento do fato*? Não conseguimos vislumbrar outro que não seja este mesmo: qualquer outro preposto, desde que tenha conhecimento do fato, não havendo necessidade alguma de que seja empregado do réu. A tão falada *indústria de preposto* é um argumento imaginoso, mas destituído de conteúdo jurídico sério. O risco de o preposto não saber toda a extensão dos fatos da causa é exclusivo do preponente,

13 *Ibidem,* p. 820.

14 SILVA, José Antônio Ribeiro de Oliveira. *Questões Relevantes do Procedimento Sumaríssimo. 100 Perguntas e Respostas.* São Paulo: LTr, 2000. p. 65.

porque as declarações daquele obrigam a este, como bem definido na parte final do dispositivo em estudo"[15].

Não se pode esquecer que o art. 5º, inciso LV, assegura a plenitude da defesa, com os meios e recursos a ela inerentes, mesmo porque, no caso de dúvida, há de prevalecer o citado princípio. A respeito, vejam-se as seguintes decisões:

> O empregador pode se fazer representar por quem não seja seu empregado, conquanto seja necessário o conhecimento dos fatos controvertidos, ainda que a assimilação respectiva não se opere *in loco*. Tal circunstância, todavia, não desqualifica o depoimento, vez que a apreensão de informações pode se efetuar por meio de análise de documentos ou diálogo com o empregador, entre tantos meios. Outra não pode ser a inteligência da regra contida no parágrafo primeiro do art. 843 da CLT sob pena de se obstar a eficácia da regra constitucional da defesa facultada à parte, cuja amplitude não pode ser postergada ou sequer restringida. Se o texto da lei ordinária é ambíguo, sua exegese deve se harmonizar com a ampla defesa constitucionalmente assegurada. (TRT — 3ª R. — 2ª T. — RO n. 16.341/95 — Relª Mônica S. Lopes — DJMG 29.3.1996 — p. 39).

> ***Ementa: Nulidade da sentença. Cerceio do direito de defesa.*** O art. 843, § 1º, da CLT não exige que o preposto tenha que ser necessária e indispensavelmente empregado do empregador. Logo, a Súmula n. 377 do C. TST ao interpretar o art. 843, § 1º, da CLT, fere a Constituição Federal, constituindo-se em flagrante violação ao princípio legal da ampla defesa e do contraditório. Portanto, declara-se nula a sentença que, com base na Súmula n. 377 do C. TST, encerrou a instrução por revelia, pelo fato do preposto não ser empregado do réu, ante o flagrante cerceio do direito de defesa, determinando-se a remessa dos autos à Vara de origem para reabertura da instrução e posterior julgamento. TRT 17ª Reg. RO 00507.2006.006.17.00.2 — (Ac. 2.471/08) — Rel. Juiz Antonio de Carvalho Pires, DO/TRT 17ª Reg., 2.4.2008, p. 2.735.

Ademais, valem aqui as palavras sábias de Carlos Maximiliano, com respaldo em Mario Rotondi, Professor da Universidade Católica de Milão, onde ensina que

15 *Ibidem*, p. 66.

"a lei é a vontade transformada em palavras, uma força constante e vivaz, objetiva e independente do seu prolator; procura-se, sim, o sentido imanente no texto, e não o que o elaborador teve em mira"[16].

Na hipótese, ainda que o legislador tivesse objetivado que o preposto seja empregado para representar o reclamado, tal fato não foi mencionado na regra normativa, e onde a lei não distingue, não cabe ao intérprete distinguir, sobretudo quando estão em jogo direitos dos mais lídimos que são a defesa ampla e o contraditório, que são garantias asseguradas pela Carta Magna (art. 5º, LV).

Importante também assinalar que "O jurista há-de ter sempre diante dos olhos o fim da lei, o resultado que quer alcançar na sua actuação prática; a lei é um ordenamento de protecção que entende satisfazer certas necessidades, e deve interpretar-se no sentido que melhor responda a esta finalidade, e portanto em toda a plenitude que assegure tal tutela"[17].

E a finalidade posta no § 1º do art. 843 da CLT, é no sentido de que o empregador compareça à audiência para se defender, ou então nomeie o seu representante com conhecimento dos fatos sobre os quais versa o litígio, o qual falará em seu nome, obrigando o empregador pelas suas declarações.

No Tribunal Superior do Trabalho havia também entendimento contrário à então Orientação Jurisprudencial n. 99 do Colendo TST. O Ministro João Oreste Dalazen, Relator no Processo TST-ROAR-397664/1997 (ACÓRDÃO SBDI2), manifestou entendimento desfavorável à tese de que o preposto deve ser necessariamente empregado, mas curvando-se à mencionada Orientação, conforme se verifica pelo seguinte tópico da sua fundamentação do citado processo, a seguir transcrito:

> Pessoalmente, datíssima vênia, entendo que, segundo o art. 843, § 1º, da CLT, a Reclamada poderá fazer-se representar em audiência por 'preposto que tenha conhecimento dos fatos'. Como se vê, em momento algum, alude a lei à necessidade de que o preposto seja sócio, diretor ou empregado do

16 ROTONDI, Mário *apud* MAXIMILIANO, Carlos. *Hermenêutica e aplicação do direito*. Rio de Janeiro: Forense, 2011. p. 28.

17 FERRARA, Francesco. *Interpretação e aplicação das leis*. 3. ed. Coimbra: Armênio Amado, 1978. p. 130.

representado. A exigência legal concerne tão somente a que o preposto esteja inteirado dos fatos controvertidos. Por isso, o empregador pode credenciar qualquer pessoa, inclusive autônoma (contador), como preposta, pois exclusivamente dele o risco de ser havido como confesso caso essa pessoa declare desconhecer os fatos controvertidos.

Certo, poder-se-á objetar com a origem do vocábulo 'preposto' no nosso vetusto Código Comercial: de fato, 'preposto' ali é referido como agente comercial, ou empregado do comércio a que se atribuíram poderes de representação para praticar atos ou efetuar negócios concomitantemente à realização dos serviços que lhe são cometidos regularmente.

Porém, esse conceito de 'preposto' está estruturado com base nas condições sociais e econômicas da época. A tomar-se ao pé da letra esse conceito de preposto como 'agente comercial', então não haveria possibilidade de indicação de preposto em atividades industriais, de transporte, de educação etc. Igualmente, por tal raciocínio, seria inviável a indicação de preposto no caso de empregador doméstico: só o próprio poderia fazer-se presente, de maneira regular, à audiência. De sorte que, sob tal ótica, exemplificativamente, se demandado como 'empregador doméstico' um parlamentar federal, ou o dirigente de uma grande companhia, deverá comparecer pessoalmente à audiência do processo trabalhista... Ora, precisamente para obviar tais inconvenientes, máxime os trazidos à produção, é que o legislador permitiu a indicação de 'preposto'. De modo que a exigência de que o 'preposto' ostente vínculo empregatício com a Reclamada manifestamente contraria até mesmo a finalidade da lei.

Entretanto, esta Eg. Corte já firmou entendimento consubstanciado na Orientação Jurisprudencial n. 99 da SDI1, no seguinte sentido: "Exceto quanto à reclamação de empregado doméstico, o preposto deve ser necessariamente empregado do reclamado. Inteligência do art. 843, § 1º, da CLT. Precedentes nesse sentido: E-RR-166.239/95, Rel. Min. Cnéa Moreira, DJ de 2.10.1998; E-RR-159.859/95, Rel. Min. Ronaldo Leal, DJ de 22.8.1997; E-RR-127.280/94, Rel. Min. Moura França, DJ de 18.4.1997, dentre outros".

Gostaríamos de registrar a posição também de José Augusto Rodrigues Pinto que afirma que "na nossa modesta reflexão nos posicionamos, firmemente, com a ideia de que a única exigência posta na lei para validade da preposição do empregador é de que o preposto tenha conhecimento do fato, ou seja, tenha aptidão para informar corretamente ao Juízo sobre a lide, a fim de facultar-lhe a formação do convencimento para decidir" e vai mais além ao dizer que "envolvendo a preposição os riscos da confissão pelo inexato conhecimento dos fatos, ou por sua ignorância, a lei trabalhista procurou proteger o empregado pela má escolha, mostrando-se indiferente à do empregador, que não é o destinatário da tutela do Direito do Trabalho".

Por último, é bom frisar que todos os argumentos no sentido de que o preposto deve ser empregado, restringindo o alcance ao disposto no § 1º do art. 843 da CLT, inclusive se referindo à profissionalização do preposto não são convincentes. O Julgador não pode ser subestimado na sua inteligência diante de um preposto que não seja empregado, da mesma forma quedar-se diante de um empregado que mente descaradamente. O que não pode é desprestigiar quem vem a juízo, portanto, atendendo o chamamento judicial, em violação aos princípios da razoabilidade e mesmo da proporcionalidade.

3. Do disposto nas alíneas "e" e "f" do art. 483 da CLT — expressão "preposto"

A expressão "preposto" utilizada no § 1º do art. 843 da CLT, também foi utilizada nas alíneas "e" e "f" do art. 483 da CLT, que trata da rescisão indireta do contrato de trabalho, o que mostra que efetivamente não existem palavras inúteis em texto de lei, principalmente quando a expressão é utilizada em outros dispositivos consolidados. Observa-se, também, que a figura do preposto é tratada nos arts. 1.169 e 1.178 do Código Civil.

Por isso que em nosso livro sobre Justa Causa do empregado, do empregador e culpa recíproca, que se encontra na 2ª Ed.,2018, editada pela LTr. consideramos que o legislador agiu certo ao colocar "prepostos" em vez de superiores hierárquicos, como no art. 482, "k", da CLT, porque a expressão tem conotação mais ampla, ou seja, abrange a pessoa que tem representação do empregador por delegação sem ser empregado, ou então a que está numa condição superior ao do ofendido como empregado ou empregador..

Com efeito, um gerente ou mesmo aquele que faz a sua vez, que ofende o empregado na condição de superior hierárquico e que se encontra na condição de representante do empregador, por seus atos ofensivos à honra e à boa fama do empregado poderá ser o agente que deu causa ao pedido de rescisão indireta sem ser empregado, mas apenas preposto do empregador.

Evidentemente que tão somente o empregador, aqui compreendendo a pessoa física, os sócios e dirigentes, é que poderão ser o agente do ato faltoso, pois é consabido que a pessoa jurídica do empregador é considerada abstratamente.

Por outro lado, não se devem confundir os termos da Súmula n. 377 do TST, que só considera como preposto aquele que é empregado para representar o empregador em juízo trabalhista, excetuada a situação do doméstico, que poderá ser representado por qualquer pessoa da família e, por último, as hipóteses de micro ou pequeno empresário que permitem a representação por terceiros que conheçam os fatos, ainda que não possuam vínculo trabalhista ou societário (Lei Complementar n. 123, de 14.12.2006 (art. 54)).

Ocorre que o preposto a que se refere a Súmula pode ser qualquer empregado: necessariamente não precisa ser superior hierárquico, já que a escolha é do empregador que se responsabilizará pelos seus atos.

Assim, o preposto a que aludem as alíneas "e" e "f" do art. 483 da CLT poderá ser o próprio sócio, dirigente, ou terceiro, este bastando que seja representante do empregador, hábil para responder pelas obrigações decorrentes, situação permitida em três hipóteses.

A primeira situada no art. 54 da Lei Complementar n. 123, de 14.12.2006, DOU 22.12.2008, com as modificações trazidas pela Lei Complementar n. 128, de 19.12.2008 o qual dispõe que "É facultado ao empregador de microempresa ou de empresa de pequeno porte fazer-se substituir ou representar perante a Justiça do Trabalho por terceiros que conheçam dos fatos, ainda que não possuam vínculo trabalhista ou societário". Compreende-se assim que o empregador de microempresa ou de empresa de pequeno porte pode ter pessoas sem vínculo empregatício como seus representantes na administração dos negócios. Essas pessoas, às vezes da própria família, como representantes do empregador, podem ser agentes de atos lesivos à honra ou boa fama do empregado, cujas consequências podem inviabilizar a continuidade do vínculo empregatício.

Com efeito, não existem palavras inúteis no texto de lei e a menção do preposto no § 1º do art. 843, e nas alíneas "e" e "f" do art. 483, ambos da CLT, têm razão de ser dada a sua existência em pequenas ou médias empresas. Se não existissem, o legislador simplesmente diria, no art. 483, o empregador ou seus superiores hierárquicos, o que atenderia a todas as situações que dessem ensejo à rescisão indireta.

A segunda consta dos dispositivos do Código Civil (arts. 1.169 a 1.178), os quais tratam dos prepostos do empresário. Para Sérgio Campinho, prepostos "são aqueles que prestam serviços ao empresário individual ou à sociedade empresária, sendo irrelevante a natureza do vínculo — se subordinado ao regime da CLT, se ligado por contrato de prestação de serviços, de cessão de mão de obra etc. — para configurar, para fins do direito obrigacional, a relação de preposição. Assim que o empresário, pessoa física ou jurídica, na condição de preponente, fica responsável pelos atos de quaisquer de seus prepostos, desde que realizados no interior de seu estabelecimento físico e se relacione com a atividade empresarial ali desenvolvida, ainda que não tenha havido autorização expressa e por escrito para a sua realização. Atendidos esses pressupostos de lugar e objeto da atividade econômica organizada, obriga-se o empresário pelos atos de seus prepostos, independentemente da natureza do vínculo de preposição, devendo fazer cumprir os termos das contratações por eles implementadas"[18].

Campinho ainda enfatiza que "duas espécies de prepostos foram explicitamente referidas pelo Código — o contabilista e o gerente. O contabilista é o responsável pela escrituração dos livros do empresário. Desse modo, os assentos lançados nos livros ou fichas do preponente, por qualquer dos prepostos encarregados de sua escrituração, produzem, ressalvada a hipótese de má-fé, os mesmos efeitos se fossem lançados pessoalmente pelo empregador. O gerente é o preposto permanente no exercício da empresa, presente, pois, na sede do empresário, ou em sua sucursal, filial ou agência, cujas funções vão de organização a direção do trabalho em um desses

18 CAMPINHO, Sérgio. *O direito de empresa à luz do novo código civil.* 8. ed. Rio de Janeiro: Renovar, 2007. p. 369.

estabelecimentos físicos, exercendo posto de chefia dentro da estrutura da empresa organizacional da empresa"[19].

Compreende-se, assim, que o gerente a que se refere o Código Civil é o empregado na forma prescrita na Consolidação das Leis do Trabalho, o contabilista ou terceiro, em algumas circunstâncias, desde que comprovado que age em nome do empregador. Essa figura é reconhecida expressamente no art. 54 da Lei Complementar n. 128, conforme já visto, e demonstra que a interpretação conferida pela Súmula n. 377 do TST não é a mais correta. Nesse sentido, decisão do TRT da 15ª Reg. (Campinas/SP) no processo RO 3300-07.2009.5.15.0003, ac. 4170/10-PATR, 12ª C., tendo como relatora Olga Aida Joaquim Gomieri, como segue:

> *Ementa: Cerceamento de defesa: ocorrência. Preposto: ser ou não empregado. Indubitável que, ao tempo da tomada dos depoimentos pessoais das partes, o preposto ainda era sócio da reclamada, na forma dos atos constitutivos da empresa, que ainda não haviam sido alterados, pelo que não se justifica a pena de confissão ficta aplicada à reclamada. CERCEAMENTO DE DEFESA: OCORRÊNCIA. PREPOSTO: SER OU NÃO EMPREGADO. APLICAÇÃO DO ART. 1.032 DO CÓDIGO CIVIL. Independentemente da condição de sócio do preposto da ré, pois, fisicamente, já havia se retirado da sociedade, é certo que o art. 1.032 do CC dispõe que "a retirada, exclusão ou morte do sócio, não o exime, ou a seus herdeiros, da responsabilidade pelas obrigações sociais anteriores, até dois anos após averbada a resolução da sociedade; nem nos dois primeiros casos, pelas posteriores e em igual prazo, enquanto não se requerer a averbação". Não ocorreu confissão ficta, eis que a alteração contratual ainda não fora averbada na Junta Comercial. CERCEAMENTO DE DEFESA: OCORRÊNCIA. PREPOSTO: SER OU NÃO EMPREGADO. INTELIGÊNCIA DO ART. 843, § 1º, DA CLT. A teor dos depoimentos pessoais colhidos, é certo que o preposto detinha o mais profundo conhecimento dos fatos, cumprindo, desta feita, a exigência legal contida no art. 843, § 1º, do Texto Consolidado. Indevida, pois, a aplicação da pena de confissão ficta à reclamada. CERCEAMENTO DE DEFESA: OCORRÊNCIA. PREPOSTO: SER OU NÃO EMPREGADO. INTERPRETAÇÃO SISTEMÁTICA DO ART. 843, § 1º, DA CLT. Não se desconhece o teor da*

19 CAMPINHO, Sérgio. *O direito de empresa à luz do novo código civil.* 8. ed. Rio de Janeiro: Renovar, 2007. p. 370.

Súmula n. 377 do Colendo Tribunal Superior do Trabalho, resultante da conversão, pela Resolução n. 129/2005 (DJ 20.4.2005), da Orientação Jurisprudencial n. 99 da SDI-1, no sentido de que o preposto deve ser necessariamente empregado do reclamado. Porém, a legislação aplicável à espécie (art. 843, § 1º, da CLT) não contém tal exigência, não competindo ao intérprete a criação de critérios objetivos para a nomeação do representante, o que nos remete aos incisos II e LV do art. 5º da CF, segundo os quais "ninguém será obrigado a fazer ou deixar de fazer alguma coisa senão em virtude de lei" e "aos litigantes, em processo judicial ou administrativo, e aos acusados em geral são assegurados o contraditório e ampla defesa, com os meios e recursos a ela inerentes". CERCEAMENTO DE DEFESA: OCORRÊNCIA. PREPOSTO: SER OU NÃO EMPREGADO. EXEGESE DO ART. 843, § 1º, DA CLT. *A única imposição contida no art. 843, § 1º, da CLT, refere-se à necessidade de o gerente ou o preposto ter conhecimento dos fatos, constituindo fator de risco do empregador sua apresentação, posto que suas declarações obrigarão o proponente; tal imposição, inclusive, encontra-se inserta na notificação enviada à reclamada, na qual se ressalva ser-lhe "facultado fazer-se substituir pelo gerente ou preposto que tenha conhecimento dos fatos, e cujas declarações obrigarão o preponente", não havendo qualquer referência a vínculo empregatício ou qualquer outro que fosse.* CERCEAMENTO DE DEFESA: OCORRÊNCIA. PREPOSTO: SER OU NÃO EMPREGADO. ABALIZADA DOUTRINA. *Interessante artigo de Alexandre Augusto Campana Pinheiro, Juiz do Trabalho da 23ª Região, publicado na revista Síntese Trabalhista n. 164, em fevereiro de 2003, p. 119, defende que a interpretação dada pelo Colendo TST (em sua Orientação Jurisprudencial n. 99 da SDI-1, hoje Súmula n. 377) ao art. 843, § 1º, do Texto Celetista, não coíbe a proliferação de prepostos profissionais: "Preposto — ser ou não ser empregado, eis a questão. O preposto não necessita ser empregado do proponente. Adianto que a orientação jurisprudencial, contrariamente aos seus fundamentos, não repele a propagação de prepostos profissionais, uma vez que nada impede que as grandes empresas desloquem um empregado registrado para operar exclusivamente nesta função, atuando este em todas as reclamações trabalhistas da empresa, mesmo sem ter presenciado os fatos. Quanto a alegação de que o preposto profissional dificulta a realização de acordos, posso dizer, sem qualquer receio, que tal argumento não corresponde a realidade do dia a dia.*

Por exemplo, um contador certamente possui uma visão muito mais aguçada dos riscos de uma demanda para o empregador do que um empregado da área industrial. Aliás, um preposto que lida diariamente com as reclamações trabalhistas de uma empresa pode avaliar com muito mais precisão o resultado final de uma ação, do que um empregado que atua na área industrial ou comercial, decidindo com mais segurança quanto às vantagens de uma composição amigável. Registro que o preposto tem sua atuação limitada à apresentação da defesa e ao depoimento pessoal, sem confundir-se com o advogado, cujo campo de atuação é bem mais amplo. Portanto, não procede o argumento de que os prepostos não empregados estariam exercendo atividade privativa de advogados, já que os mesmos apenas substituem os empregadores em atividades que por esses poderiam ser realizadas pessoalmente". E mais adiante: "Antes de ingressar na carreira da magistratura, tive a grata oportunidade de exercer intensamente a advocacia, sendo que desta experiência me recordo de dois casos que espelham a delicadeza da OJ n. 99 da SDI/TST. Como advogado de um banco, conheci a figura do idealizado 'preposto empregado', cuja orientação jurisprudencial visou coibir. Tratava-se de um empregado, devidamente registrado, cuja função era a de representar a entidade bancária nas reclamações trabalhistas de um determinado Estado. Em cada reclamação trabalhista, referida pessoa apanhava a ficha funcional do reclamante, estudava o caso e dirigia-se para a audiência, quando pela primeira vez se deparava frente a frente com o vindicante. Conhecia os fatos em discussão tão somente da leitura fria das pastas funcionais, sendo que sua admissibilidade em Juízo nunca foi questionada, uma vez que o mesmo era empregado registrado do banco. Em outro caso, um empregado ajuizou uma reclamação trabalhista contra uma pequena empresa de fundo de quintal, onde trabalhava apenas ele e o patrão. O empregador, com outros compromissos, acabou por enviar para audiência sua concubina. Referida pessoa não era empregada e nem atuava no empreendimento, entretanto, diante da proximidade do local de trabalho, tinha conhecimento dos fatos, encontrando-se com o empregado quase que diariamente. Na época, o colegiado entendeu por bem em rejeitar a representação, com fulcro na OJ n. 99, aplicando as penas de revelia e confissão ao reclamado. Dessas situações não tiro outra conclusão senão a de que a interpretação adotada pela Colenda Corte, quanto ao art. 843, § 1º, da CLT, não espelha o ideal de justiça buscado pelo Estado. Outras hipóteses são imagináveis. Um empregador em vias de falência, acaba por dispensar todos os empregados ou, então, um empregador que não possui empregados registrados. Não poderão eles se fazerem representar em audiência por outra pessoa? Não me parece sustentável a resposta negativa. Ainda, interessante trazer aqui um caso que culminou em um incidente processual, tumultuando em muito o transcorrer da instrução processual, subvertendo os princípios da economia processual, simplicidade e celeridade previstos na Justiça Especializada. Em uma determinada audiência, o advogado do reclamante acabou por impugnar a representação patronal, sob a alegação de que o preposto não era empregado do reclamado. Já o preposto afirmou que era empregado, mas que não era registrado. O reclamante continuou insistindo em dizer que o preposto não era empregado do reclamado. No caso, o Juízo passou a processar o incidente, de forma a instruir o feito quanto à qualificação do representante processual. Após ouvir as testemunhas, três de cada lado, acabou por declarar, incidentalmente, que o preposto era, de fato, empregado da empresa reclamada, admitindo a representação. Em suma, a interpretação dada pelo TST ao art. 843, § 1º do Texto Consolidado não coíbe a proliferação de prepostos profissionais e, ainda, pode proporcionar o afastamento de representantes legais que efetivamente conhecem os fatos, com prejuízos irreparáveis para o empregador. TRT 15ª Reg. (Campinas/SP) RO 3300-07.2009.5.15.0003 — (Ac. 4.170/10-PATR, 12ª C.) — Relª Olga Aida Joaquim Gomieri. DEJT 28.1.2010, p. 275. (não há destaques no original)

Recente decisão do Tribunal Superior do Trabalho não deixa nenhuma dúvida sobre a existência de pessoa que age como empregador, por delegação deste, sem que seja empregado, a saber:

> *Ementa: Preposto. Condição de empregado. Súmula n. 377/TST. Inaplicável à espécie. Revelia e confissão ficta. Não configuração. Tendo sido registrado, no acórdão regional, que, de acordo com o instrumento de mandato juntado aos autos, foram conferidos ao preposto amplos e gerais poderes para gerir e administrar a reclamada e que, em seu depoimento, "declarou trabalhar na empresa, embora sem contrato assinado na CTPS, recebendo como autônomo", a conclusão da Corte de origem, no sentido de afastar a confissão ficta, ao fundamento de que, embora o*

preposto "não possua contrato de trabalho formalizado com a empresa, está diretamente vinculado ao empreendimento", não contraria a Súmula n. 377/TST. Divergência jurisprudencial apta não demonstrada (Súmula n. 296/TST). Recurso de revista não conhecido. TST-RR-1641/2002-041-12-00.1 — (Ac. 3ª T.) — Relª Min. Rosa Maria Weber. DJe/TST n. 381/09, 17.12.2009, p. 1.389.

Dessa forma, os prepostos na forma prevista nos arts. 1.169 a 1.178 do Código Civil também poderão ser agentes causadores de atos de lesão à honra e à boa fama do empregado; da mesma forma, em relação às ofensas físicas, conforme previsão nas alíneas "e" e "f" do art. 483 da CLT. Basta que estejam na condição de prepostos ou de representantes do empregador. É uma realidade inafastável na ordem jurídica brasileira.

A última previsão encontra-se na Lei n. 12.137, de 18.12.2009, que modificou a redação do § 4º do art. 9º da Lei n. 9.099, de 26.9.1995 que trata os Juizados Especiais Cíveis e Criminais para estatuir:

> O réu, sendo pessoa jurídica ou titular de firma individual, poderá ser representado por preposto credenciado, munido de carta de preposição com poderes para transigir, sem haver necessidade de vínculo empregatício.

Ademais, se aplicada à regra de analogia entre o disposto no § 4º do art. 9º da Lei n. 9.099, de 26.9.1995, dos Juizados Especiais Civis e Criminais, com a redação dada pela Lei n. 12.137, de 18.12.2009, e o procedimento sumaríssimo do processo do trabalho (arts. 852-A a 852-I), a Justiça do Trabalho teria, em tese, que admitir a representação do empregador por quem não é seu empregado, bastando no caso que fossem atendidos os requisitos do mencionado § 4º do art. 9º da Lei n. 9.099. Não teria sentido tratamento não isonômico para uma mesma situação de representação processual, que nada tem a ver com o princípio da proteção ostentado no Direito do Trabalho. É questão ligada ao acesso à Justiça com reflexos nos princípios da ampla defesa e do contraditório que são direitos fundamentais assegurados pela Carta Magna. Se a norma legal não distingue, na figura do preposto, a condição de empregado ou não, não cabe ao intérprete distingui-la.

4. Direito comparado: o caso de Portugal

O recente Código de Processo de Trabalho português foi alterado pela Lei n. 76/2009, de 13.8. Nas explicações sobre o sentido e a extensão da autorização legislativa (art. 2º), em relação à representação das partes está dito na alínea "h — Permitir que as partes se façam representar por mandatário com poderes especiais para confessar, desistir ou transigir nos casos de impossibilidade de comparência e definir as consequências e cominação aplicável às partes em caso de falta de comparência injustificada".

No art. 36, 1, do referido Código, está prescrito que "as partes devem comparecer pessoalmente na audiência final ou, em caso de justificada impossibilidade de comparência, fazer representar por mandatário com poderes especiais para confessar, desistir ou transigir". Já o art. 37 está assim disposto:

ART. 37º

Falta de comparência das partes

1 — Na falta de comparência injustificada do requerente, ou de ambas as partes, sem que se tenham feito representar por mandatário com poderes especiais, a providência é logo indeferida.

2 — Se o requerido não comparecer nem justificar a falta no próprio acto, ou não se fizer representar por mandatário com poderes especiais, a providência é julgada procedente, salvo se tiver havido cumprimento no disposto nos ns. 2 e 3 do art. 34, caso que o juiz decide com base nos elementos constantes dos autos e na prova que oficiosamente determinar.

3 — Se alguma ou ambas as partes faltarem justificadamente e não se fizerem representar por mandatário com poderes especiais, o juiz decide nos termos da segunda parte do número anterior.[20]

20 MENDES, Marlene; ALMEIDA, Sérgio; BOTELHO, João. *Código de processo do trabalho anotado*. Lisboa: Petrony, 2010. p. 80.

Verifica-se, portanto, que no Direito Processual do Trabalho português não só prestigia o comparecimento das partes, que poderão ser representadas por mandatário com poderes especiais, mas também ao próprio processo ao assegurar a ampla defesa e o contraditório, atendo-se evidentemente aos princípios da razoabilidade e da proporcionalidade, os quais preconizam que diante de conflitos de interpretação hão de prevalecer aqueles que atendam antes de tudo, aos objetivos visados pela lei, que, no caso presente, é a permissibilidade de acesso à Justiça pela parte ou então do seu representante (livremente escolhido pela parte) e se sujeitando às consequências decorrentes do seu ato.

5. Conclusões

A evolução legislativa noticiada acima demonstra, a toda evidência, que a Súmula n. 377 do Tribunal Superior do Trabalho caminha no sentido inverso, em face da existência de normas na ordem jurídica brasileira que permitem que o empregador se faça representar por pessoas que estejam credenciadas para tal. O direito comparado, no caso, o Português, também mostra o desacerto do entendimento da mais Alta Corte Trabalhista.

Dificultar o acesso da parte à Justiça para se defender, com interpretação restritiva não conferida pela lei, viola, sem dúvida nenhuma, os princípios da razoabilidade e da proporcionalidade. Como assevera Raphael Augusto Sofiati de Queiroz "A ideia da razoabilidade contribui para controlar a legitimidade de uma norma, sobretudo as restritivas. Os elementos daquele princípio, necessidade, adequação e proporcionalidade, se aplicados a algumas normas que restringem ou impedem o acesso à ordem jurídica justa, se prestam a demonstrar a inconstitucionalidade destas. A jurisdição, como função do Estado, serve ao fim deste: o bem comum. Para isso, deve ela, já que substituta da atuação privada, entregar a adequada tutela aos direitos, sobretudo aos fundamentais"[21]. Lembramos que o acesso à Justiça, o direito à ampla defesa e o contraditório são direitos fundamentais assegurados pela nossa Constituição (art. 5º, incisos XXV e LV).

21 QUEIROZ, Raphael Augusto Sofiati de. *Os princípios da razoabilidade e proporcionalidade das normas e sua repercussão no processo civil brasileiro.* Rio de Janeiro: Lumen Juris, 2000. p. 116.

A expressão "preposto" também foi utilizada nas alíneas "e" e "f" do art. 483, da CLT acertadamente pelo legislador, porque os atos lesivos contra a honra e boa fama podem ser praticados ao empregado ou pessoa de sua família por pessoa que está na condição de empregador ou de seu representante, sem ser empregado, conforme deixa claro a decisão recente do TST já assinalada (TST-RR-1641/2002-041-12-00.1 — (Ac. 3ª T.) — Relª Min. Rosa Maria Weber. DJe/TST n. 381/09, 17.12.2009, p. 1.389). Da fundamentação do referido acórdão consta que "Consoante emerge do excerto transcrito, o Tribunal de origem consigna que, de acordo com o instrumento de mandato juntado aos autos, foram conferidos ao preposto amplos e gerais poderes para gerir e administrar a reclamada, tendo declarado, em seu depoimento, trabalhar na empresa, embora sem contrato assinado na CTPS, recebendo como autônomo. A Corte Regional, portanto, ante as circunstâncias do caso concreto, corretamente afastou a aplicação do verbete sumular, destacando que, embora o preposto não possua contrato de trabalho formalizado com a empresa, está diretamente vinculado ao empreendimento, não havendo falar em confissão ficta. Não se verifica, pois, hipótese apta a atrair a aplicação da Súmula n. 377/TST". (não há grifos no original)

Com isso, está patente que o preposto, mesmo sem ser empregado, poderá cometer atos que levem à rescisão indireta do contrato de trabalho com fulcro nas alíneas "e" e "f" do art. 483 da CLT. Embora o mencionado artigo se refira ao "preposto" em seu sentido material (justa causa do empregador), não há dúvida de que a mesma expressão contemplada no disposto no § 1º do art. 843 esteja no vazio ou comportando interpretação restritiva. Ao contrário, tudo isso leva à evidência de que não existem palavras inúteis no contexto da lei, principalmente se ela é utilizada em outros dispositivos para reafirmar o seu alcance.

As disposições do Código Civil (arts. 1169 a 1.178), a Lei Complementar n. 123, de 14.12.2006 (art. 54) e a Lei n. 9.099, de 26.9.1995, especificamente o § 4º do art. 9º com a redação dada pela Lei n. 11.137, de 19.12.2009, demonstram que o preposto não precisa ser empregado.

A jurisprudência dos Tribunais Regionais do Trabalhado tem relativizado a Súmula n. 377 do TST, conforme se verifica pelas seguintes decisões:

Ementa: Preposto — Ex-sócio — Revelia não configurada. Em se tratando de reclamatória movida em face de empresa, cujo quadro social foi recentemente alterado, perfeitamente possível que esta se faça representar em audiência pelo ex-sócio proprietário, pessoa que detém o conhecimento fático acerca do contrato de trabalho do reclamante e, assim, muito embora não fosse mais formalmente o empregador à época da propositura da ação, sob uma ótica realista, tem-se que a reclamada compareceu em juízo pessoalmente, na pessoa do sócio majoritário à época da vigência do vínculo laboral, estando assim atendidas as exigências tanto do art. 843 da CLT, quanto da recém editada Súmula n. 377/TST. (TRT 3ª Reg. RO 01917-2004-079-03-00-5 — (Ac. 3ª T.) — Relª. Juíza Maria Lucia Cardoso Magalhães. DJMG 26.5.2005, p. 10)

Ementa: Representante legal da empresa. Procurador com poderes de gerir o empreendimento. Instrumento de mandato público. Equivalência ao representante legal. Inaplicabilidade da Súmula n. 377 do TST. Comprovado por prova documental que o representante do reclamado em audiência tem poderes de gestor da empresa, como se dono fosse, afasta-se a possibilidade de irregularidade de representação. Satisfeita a exigência do art. 843 da CLT, inaplicável a Súmula n. 377 do col. TST, não havendo que se falar em revelia. (TRT 10ª Reg. ROPS 00519-2006-011-10-00-0 — (Ac. 1ª T./06) — Relª Juíza Maria Regina Machado Guimarães. DJU3 20.10.2006, p. 8)

Ementa: Representação. Preposto. Tendo havido prova nos autos de que a sócia da empresa, por meio de instrumento público, outorgou ao preposto poderes amplos e especiais para gerir e administrar ativa e passivamente a empresa, podendo representá-la perante terceiros, não é pertinente a aplicação da revelia postulada pela Autora, visto que aquele equiparou-se à figura do próprio representante empresarial. Logo, incólume resta o art. 843, § 1º, da CLT, que revela apenas uma faculdade do empregador de ver-se representado em Juízo por preposto seu, figura delineada pela jurisprudência como sendo um dos empregados. Com efeito, o comparecimento em audiência do representante da empresa, ainda que por outorga de poderes, enseja o alcance da norma e revela o efetivo ânimo de defesa. (TRT 10ª Reg. RO 00622-2005-013-10-00-2 — (Ac. 2ª T./06) — Relª Juíza Flávia Simões Falcão. DJU3 5.5.2006, p. 32)

Ementa: Preposto. Ex-empregado. Trabalho concomitante ao do reclamante. Em que pese a jurisprudência majoritária ter se inclinado no sentido de que o preposto deve ser sempre empregado (ressalvadas as reclamatórias envolvendo empregados domésticos — Súmula n. 377/TST e nas reclamatórias envolvendo microempresas e empresas de pequeno porte — 150. art. 54 da LC n. 123/2006), não se afasta do intuito da norma (inciso 1º do art. 843/CLT), a presença em juízo de ex-empregado que laborou na empresa concomitantemente com a Autora, já que este, à míngua de prova em contrário, detinha conhecimentos dos fatos, único requisito imposto pela lei. Recurso a que se dá provimento para afastar a confissão ficta e declarar a nulidade processual em razão do cerceio da produção de prova oral. (TRT 18ª Reg. RO 01036-2008-013-18-00-4 — (Ac. 1ª T.) — Rel. Juiz Aldon do Vale Alves Taglialegna. DJe/TRT 18ª Reg., ano III, n. 61, 6.4.2009, p. 8)

Não nos parece justo que em determinado processo seja dada validade à representação do empregador pela Vara do Trabalho e pelo Regional do Trabalho para depois ser considerado inválida pela Corte Maior (Tribunal Superior do Trabalho). O não reconhecimento pelas instâncias inferiores da legalidade da representação e reforma pelo TST se aplica o mesmo raciocínio. Fica, portanto, a insegurança jurídica que não é compatível com o Estado Democrático de Direito, pois além de judicializar uma norma que não possui interpretação restritiva (art. 843, § 1º, da CLT), acaba retardando o desfecho do processo em face da interposição de recursos pelo reclamante, ou pelo reclamado, segundo a tese por eles defendida no processo. Além do mais, toma-se tempo em prejuízo a outros processos em face de divergências (preposto, empregado ou não) que ficariam superadas já na primeira audiência, sem qualquer violação ao princípio do contraditório e da ampla defesa.

Saliente-se que os argumentos tão difundidos sobre os aspectos da representação por pessoas que se faziam por prepostos apenas com a finalidade de afastar a aplicação da revelia e os efeitos da confissão quanto à matéria de fato não merecem guaridas na atualidade. Os comentários feitos por Alexandre Augusto Campana Pinheiro, Juiz do Trabalho da 23ª Região, publicado na revista *Síntese Trabalhista* n. 164, p. 119, em fevereiro de 2003, e destacados na ementa do processo. (TRT 15ª Reg. (Campinas/SP) RO 3300-

07.2009.5.15.0003 — (Ac. 4170/10-PATR, 12ª C.) — Relª Olga Aida Joaquim Gomieri. DEJT 28.1.2010, p. 275 e outras considerações que foram feitas são suficientes para afastar os referidos argumentos)

De notar-se, também, que não se pode subestimar a inteligência do julgador no interrogatório da pessoa credenciada pelo empregador quanto ao conhecimento dos fatos, empregado ou não, mesmo porque na sua convicção levará em consideração não só depoimento do preposto, aliás, muitas vezes dispensado, quando não deveria ser, mas também no que consta dos autos, oitiva das testemunhas etc. Por outro lado, não seria razoável e nem lógico pensar que o Juiz do Trabalho não homologasse um acordo entabulado pelas partes devidamente assistidas por seus advogados, sem a ocorrência de vícios, só pelo fato de o representante do empregador não ser seu empregado.

Conclui-se, assim, a necessidade da revisão da Súmula n. 377, para admitir a representação do empregador em casos de impossibilidade da presença do empregador ou de seu empregado, por preposto credenciado, munido de carta de preposição com poderes pertinentes, inclusive para transigir e cujas declarações obrigarão o preponente.

O Tribunal Superior do Trabalho não reviu a sua Súmula n. 377, mas a Lei n. 13.467, de 13.7.2017, denominada Reforma Trabalhista, o fez com a inclusão do § 3º no art. 843 da CLT, assim dispondo:

> **O preposto a que se refere o § 1º deste artigo não precisa ser empregado da parte reclamada.**

Logo, a Súmula n. 377 do C. TST que consta da parte destinada à jurisprudência que exige que o preposto seja empregado, salvo as exceções lá previstas, só não foi cancelada em virtude da sua eficácia até a vigência da Lei n. 13.467, de 13.7.2017, a qual se deu a partir de 11.11.2017. Depois dessa data, fica patente a possibilidade de o empregador ser representado por preposto não empregado. Nesse sentido, a seguinte decisão:

> ***Ementa: Representação por preposto não empregado. Validade. Ato ocorrido após a vigência da Lei n. 13.467/2017.*** O § 3º do art. 843 da CLT, introduzido pela Lei n. 13.467/2017, por consistir em matéria eminentemente

processual, aplica-se imediatamente aos processos em curso, nos termos do art. 14 do CPC. Portanto, em audiência ocorrida após a vigência da Reforma Trabalhista, a representação da parte reclamada pode ser realizada mediante preposto não empregado. Entendimento sedimentado no § 1º do art. 12 da Instrução Normativa n. 41 do TST. TRT 12ª Reg. Proc. 0001926-42.2017.5.12.0040 — (Ac. 3ª Câmara.) — Rel. Amarildo Carlos de Lima. Data de Assinatura: 28.2.2019 (BJ do TRT da 12ª Reg., 21 a 28.2.2019)

Assim, fica patente que, pelo disposto no § 3º do art. 843 da CLT, o preposto poderá ser terceiro, ou seja, pessoa fora do quadro de empregados da empresa. A representação do empregador doméstico, de empresa de pequeno e médio porte, de microempreendedor já podia ser feita por pessoa que não fosse empregado, de forma que a situação continua sem alteração.

Portanto, o que não se podia era negar a representação do empregador quando ele necessitasse que outra pessoa comparecesse seu lugar. Seria uma ofensa ao princípio da razoabilidade pois estaria se negando o acesso do empregador ao processo para o qual foi citado a se defender. Ora, se o empregador escolhe mal o seu representante ele responderá pelos seus atos. A Lei n. 13.467, de 13.7.2017, veio a reformular o entendimento até então previsto na Súmula n. 377 do TST. No cotidiano das relações trabalhistas pode-se constatar a necessidade de o empregador designar uma pessoa que não seja seu empregado para ser seu representante em audiência, quando por motivos imperiosos não pode comparecer em juízo, e se indicar o seu empregado, por exemplo, como preposto, não terá nenhuma testemunha para depor no processo. Lembramos que a 4ª Turma do TST, em processo que teve como Relatora a Ministra Maria de Assis Calsing aceitou o marido de sócia e ex-empregado da empresa como preposto, no processo AIRR-RR-733473/2001.6 (notícia publicada no *site* do TST e 28.4.2008). "O inusitado, no caso, é que o indicado como preposto, mesmo não sendo mais funcionário, era marido de sócia da empresa reclamada e tinha conhecimento do funcionamento da empresa e dos fatos ocorridos com o trabalhador que ajuizou a ação"[22].

22 FERREIRA, Germana Monteiro de Castro. *TST principais julgamentos*. Salvador: Juspodivm, 2009. p. 195.

Apesar da faculdade concedida ao empregador pela Lei n. 13.467, de 13.7.2017, para a utilização de preposto que não seja empregado, entendemos que a sua utilização só poderá acontecer em situações de efetiva necessidade, em face dos riscos de que essa prática enseja, cujas razões apontamos a seguir:

a) o preposto empregado, além de conhecer a empresa, quando bem orientado se identificará com ela e o seu depoimento poderá ser mais valoroso para os interesses do empregador.

b) o preposto, quando não é empregado, terá maiores dificuldades na representação, já que conhece a empresa superficialmente e talvez não responda adequadamente as perguntas que a ele serão feitas em audiência.

c) se a parte adversa, e mesmo o juiz, sabendo que o preposto não é empregado, por certo farão perguntas que não seriam respondidas adequadamente pelo seu representante.

d) a empresa deverá se cercar também na relação que terá com o preposto não empregado, em caso de representação, dada a necessidade de um contrato, cuja relação é disciplinada nos arts. 1.169 a 1.178 do Código Civil.

e) por último, se o preposto não empregado funcionar regulamente na função de representante do empregador, não é descartável a possibilidade de esse prestador de serviços vir a postular vínculo empregatício com a empresa sob o fundamento de que estaria substituindo a função que seria desempenhada por empregado em virtude da praxe existente. Entretanto, o reconhecimento do vínculo só se dará se ficar evidente o atendimento de todos os requisitos configuradores da relação de emprego previstos no art. 3º da Consolidação das Leis do Trabalho. Lembramos, no entanto, que se o preposto agir de forma irregular nos seus depoimentos será o empregador que responderá pelos seus atos, já que estará na condição de seu representante.

Jurisprudência

Ementa: Recurso de revista interposto sob a égide da Lei n. 5.869/73 — Preposto não empregado — Inaplicabilidade do preconizado na Súmula n. 377 do TST. Embora o Tribunal Regional tenha julgado contrariamente à Súmula n. 377

do TST, na medida em que consigna o entendimento de que o preposto não precisa ser empregado da reclamada, é fato incontroverso que o preposto da reclamada é um "sócio de fato". A exigência prevista na Súmula n. 377 do TST, de que "o preposto deve ser necessariamente empregado do reclamado" não é uma regra inexpugnável, não se aplicando nas hipóteses em que a parte se fez representada por sócio ou administrador, como no caso vertente. Assim, representada a reclamada por sócio com conhecimento dos fatos que envolvem a demanda, delimitada está a situação na previsão contida no art. 843, § 1º, da CLT. Recurso de revista não conhecido... TST-RR-0001270-17.2011.5.09.0093 — (Ac. 7ª T.) — Rel. Min. Luiz Philippe Vieira de Mello Filho. DEJT/TST n. 2080/16, 6.10.2016, p. 2226.

Ementa: Recurso de revista. Lei n. 13.015/2014. Preposto não empregado da empresa. Súmula n. 377 do TST. O Tribunal Regional manteve a validade do depoimento do preposto, ainda que não empregado da reclamada, sob o fundamento de que ele tinha conhecimento dos fatos sobre os quais trata a presente reclamação. Diante deste quadro fático, em que o Tribunal Regional não se manifestou sobre a natureza jurídica da reclamada e possível exceção à regra de que o preposto deve ser empregado da empresa, não há como se examinar e concluir pela apontada contrariedade à Súmula n. 377 do TST, que excepciona a necessidade de o preposto ser empregado da empresa quando esta é micro ou pequena empresa. Recurso de Revista de que não se conhece. TST-RR-0000828-06.2013.5.04.0001 — (Ac. 5ª T.) — Rel. Min. João Batista Brito Pereira. DEJT/TST n. 2.011/16, 30.6.2016, p. 4316.

Ementa: Recurso de revista. Microempresa. Preposto. Condição de empregado. Exceção. Procurador da parte. Súmula n. 377 do TST. Art. 54 da Lei Complementar n. 123/2006. 1. Segundo o art. 54 da Lei Complementar n. 123/2006, é facultado ao empregador de microempresa ou de empresa de pequeno porte fazer-se substituir ou representar perante a Justiça do Trabalho por terceiros que conheçam dos fatos, ainda que não possuam vínculo trabalhista ou societário. 2. Assim, o mero procurador da empresa, munido de instrumento de mandato com os poderes da cláusula *ad negotia,* pode legitimamente representá-la como preposto em audiência na Justiça do Trabalho. 3. Contraria a Súmula n. 377 do TST decisão que exige do preposto de microempresa, necessariamente, a qualidade de empregado. 4. Recurso de revista de que se conhece e a que se dá provimento. TST-RR-0111540-05.2007.5.02.0074 —

(Ac. 4ª T.) — Rel. Min. João Oreste Dalazen. DEJT/TST n. 1.597/14, 6.11.2014, p. 1407.

*Ementa: **Preposto. Administrador da pessoa jurídica. Conhecimento dos fatos. Inaplicabilidade do entendimento consagrado na Súmula n. 377 desta corte superior.** 1. O entendimento pacificado nesta Corte superior, nos termos da Súmula n. 377, que interpreta o sentido e o alcance do art. 843, § 1º, da Consolidação das Leis do Trabalho, é de que o preposto deve ser necessariamente empregado da empresa. 2. Referido verbete sumular não contempla, no entanto, a hipótese dos autos, em que a reclamada encontra-se representada pelo seu administrador, pessoa investida de poder para representar a sociedade. 3. Assim, resulta válida a representação, em audiência, da reclamada pelo seu administrador que tem conhecimento dos fatos. Precedentes. 4. Agravo de instrumento a que se nega provimento.* (AIRR — 102140-96.2006.5.24.0006, 1ª Turma, Rel.: Min. Lelio Bentes Corrêa, DEJT: 17.5.2013).

*Ementa: **Preposto — Art. 843, § 1º, da CLT — Condição de empregado — Inaplicabilidade da Súmula n. 377 do TST — Reclamação trabalhista promovida contra pessoa física — Confissão do reclamado não configurada.** 1. Dispõe o § 1º do art. 843 da CLT que é facultado ao empregador fazer-se substituir pelo gerente, ou qualquer outro preposto que tenha conhecimento do fato, e cujas declarações obrigarão o preponente. Por sua vez, a Súmula n. 377 do TST consagra o entendimento de que o preposto deve ser necessariamente empregado do reclamado, exceto quanto à reclamação de empregado doméstico ou contra micro e pequeno empresário. 2. Na hipótese, o Regional rechaçou a tese de confissão do Reclamado, ao fundamento de que o art. 843, § 1º, da CLT não exige a condição de empregado para o preposto. Concluiu, assim, que a prova dos autos revela a ausência dos requisitos para caracterização do vínculo de emprego, sendo certo que o Reclamante não produziu nenhuma prova eficaz a infirmar a tese da defesa. 3. Ademais, o Reclamante ajuizou reclamação trabalhista contra o Reclamado, pessoa física, sendo certo que a prova produzida nos autos revela que o Obreiro (motorista de caminhão), firmou um contrato de parceria com o Reclamado (dono de caminhão), visando a realização de fretes. Em tal contrato ficou estabelecido o percentual que cada um receberia sobre o valor ganho com os fretes e como seria feito a manutenção do veículo, além de outros detalhes típicos de um contrato de natureza civil. 4. Assim, tratando-se o Reclamado de pessoa física, mero proprietário do caminhão no qual o Reclamante laborou, sob a proteção de um ajuste livremente firmado e composto de obrigações mútuas,* *suficientemente legítima a sua representação por pessoa que possui conhecimento dos fatos, sendo impertinente qualquer consideração acerca de vínculo empregatício, a teor do § 1º do art. 843 da CLT. 5. Destarte, constatando-se que o caso em exame não se molda às hipóteses tratadas na Súmula n. 377 do TST, bem como que o Reclamado, pessoa física, não possui empregados, admissível a sua representação em audiência por preposto, afastando-se, assim, a exigência da condição de empregado contida na retromencionada súmula, pois obedecida a regra do art. 843, § 1º, da CLT. Recurso de revista não conhecido.* (RR — 1214-71.2010.5.05.0661, 7ª Turma, Rel.: Min.: Ives Gandra Martins Filho, DEJT 1º.3.2013).

Ementa: "Recurso de revista. Representação da reclamada em audiência por preposto não empregado. Pena de revelia e confissão quanto à matéria de fato alegada na inicial. Sócio administrador da empresa. Inaplicabilidade da Súmula n. 377 do TST. A exigência prevista na Súmula n. 377 do TST, de que o preposto deve ser necessariamente em pregado do reclamado não se aplica quando a parte se faz representar por sócio ou administrador que tenha conhecimento dos fatos que envolvem a demanda, conforme previsão contida no art. 843, § 1º, da CLT. Recurso de Revista não conhecido". (RR — 163100-20.2007.5.01.0007, 8ª Turma, Rel.: Min. Márcio Eurico Vitral Amaro, DEJT 20.4.2012).

Ementa: Microempresa. Representação em audiência. Por ser microempresa a reclamada enquadra-se na previsão do art. 54 da LC n. 123/2006 e na Súmula n. 377 do TST, podendo ser representada em Juízo por terceiros, ainda que não possuam vínculo trabalhista ou societário. TRT 10ª Reg. RO-0000246-41.2014.5.10.0021 — (Ac. 2ª T.) — Rel. Des. Elke Doris Just. DEJT/TRT 10ª Reg. n. 1.991/16, 2.6.2016, p. 76.

Ementa: Preposto sem vínculo de emprego com o reclamado — Revelia não configurada. O art. 843, § 1º, da CLT não exige que o preposto seja obrigatoriamente um empregado. Exige, sim, que tenha conhecimento dos fatos. Contudo, caso o empregador opte por trazer a juízo um representante que não figure em seus quadros funcionais, deve ter claro que se obrigará pelas declarações do preposto eleito e que sofrerá as consequências pelo seu eventual desconhecimento dos fatos. Assim, não há que se falar em irregularidade de representação e, tampouco, em revelia ou nulidade. TRT 9ª Reg. RO-0001924-97.2013.5.09.0007 — (Ac. 6ª T.) — Rel. Sérgio Murilo Rodrigues Lemos. DEJT/TRT 9ª Reg. n. 1.810/15, 10.9.2015, p. 216.

Ementa: Preposto não empregado — Confissão ficta não configurada — Inexistência de ofensa à Súmula n. 377 do c. TST. A lei não impõe que o preposto seja obrigatoriamente um empregado. Exige, sim, que tenha conhecimento dos fatos. Caso o empregador opte por trazer a Juízo "não empregado", deve ter claro que se obrigará pelas declarações do preposto eleito. Ao aceitar a presença de preposto não empregado nas hipóteses lá excetuadas, a própria Súmula citada reconhece a ausência de imposição legal de que o preposto seja empregado. Não se justifica, assim, que haja tratamento diferenciado em relação ao empregador não doméstico, ainda que de médio ou grande porte, sobretudo diante da expressa autorização legal, constante do § 1º do art. 843, para que o empregador se faça substituir por qualquer preposto que tenha conhecimento do fato, obrigando-se pelas declarações por este prestadas em Juízo. Além disso, a lei permite que o próprio empregado, quando da impossibilidade de comparecimento pessoal, se faça representar pelo representante do sindicato ou por outro empregado que pertença à mesma profissão. Não cabe, pois, imputar qualquer outra restrição quando o próprio dispositivo legal não o fez. Quando a lei permite que o empregador seja representado pelo gerente do seu estabelecimento ou por qualquer outro preposto, não há que se exigir que esse qualquer outro preposto seja seu empregado. Recurso da reclamada ao qual se dá provimento, para afastar a revelia e a confissão ficta aplicadas, bem assim determinar o retorno dos autos à origem para que lhe seja oportunizada a produção de todas as provas que entender necessárias. TRT 9ª Reg. RO-0001747-66.2013.5.09.0094 — (Ac. 6ª T.) — Rel. Sérgio Murilo Rodrigues Lemos. DEJT/TRT 9ª Reg. n. 1.740/15, 3.6.2015, p. 138-9.

Ementa: Empregador rural pessoa física. Preposto membro da família. Revelia e pena de confissão ficta. Não configuração. No meio rural, o membro da família que administra os negócios da propriedade e se apresenta como preposto atende aos requisitos do art. 843, § 1º, da CLT, de modo que eventual decisão que não reconhece a legitimidade do representante familiar, em audiência, fere o princípio da ampla defesa — art. 5º, LV, da CF/88. TRT 15ª Reg. (Campinas/SP) RO-0002320-72.2012.5.15.0062 — (Ac. 6309/2015-PATR, 9ª C.) — Rel. Luiz Antonio Lazarim. DEJT/TRT 15ª Reg. n. 1.668/15, 19.2.2015, p. 993-4.

Ementa: Produtor rural pessoa física. Preposto não empregado. Possibilidade. Dispõe o § 1º do art. 843 da CLT que: "é facultado ao empregador fazer-se substituir pelo gerente, ou qualquer outro preposto que tenha conhecimento do fato, e cujas declarações obrigarão o proponente". Como se vê, o dispositivo da lei não exige que o preposto seja necessariamente empregado do reclamado, mas, apenas, que tenha conhecimento dos fatos. O entendimento perfilhado pela Súmula n. 377/TST (de que "exceto quanto à reclamação de empregado doméstico, ou contra micro ou pequeno empresário, o preposto deve ser necessariamente empregado do reclamado") constitui regra geral, que não se aplica na especial hipótese em que o administrador do reclamado, produtor rural, pessoa física, tem condições de, como preposto, fornecer as informações necessárias ao deslinde do feito, na forma do § 1º do art. 843 da CLT. TRT 3ª Reg. RO-109-89.2013.5.03.0150 — (Ac. 1ª T.) — Relª Des. Maria Laura Franco Lima de Faria. DJe/TRT 3ª Reg. n. 1.263/13, 9.7.2013, p. 19.

CAPÍTULO IV

PREPOSTO E SEUS PODERES. LIMITAÇÃO À AUDIÊNCIA

O empregador poderá ser representado em audiência pelo preposto por ele designado, faculdade essa prevista no art. 843, § 1º, da CLT, como já vimos.

Aliás, há quem diga que: *"O preposto não representa o empregador. Ele presenta o empregador! O preposto é a 'personificação' do empregador em audiência. A preleção do preposto é a voz do empregador. A sua mudez reflete o silêncio do empregador"*[23].

Pela Lei n. 13.467, de 13.7.2017, denominada de "reforma trabalhista" permite a possibilidade de o preposto não ser empregado, em face da inclusão do § 3º no art. 843, da CLT:

> *O preposto a que se refere o § 1º deste artigo não precisa ser empregado da parte reclamada.*

Portanto, quando o empregador designa o seu representante na condição de preposto perante a Justiça do Trabalho, seja empregado ou não, ele sabe da sua importância e das consequências do seu ato, por força do mencionado dispositivo legal. Como bem esclarece Domingos Sávio Zainaghi:

> *O preposto detém todos os poderes cabíveis ao empregador, o qual pelo simples fato de tê-lo nomeado, outorga-lhe amplos poderes para representá-lo, só que esta representação fica limitada à audiência em que compareceu. Logo, se o preposto comparece na primeira audiência e não na segunda, seus poderes se exaurem naquela; se comparecer na segunda sessão não há necessidade de*

23 CISNEIROS, Gustavo. *Manual de audiência e prática trabalhista.* 3. ed. São Paulo: Gen/ Método, 2017. p. 52.

nova carta de preposição, bastando mencionar que já fora preposto na audiência anterior. [24]

Dentro desse contexto, os poderes do preposto estão intimamente relacionados com a sua atuação em juízo para representar o seu empregador, cujas declarações serão tidas como se feitas pelo próprio preponente.

Por outro lado, nada impede que o preposto faça a defesa oral em audiência, numa eventual ausência do advogado incumbido da defesa, ou mesmo assine a defesa em nome do empregador, já que esse ato, no processo do trabalho, é ato de audiência.

Também não teria sentido, nem lógica permitir que o preposto represente o empregador em audiência sem possibilitar a ele assinar a defesa de que está de posse quando ausente o advogado, ou mesmo de fazer a defesa oral em caso de necessidade. A respeito, veja-se a seguinte decisão:

> *Ementa: REVELIA — O comparecimento da reclamada com a defesa, por meio de seu preposto, acompanhada de uma estagiária, não gera a aplicação da pena de confissão, diante da possibilidade da parte exercer pessoalmente a sua defesa.* (TRT 2ª Reg. — RO 1999.0443699 — (Ac. 1ª T. 20000464087) — Rel. Juiz P. Bolívar de Almeida — DOESP 3.10.2000)

Entretanto, sua função, como não poderia deixar de ser, está limitada tão somente à apresentação de defesa e ao depoimento pessoal, com as suas consequências no processo (CLT, art. 843, § 1º, da CLT).

Nesse sentido, a opinião abalizada do saudoso Emílio Gonçalves[25] quando afirma que "*A atuação do preposto no processo do trabalho está limitada à representação do empregador na audiência de instrução e julgamento. É a interpretação que deflui do disposto no § 1º do art. 843 da CLT. A faculdade de o empregador fazer--se representar por preposto se refere exclusivamente à audiência de instrução, sendo vedado a interposição de recurso por ser ato exclusivo de advogado*".

24 ZAINAGHI, Domingos Sávio. O preposto da empresa e sua atuação na justiça do trabalho. *Síntese Trabalhista*, Porto Alegre: Síntese, n. 142, p. 7, abr. 2001.

25 GONÇALVES, Emílio. *O preposto do empregador no processo do trabalho.* 3. ed. São Paulo: LTr, 1995. p. 43.

Élisson Miessa assinala também que "*O preposto tem a função de substituir o empregador na audiência, exaurindo sua atividade nesse ato. Assim, poderá exercer todos os atos necessários na audiência, tais como realizar propostas de acordo, apresentar defesa oral, prestar depoimento pessoal e aduzir razões finais. Por outro lado, acabada a audiência, não poderá praticar outros atos processuais, por exemplo, interpor recursos*"[26].

A respeito, a seguinte decisão:

> ***Ementa: Acordo judicial. Anuência expressa do tomador de admissibilidade de recurso. Petição assinada por preposto. Irregularidade de representação.*** *O* jus postulandi, *previsto no art. 791 da CLT, é conferido diretamente ao empregador, embora lhe faculte fazer-se representar por preposto em audiência (art. 843 da CLT).* ***Tal faculdade, todavia, não alcança a prática de outros atos processuais, sem conexão com aquele momento processual, como a interposição de recurso, que a lei expressamente determina se realize por petição.*** TRT 18ª Reg. RO-0001273-38.2013.5.18.0129 — (Ac. 3ª T.) — Rel. Juiz Marcelo Nogueira Pedra. DEJT n. 1 1.426/14, 28.2.2014, p. 150-1. (Não há grifo no original)

Com a reforma trabalhista trazida pela Lei n. 13.467, de 13.7.2017, ficou permitida a representação do empregador por pessoa que não seja seu empregado. Nesse caso, entendemos que, mesmo não sendo empregado, ele terá as mesmas prerrogativas do preposto empregado, pois a lei não faz nenhuma distinção a respeito, mesmo porque onde a lei não distingue não cabe ao intérprete distingui-la.

Ressalte-se, no entanto, que, na Segunda Jornada de Direito e Processo do Trabalho, patrocinada pela Associação Nacional dos Magistrados do Trabalho — Anamatra, realizada em Brasília, DF, nos dias 9 e 10.10.2017 foi editado o Enunciado n. 107, o qual não tem força vinculativa, mas retrata o entendimento majoritário dos participantes do evento, cujo enunciado tem a seguinte redação:

> ***Enunciado n. 107. ACESSO À JUSTIÇA. ISONOMIA.*** JUS POSTULANDI.
> ***1. Não sendo representante legal da pessoa jurídica ou empregado do réu, o preposto poderá apenas prestar depoimento pessoal na audiência, sendo-lhe***

26 MIESSA, Élisson; CORREIA, Henrique. *Súmulas e OJs do TST comentadas e organizadas por assunto*. 8. ed. Salvador: Juspodivm, 2018. p. 1586.

vedada a prática de atos processuais privativos do advogado 2. Não sendo empregado do réu, é vedado ao advogado funcionar como seu preposto. 3. É defeso ao advogado funcionar no mesmo processo, simultaneamente, como patrono e preposto do empregador não (Código de Ética e Disciplina da OAB, art. 23).

A relevância desse Enunciado está no disposto no item 1, que trata do preposto não empregado. Os seus termos reforçam ainda mais a necessidade de o representante do empregador ter a carta de preposição, mesmo que seja empregado, contendo a sua identificação e poderes concernentes a sua atuação como preposto. Sua atuação no processo, no entanto, não pode ser diferente do preposto empregado, conforme já salientamos acima. Destaque-se, também, que o preposto tem sua participação limitada, apenas aos atos de audiência, não podendo interpor recurso, já que este é ato privativo de advogado.

Lembramos também que a Súmula n. 425 do TST limita a atuação do *jus postulandi* na Justiça do Trabalho, conforme se verifica pelos seus termos:

> *Súmula n. 425.* JUS POSTULANDI *NA JUSTIÇA DO TRABALHO. ALCANCE.*
> *Res. n. 165/2010, DEJT divulgado em 30.4.2010 e 3 e 4.5.2010.* O jus postulandi *das partes, estabelecido no art. 791 da CLT, limita-se às Varas do Trabalho e aos Tribunais Regionais do Trabalho, não alcançando a ação rescisória, a ação cautelar, o mandado de segurança e os recursos de competência do Tribunal Superior do Trabalho.*

Os termos dos itens 2 e 3 do citado Enunciado n. 107, não comportam maiores considerações pois são temas praticamente pacificados na doutrina e jurisprudência trabalhistas. É que não sendo empregado do réu, é vedado ao advogado funcionar como seu preposto e, muito menos, simultaneamente na condição de patrono e preposto do empregador, em virtude de ofensa ao art. 23 do Código de Ética e Disciplina da OAB. E sobre esse tema, ver o Capítulo XXV no qual analisamos a questão.

Outras duas alterações da Lei n. 13.467, de 13.7.2017, no que toca a contestação e juntada de documentos merece ser aqui analisadas. A primeira delas está na inclusão do § 5º no art. 844 da CLT, que estabelece:

> ***Ainda que ausente o reclamado, presente o advogado na audiência, serão aceitos a contestação e os documentos eventualmente apresentados.***

Foi muito feliz essa inclusão no art. 844 da CLT, pois se houve a intenção do reclamado em se defender com a presença do seu advogado na audiência designada, não teria sentido a recusa da juntada de contestação e de documentos a ela acostados.

A segunda está na inclusão do parágrafo único no art. 847 da CLT, o qual estabelece que:

> ***A parte poderá apresentar defesa escrita pelo sistema de processo judicial eletrônico até a audiência.***

Dessa forma, a defesa e os documentos que fazem parte da peça contestatória, com o ingresso corretamente no processo judicial eletrônico, afastarão os efeitos da revelia e da confissão quanto à matéria de fato já que caberá ao juiz apreciar, na sua decisão, a respectiva defesa e os documentos. Nesse sentido, já nos manifestamos em comentários de final de página, publicado no *Suplemento Trabalhista LTr* n. 045/226 em que destacamos o seguinte trecho:

> Com efeito, a Lei n. 11.419, de 19.12.2006[27], visando beneficiar os seus usuários já que propicia a sua utilização em horário diferenciado para protocolo de petições e considerável economia, em razão da possibilidade de remetê-las pela internet, sem necessidade de protocolizar os originais em papel. A referida Lei n. 11.419, de 19 de dezembro de 2006, dispôs em seu art. 18 que "Os órgãos do Poder Judiciário regulamentarão esta Lei, no que couber, no âmbito de suas respectivas competências".

Muitas questões têm sido objeto de questionamento na esfera trabalhista, notadamente no que toca à aplicação da revelia ao reclamado que apresenta, antecipadamente, pela via eletrônica, a sua defesa, com procuração e documentos,

27 Lei que trata da informatização do processo judicial, com aplicação aos processos civil, penal e trabalhista, bem como aos juizados especiais em qualquer grau de jurisdição.

por força da própria regulamentação que cuida do processo judicial eletrônico (art. 29 da Resolução n. 136 do Conselho Superior da Justiça do Trabalho — CSJT)

Assinalamos também que "a partir do momento que se implanta o processo judicial eletrônico, ***as normas da Consolidação das Leis do Trabalho é que terão que se adequar ao processo judicial eletrônico e não o contrário.*** A parte que junta a sua defesa pela via eletrônica, atendendo ao chamamento judicial não poderá ser considerada revel, pois o ato está devidamente registrado nos meios eletrônicos para comprovar o desejo da parte em se defender".

Assim, ainda que seja considerada revel a reclamada, não há como não considerar os documentos juntados e a procuração. O desejo de se defender do reclamado é manifestado na forma mais lídima pela via eletrônica, observada a mesma prática adotada na petição inicial.

Portanto, há necessidade de ser prestigiado o processo judicial eletrônico para as duas partes, como fez o TRT da 11ª Região, com a relativização da aplicação do art. 844 da CLT.

> ***Ementa: Revelia e o processo judicial eletrônico. Relativização da aplicação do art. 844 da CLT.*** *Com a implementação na Justiça do Trabalho do Processo Judicial Eletrônico, a parte reclamada, nos termos do art. 29 da Resolução n. 136 do Conselho Superior da Justiça do Trabalho — CSJT, é obrigada a juntar, antes da sessão inaugural de audiência, a contestação e demais documentos que sustentam sua tese de defesa.* ***O cumprimento dessa obrigação evidencia o seu*** animus ***de defesa, pois respondeu ao pedido inicial da ação, sendo impossível entender que sua eventual ausência à sessão inaugural de audiência importaria na sua revelia, o que conduz à relativização da aplicação do art. 844, da Consolidação das Leis do Trabalho no âmbito do processo judicial eletrônico.*** *Recurso conhecido e provido parcialmente apenas para afastar os efeitos da revelia, mantendo a decisão recorrida quanto ao mérito, por se tratar apenas de condenação subsidiária da recorrente.* TRT 11ª Reg. Proc. 0010264-48.2014.5.11.0101 (RO) — (Ac. 2ª T.) — Rel. Jorge Alvaro Marques Guedes. DEJT/TRT 11ª Reg. n. 1.867/15, 2.12.2015, p. 666-8. (não há grifo no original)

O TRT da 5º Região divulgou no dia 31.5.2017, a sua Súmula n. 50, a qual está em conformidade com o exposto acima e cria um precedente judicial que fatalmente chegará ao Tribunal Superior do Trabalho em virtude da necessidade da Uniformização da Jurisprudência no âmbito nacional, observados, evidentemente, os devidos tramites legais.

> *Súmula TRT5 n. 50: PROCESSO JUDICIAL ELETRÔNICO — PJe-JT. REVELIA. DOCUMENTOS COLACIONADOS AOS AUTOS ANTES DA AUDIÊNCIA INAUGURAL POR RECLAMADO REVEL. ATRIBUIÇÃO DE VALOR PROBATÓRIO. POSSIBILIDADE. No processo eletrônico, os documentos colacionados antes da audiência inaugural, mesmo quando o réu é declarado revel, devem ser conhecidos, cabendo ao juiz condutor do processo avaliar o valor probante dos mesmos, após a manifestação da parte contrária. RESOLUÇÃO ADMINISTRATIVA TRT5 N. 20, de 10 de abril de 2017, considerando o julgamento do Incidente de Uniformização de Jurisprudência n. 00001276-47.2016.5.05.0000. Divulgada em 31.5.17.*

Assim, o preposto tem a sua participação no processo limitada à audiência na condição de representante do empregador, podendo fazer a defesa oral, quando não possuir a escrita, prestar depoimento pessoal e, como não é parte no processo, não tem legitimidade para recorrer, cuja prerrogativa é da própria parte ou do seu procurador devidamente constituído nos autos.

Recomenda-se, no entanto, que o preposto tenha, sempre que possível, em seu poder a contestação para eventual utilização em caso do não comparecimento do advogado que cuida da causa. O preposto, no caso, poderá apresentar a contestação e pedir prazo para a juntada de documentos, ou mesmo apresentar a defesa oral se estiver preparado para tanto.

Jurisprudência

Ementa: Preposto — Inexistência de legitimidade para recorrer. O preposto somente está autorizado a substituir o empregador na audiência de instrução e julgamento. O art. 843, § 2º, da CLT não legítima o preposto a recorrer em nome da parte. TST — E-RR 4.920/1984 — (Ac. SDI) — Rel. Min. Guimarães Falcão. DJU 29.9.1989, p. 15.229.

Ementa: Preposto. Exigência da condição de empregado. Obrigação de provar sua qualidade e extensão de poderes. I. Diz a lei que "é facultado ao empregador fazer-se substituir pelo gerente, ou qualquer outro preposto que tenha conhecimento do fato, e cujas declarações obrigarão o proponente" (CLT, art. 843, § 1º). II. O preposto deve ser necessariamente empregado do reclamado, exceto quanto à reclamação do empregado doméstico ou contra micro ou pequeno empresário (TST, SUM-377). III. O Código Civil dispõe que "O representante é obrigado a provar às pessoas, com quem tratar em nome do representado, a sua qualidade e a extensão de seus poderes, sob pena de, não o fazendo, responder pelos atos que a estes excederem" (art. 118). IV. A lei não diz que o preposto deve provar sua condição por escrito, mas ele deve provar a outorga de poderes de representação, se isto lhe for exigido. Para tanto, basta provar sua qualidade de empregado, o que se faz mediante a simples exibição da CTPS assinada: sendo empregado, a presença do preposto em audiência implica reconhecer a outorga de poderes de representação, dispensada a exibição de "carta de preposição". TRT 18ª Reg. RO-0001045-34.2013.5.18.0171 — (Ac. 3ª T.) — Rel. Mário Sérgio Bottazzo. DEJT/TRT 15ª Reg. 1.554/14, 8.9.2014, p. 61.

Ementa: Acordo judicial. Anuência expressa do tomador de admissibilidade de recurso. Petição assinada por preposto. Irregularidade de representação. O *jus postulandi*, previsto no art. 791 da CLT, é conferido diretamente ao empregador, embora lhe faculte fazer-se representar por preposto em audiência (art. 843 da CLT). Tal faculdade, todavia, não alcança a prática de outros atos processuais, sem conexão com aquele momento processual, como a interposição de recurso, que a lei expressamente determina se realize por petição. TRT 18ª Reg. RO-0001273-38.2013.5.18.0129 — (Ac. 3ª T.) — Rel. Juiz Marcelo Nogueira Pedra. DEJT N1 1.426/14, 28.2.2014, p. 150-1.

Ementa: Recurso assinado por preposto. Admissibilidade. Irregularidade de representação. O *jus postulandi*, previsto no art. 791 da CLT é conferido diretamente ao empregador, sendo-lhe facultado fazer-se representar em audiência por preposto (art. 843, § 1º, da CLT). Tal faculdade não alcança a prática de outros atos processuais, como a interposição de recurso, que se realiza por petição. (RO n. 450-91.2012.5.18.0002, 3ª Turma do TRT da 18ª Região/GO, Rel. Marcelo Nogueira Pedra. Unânime, DJe 14.11.2013).

Ementa: Agravo de instrumento. Recurso ordinário assinado pelo preposto. Inadmissibilidade. A atuação do preposto se restringe à audiência, não estando ele legalmente autorizado a procurar em Juízo. Tampouco a figura do *jus postulandi* confere capacidade postulatória a esse singular representante patronal. Esposar entendimento contrário significaria, na verdade, tolerar o exercício ilegal da profissão de advogado. ... TRT 3ª Reg. RO-99-57.2011.5.03.0104 (RO-99/2011-104-03-00.8) — (Ac. 2ª T.) — Relª Juíza Convocada Maria Raquel Ferraz Zagari Valentim. DJe/TRT 3ª Reg. n. 951/12, 2.4.2012, p. 172.

Ementa: Agravo de instrumento. Recurso ordinário assinado pelo preposto. Inadmissibilidade. A atuação do preposto se restringe à audiência, não estando ele legalmente autorizado a procurar em Juízo. Tampouco a figura do *jus postulandi* confere capacidade postulatória a esse singular representante patronal. Esposar entendimento contrário significaria, na verdade, tolerar o exercício ilegal da profissão de advogado. ... TRT 3ª Reg. RO-99-57.2011.5.03.0104 (RO-99/2011-104-03-00.8) — (Ac. 2ª T.) — Relª Juíza Convocada Maria Raquel Ferraz Zagari Valentim. DJe/TRT 3ª Reg. n. 951/12, 2.4.2012, p. 172.

Ementa: Jus postulandi — *Preposto.* No processo do trabalho, a prerrogativa de reclamar e acompanhar as reclamações até o final restringe-se às partes (reclamante e reclamado). Não havendo nos autos notícia de que a pessoa que assinou o apelo, além de preposto, fosse sócio da Recorrente, inviável o conhecimento do recurso, em face da irregularidade de representação. TRT 18ª Reg. AI(AP)-00141-2006-231-18-01-5 — Rel. Juiz Marcelo Nogueira Pedra. DJGO n. 14.845, 22.9.2006, p. 68.

Ementa: Manutenção do jus postulandi. *Na Justiça do Trabalho mesmo após EC n. 45/04.* O *jus postulandi* é direito inerente à própria cidadania. Se o Estado detém o monopólio da prestação jurisdicional, o cidadão deve ter o direito de requerê-la diretamente, de forma simples e objetiva, contratando advogado particular só se assim desejar. Trata-se de mais uma contribuição que o processo do trabalho pode dar ao processo civil. A indispensabilidade referida no art. 133 do CF/88 não detém caráter de absoluta, estando balizada pelos limites da lei, conforme estabeleceu expressamente o referido dispositivo. Assim, em atendimento aos princípios da unidade e da harmonização dos preceitos constitucionais, tal estipulação deve ser interpretada em consonância com o inciso XXXV do art. 5º, não se destinando a restringir, mas a ampliar a efetividade do acesso à justiça, instituído como direito fundamental. TRT 15ª Reg. (Campinas/SP) RO 0029-2005-108-15-00-1 — (Ac. 21841/06-PATR, 2ª Câmara) — Relª Juíza Tereza Aparecida Asta Gemignani. DJSP 12.5.2006, p. 44.

Ementa: Cerceamento de defesa. Decreto de revelia reclamada representada por preposto que porta defesa sem assinatura. Ânimo de defesa. Caracterização. Caracteriza-se cerceamento de defesa a declaração de revelia da reclamada que se faz substituir por preposto na audiência inicial, ainda mais quando portador de defesa, ainda que não assinada, pois evidente o ânimo defensivo. Insere-se dentre os poderes deste tudo o que se compreende no exercício do *jus postulandi*. Assim, poderia ter-lhe sido dada oportunidade de, sanando vício formal, apor sua assinatura na defesa que trouxe a Juízo. Outra possibilidade seria a de defesa oral, em atenção à técnica de procedimento denominada "oralidade", vinculada ao "princípio da celeridade". (TRT 15ª R. 36360/97 — Ac. n. 1.320/99 — Rel. Luís Carlos Cândido Martins Sotero da Silva — 5ª T. — DOE 23.2.1999, p. 113).

CAPÍTULO V

PREPOSTO E A CARTA DE PREPOSIÇÃO

1. Introdução

O preposto, sendo representante do empregador, observada a faculdade prevista no § 1º do art. 843 da CLT, poderá ser empregado e comprovar essa condição com a apresentação da Carteira de Trabalho e Previdência Social — CTPS, que o identifica como tal.

Normalmente, é comum os advogados que defendem o reclamante exigirem que o preposto apresente a sua CTPS para confirmar a sua condição de empregado, mesmo quando portador de carta de preposição.

Antes da Lei n. 13.467, de 13.7.2017, denominada de reforma trabalhista, visava o advogado do trabalhador a comprovação de que o preposto, não sendo empregado, fosse o reclamado considerado revel e confesso quanto à matéria fática, já que a Súmula n. 377 do TST, só permitia o preposto não empregado nas hipóteses de representação de empregador doméstico, de micro ou pequeno empresário.

A verdade é que o § 1º do art. 843 da CLT, não exige que o empregado porte a carta de preposição para representar o empregador, o que tem motivado controvérsia, tanto na doutrina quanto na jurisprudência, conforme veremos adiante.

2. Definição de carta de preposição e sua formalidade

A carta de preposição nada mais é do que um documento que autoriza que outra pessoa represente o titular (sócio ou empregador) na esfera trabalhista ou administrativa, mas para isso deverá ter os poderes pertinentes à respectiva representação.

A expressão carta de preposição foi incluída na Lei n. 9.099/1995, que tratou do Juizado Especial Cível, pela Lei n. 12.137/2009, ao dispor no § 4º do art. 9º que:

> O réu, sendo pessoa jurídica ou titular de firma individual, poderá ser representado por preposto credenciado, munido de carta de preposição com poderes para transigir, sem haver necessidade de vínculo empregatício. (NR) (não há grifo no original)

Na Comissão de Constituição e Justiça do Senado a questão que deu origem à Lei n. 12.137/2009, assim foi apreciada: "E de reconhecer, por outro lado, que a necessidade de autenticação em cartório da carta de preposição é medida que mais se coaduna com os tempos atuais. Por outro lado, há necessidade da menção expressa dos poderes para transigir outorgados ao preposto, conforme os termos constantes do Substitutivo apresentado e aprovado na Comissão de Constituição e Justiça e Cidadania da Câmara dos Deputados".

Sua utilização na Justiça do Trabalho é muito comum e pouco importa o valor dado à causa, de forma que se analisada a questão sob esse prisma, com mais razão a solenidade da carta de preposição. Assim, podemos defini-la na área trabalhista, como sendo:

> ***O documento que identifica a pessoa que representa o empregador (pessoa física ou jurídica) na condição de preposto, em juízo trabalhista, e que tenha poderes inerentes ao seu credenciamento de forma a responder pelos seus atos, quando exigidos.***

Conforme assinala Rodrigo Garcia Schhwarz "A preposição é personalíssima, de forma que o preposto não pode, sem autorização escrita, fazer-se substituir no desempenho desta, sob pena de responder pessoalmente pelos atos do substituto e pelas obrigações por ele contraídas (art. 1.169 do CC)".[28]

O fundamento legal está no art. 118 do Código Civil que dispõe que "O representante é obrigado a provar às pessoas, com quem tratar em nome do

28 SCHWARZ, Rodrigo Garcia (org.). *Dicionário:* direito do trabalho; direito processual do trabalho. Direito previdenciário aplicado ao direito do trabalho. São Paulo: LTr, 2012. p. 758.

representado, a sua qualidade e a extensão de seus poderes, sob pena de, não o fazendo, responder pelos atos que a estes excederem".

Destaque-se, também, os termos do art. 932, e seu item III, do Código Civil, no sentido de que "São também responsáveis pela reparação civil... III — o empregador ou comitente, por seus empregados, serviçais e prepostos, no exercício do trabalho que lhes competir, ou em razão dele".

Como se vê, o disposto no item III do art. 932 do Código Civil não faz distinção entre a figura do empregado e a do preposto. Talvez seja essa razão do entendimento que ficou consagrado na Justiça do Trabalho de que basta o preposto ter conhecimento dos fatos para representar o empregador, ressalvadas as hipóteses do empregador doméstico, de micro ou pequeno empresário.

Ainda, o art. 933 do Código Civil, se reportando ao art. 932, estabelece que "As pessoas indicadas nos incisos I a V do artigo antecedente, ainda que não haja culpa de sua parte, responderão pelos atos praticados pelos terceiros ali referidos".

Lembramos também que os arts. 1.169 a 1.175 do Código Civil tratam da figura dos prepostos e a respeito deles afirma Sérgio Campinho que prepostos "são aqueles que prestam serviços ao empresário individual ou à sociedade empresária, sendo irrelevante a natureza do vínculo — se subordinado ao regime da CLT, se ligado por contrato de prestação de serviços, de cessão de mão de obra etc. — para configurar, para fins do direito obrigacional, a relação de preposição. Assim que o empresário, pessoa física ou jurídica, na condição de preponente, fica responsável pelos atos de quaisquer de seus prepostos, desde que realizados no interior de seu estabelecimento físico e se relacionem com a atividade empresarial ali desenvolvida, ainda que não tenha havido autorização expressa e por escrito para a sua realização. Atendidos esses pressupostos de lugar e objeto da atividade econômica organizada, obriga-se o empresário pelos atos de seus prepostos, independentemente da natureza do vínculo de preposição, devendo fazer cumprir os termos das contratações por eles implementadas"[29].

29 CAMPINHO, Sérgio. *O direito de empresa à luz do novo código civil.* 8. ed. Rio de Janeiro: Renovar, 2007. p. 369.

Campinho ainda enfatiza que "duas espécies de prepostos foram explicitamente referidas pelo Código — o contabilista e o gerente. O contabilista é o responsável pela escrituração dos livros do empresário. Desse modo, os assentos lançados nos livros ou fichas do preponente, por qualquer dos prepostos encarregados de sua escrituração, produzem, ressalvada a hipótese de má-fé, os mesmos efeitos se fossem lançados pessoalmente pelo empregador. O gerente é o preposto permanente no exercício da empresa, presente, pois, na sede do empresário, ou em sua sucursal, filial ou agência, cujas funções vão de organização e direção do trabalho em um desses estabelecimentos físicos, exercendo posto de chefia dentro da estrutura da empresa organizacional da empresa"[30].

2.1. Formalidade da carta de preposição

A carta de preposição tem que obedecer certas formalidades como a identificação da Vara do Trabalho onde o processo tramita, número do processo e o nome das partes, bem como o nome do representante do empregador, na condição de preposto, e a sua qualificação, inclusive se é empregado ou não, cujos requisitos mais se acentuam com a Lei n. 13.467, de 13.7.2017 que permite o preposto não empregado.

A respeito da formalidade da carta de preposição, embora se trate de processo do Juizado Especial Cível há a seguinte decisão:

> Revelia. Preposto da Ré que comparece à audiência com carta de preposição irregular. Justificativa de que o referido documento encontra-se formalmente em ordem. A cópia simples encartada a fl. 53 não serve ao fim que se destinava, porquanto não identifica o fórum em que corre a ação, o número do feito, nem o nome da autora. Exigência constante no § 4º do art. 9º da Lei n. 9.099/95, não, satisfeita. Revelia bem decretada. Recurso n. 12.500 — Juizado Especial Cível do Ipiranga. Voto n. 2.252. Relatora Cristina Cotofre.

Se a carta de preposição for assinada pelo gerente ou advogado do empregador, os dois na condição de empregados, não haveria nenhuma irregularidade porque

30 CAMPINHO, Sérgio. *O direito de empresa à luz do novo código civil.* 8. ed. Rio de Janeiro: Renovar, 2007. p. 370.

bastaria o preposto apresentar a sua Carteira de Trabalho e Previdência Social — CTPS que fica comprovada a sua condição de empregado e assim satisfazendo o disposto no § 1º do art. 843 da CLT. E se houver excesso de poderes de gestão, as consequências dessas irregularidades ficariam adstritas às relações entre subscritor (empregado) e empregador. Nesse sentido, as seguintes decisões:

> *Ementa: 1. Irregularidade de Representação. Não configura violação aos arts. 843, § 1º, e 844 da CLT o fato de o preposto do Reclamado comparecer em juízo munido de carta de preposição subscrita pelo Chefe de Departamento de Gestão de Pessoas, que poderia revelar excesso de poderes de gestão, uma vez que as consequências dessas irregularidades restringem-se às relações entre subscritor (empregado) e empregador. No tocante à divergência jurisprudencial, os arestos apresentados revelam-se inespecíficos. Óbice no Enunciado n. 296 do TST. Revista não conhecida, nesta matéria.* TST-RR-497336/1998 — (Ac. 3ª Turma) — TRT 10ª Reg. — Rela Juíza Convocada Eneida Mello. DJU 6.9.2001, p. 634.

> *Ementa: Não há que se cogitar em irregularidade de representação processual, cabendo presunção jurídica relativa de que o gerente da divisão de recursos humanos de empresa de grande porte possui poderes para firmar carta de preposição. Referida presunção ocorre em face do cada dia mais acentuado princípio da despersonalização do empregador de grande porte quanto ao número de empregados, bem como e principalmente, levando-se em conta o informalismo que norteia o Direito Processual do Trabalho, o qual, acertadamente e nos moldes do art. 765 da CLT, não é de render homenagem descabida à forma privilegiando o culto ao conteúdo, dentro de cada vez mais atual teoria do contrato realidade.* TRT 2ª Reg. RO 20000307194 — (Ac. 4ª T. — 20010311 3502) — Rel. Juiz Ricardo Verta Luduvice. DJSP 15.6.2001, p. 38.

3. Controvérsia sobre a necessidade ou não da carta de preposição na Justiça do Trabalho

Sempre houve controvérsia sobre a necessidade ou não da carta de preposição para que o preposto representasse o empregador em audiência trabalhista.

O saudoso Emílio Gonçalves sobre o tema afirmava que, "há duas correntes antagônicas; uma, sustentando que a carta de preposição é dispensável, uma vez que a lei não exige expressamente autorização por escrito para que o preposto represente o empregador na audiência; outra, agasalhando o entendimento de que a carta de preposição é obrigatória, porque constitui a única forma de provar a qualidade de preposto e, em consequência, a legitimidade da representação da empresa"[31].

Nesse sentido se posicionava Tostes Malta: "Quando o empregador se faz representar em audiência por preposto, deve o empregado que assume essa posição comparecer munido de documento que evidencia a representação, documento que se chama carta de preposto"[32].

Também esse era o entendimento de Coqueijo Costa para quem o gerente ou preposto deve apresentar "devidamente credenciado por escrito, facultando-se isso seja feito por meio de simples carta de apresentação"[33].

Em sentido contrário, temos a posição de Sergio Pinto Martins que vem de longa data afirmando que "O preposto não precisará trazer carta de preposição na audiência, pois inexiste qualquer previsão legal nesse sentido, porém, a praxe instruiu essa carta, que muitos juízes seguem à risca, como se fosse lei. Se a jurisprudência se orienta no sentido de que o preposto tem que ser empregado, não importa se ele trouxe ou não a carta de preposição à audiência, mas sim se é empregado, provando-se esta condição pela exibição de sua CTPS".[34] Esse entendimento encontra guarida na seguinte decisão do Tribunal Superior do Trabalho:

> *Ementa: I — **Agravo de instrumento em recurso de revista — Processo eletrônico — Cerceamento do direito de defesa. Revelia. Preposto. Ausência de carta de preposição.** Constatada violação do art. 5º, LV, da Constituição Federal, merece provimento o Agravo de Instrumento para determinar o processamento do Recurso de Revista. Agravo de Instrumento conhecido e provido. II — **Recurso de revista***

31 GONÇALVES, Emílio. *O preposto do empregador no processo do trabalho.* 3. ed. São Paulo: LTr, 1995. p. 5.

32 MALTA, Christovão Piragibe Tostes; ARAGÃO, Luiz Fernando Basto. *Prática de processo trabalhista.* 14. ed. São Paulo: LTr, 1995. p. 177.

33 COSTA, Coqueijo. *Direito processual do trabalho.* 2. ed. Rio de Janeiro: Forense, 1998. p. 257.

34 MARTINS, Sergio Pinto. *Práticas discriminatórias contra a mulher e outros estudos.* São Paulo: LTr, 1996. p. 219.

— Processo Eletrônico — Cerceamento do direito de defesa. Revelia. Preposto. Ausência de carta de Preposição. A decretação de revelia e confissão ficta da Reclamada pela ausência da carta de preposição em juízo implica ofensa ao art. 5º, LV, da Constituição, porquanto inexiste obrigatoriedade para a apresentação do documento. Prejudicados os demais temas. Recurso de Revista conhecido e provido. TST-RR-0086300-45.2009.5.17.0003 — (Ac. 8ª T.) — Rel. Min. Márcio Eurico Vitral Amaro. DEJT/TST n. 1.493/14, 12.6.2014, p. 1516.

Decisão de 2018 do Tribunal Superior do Trabalho é no mesmo sentido:

Ementa: Recurso de revista interposto na vigência da Lei n. 13.015/2014. Irregularidade da representação. Ausência de juntada da carta de preposição no prazo determinado pelo juízo. Aplicação da revelia e confissão. A juntada da carta de preposição decorre da prática forense, uma vez que não há imposição legal para que seja exigida a sua apresentação. Desta forma, a não apresentação do referido documento não acarreta os efeitos da revelia e confissão ficta de que trata o art. 844 da CLT. Precedentes. Recurso de revista conhecido e provido. TST-AIRR-0000504-48.2016.5.12.0046 — (Ac. 2ª T.) — Relª Min. Delaíde Miranda Arantes. DEJT/TST n. 2.452/18, 12.4.2018, p. 537.

No entanto, quando o preposto comparece à audiência sem estar munido da carta de preposição, normalmente a questão é resolvida com a concessão de prazo pelo juiz para a sua regularização, ou ainda, se houver questionamento sobre os poderes de representação, o Juiz também poderá estabelecer prazo para a sua regularização. As duas decisões a seguir demonstram tais conflitos:

Ementa: Preposto. Comparecimento à audiência. Determinação para apresentação da carta de preposição em vinte e quatro horas, sob pena de aplicação da revelia e ficta confessio. *Apresentação do documento assinado por procuradora da reclamada sem comprovação dessa condição.* Confissão ficta. *Destacou o Regional que o preposto compareceu à audiência inaugural, sem a apresentação da carta de preposição, tendo sido determinada a apresentação desse documento no prazo de 24 horas, sob pena de ser declarada a revelia e confissão ficta. Na carta de proposição apresentada, contudo, não houve comprovação de que sua signatária, identificada apenas como procuradora, possuía poderes para representar a reclamada, tendo sido aplicada na sentença a* ficta confessio *à reclamada, decisão confirmada pelo TRT de origem. Ocorre que a recorrente alicerçou seu recurso de revista tão somente na tese da desnecessidade da apresentação de carta de preposição, não se insurgindo, no entanto, quanto ao fundamento central utilizado nas decisões proferidas pelas instâncias ordinárias — exigência de comprovação de outorga de poderes bastantes e suficientes à subscritora da referida carta. É pacífico, nesse Tribunal, o entendimento de que a carta de proposição é indispensável à comprovação da condição de preposto, pois esse representa o empregador, em audiência, podendo em nome dele praticar todos os atos processuais decorrentes dessa representação. A reclamada, em última análise, descumpriu a determinação, constante da mencionada ata, de que apresentasse regularmente o documento no prazo ali fixado sob a expressa cominação de sofrer as sanções processuais previstas no art. 844 da CLT. O comparecimento do preposto da reclamada em audiência, sem estar munido da carta de preposição e a apresentação irregular desse documento correspondente, acarretou-lhe a aplicação da* ficta confessio. *Nessas circunstâncias, não há falar em ofensa ao art. 843, § 1º, da CLT e em contrariedade à Súmula n. 377 do TST. Os arestos apresentados pela recorrente não se prestam a demonstrar divergência jurisprudencial, por não atenderem ao disposto na Súmula n. 337, item IV, do TST. Recurso de revista não conhecido...* TST-RR-48900-92.2008.5.15.0130 — (Ac. 2ª T.) — Rel. Min. José Roberto Freire Pimenta. DEJT/TST n. 1.372/13, 12.12.2013, p. 872-3. (*LTr Sup. Jurisp.* 12/2014, p. 94)

Ementa: Preposto. Exigência da condição de empregado. Obrigação de provar sua qualidade e extensão de poderes. I. Diz a lei que "é facultado ao empregador fazer-se substituir pelo gerente, ou qualquer outro preposto que tenha conhecimento do fato, e cujas declarações obrigarão o proponente" (CLT, art. 843, § 1º). II. O preposto deve ser necessariamente empregado do reclamado, exceto quanto à reclamação do empregado doméstico ou contra micro ou pequeno empresário (TST, SUM-377). III. O Código Civil dispõe que "O representante é obrigado a provar às pessoas, com quem tratar em nome do representado, a sua qualidade e a extensão de seus poderes, sob pena de, não o fazendo, responder pelos atos que a estes excederem" (art. 118). IV. A lei não diz que o preposto deve provar sua condição por escrito, mas ele deve provar a outorga de poderes de representação, se isto lhe for exigido. Para tanto, basta provar sua qualidade de empregado, o que se faz mediante a simples exibição da CTPS assinada: sendo empregado, a presença do preposto em audiência implica reconhecer a outorga de poderes de representação, dispensada a exibição de "carta de preposição". TRT 18ª Reg. RO-0001045-34.2013.5.18.0171 — (Ac. 3ª T.) — Rel. Mário Sérgio Bottazzo. DEJT/TRT 15ª Reg. 1554/14, 8.9.2014, p. 61. (*LTr Sup. Jurisp.* 47/2014, p. 376)

Vale ressaltar, no entanto, que a aplicação da revelia se impõe, quando há descumprimento da determinação judicial constante da ata, no sentido da regularização da carta de preposição no prazo fixado e com expressa cominação de sanções processuais previstas no art. 844 da CLT.

Nesse sentido, a decisão proferida pelo TST no processo AIRR-10455-93.2013.5.01.0073, julgado no dia 14.6.2017, tendo como Relatora a Ministra Maria de Assis Calsing, com data de publicação: 23.6.2017.

Finalmente, a controvérsia sobre o preposto ser empregado ou não ficou superada com a edição da Lei n. 13.467, de 13.7.2017, que agora permite a representação por preposto não empregado. Já a questão da apresentação da carta de preposição fica em aberto e comportando algumas considerações com a lei reformista.

4. Indústria de prepostos. Algumas considerações a respeito

Não podemos deixar de fazer algumas considerações sobre a polêmica da indústria de prepostos que levou ao entendimento de que a representação do empregador teria que ser feita por empregado, cuja regra passou a ser disciplinada pela Orientação Jurisprudencial da SDI n. 99 e depois transformada na Súmula n. 377 do TST. Aliás, sobre essa questão, são oportunas as considerações feitas por José Antônio Ribeiro de Oliveira Silva, Juiz do Trabalho da 15ª Região, comentando a então Orientação Jurisprudencial n. 99 do TST, depois transformada na Súmula n. 377 que, assim se manifestou sobre ela: "A tão falada *indústria de preposto* é um argumento imaginoso, mas destituído de conteúdo jurídico sério. O risco de o preposto não saber toda a extensão dos fatos da causa é exclusivo do preponente, porque as declarações daquele obrigam a este, como bem definido na parte final do dispositivo em estudo"[35].

As partes também não podem subestimar a inteligência do Julgador, pois em sabendo que o preposto não é empregado, fatalmente haverá perguntas, tanto do juiz como da parte contrária, que não poderiam ser respondidas a contento por aquele que está na condição de preposto não empregado.

Não podemos esquecer ainda que se o Juiz perguntar ao preposto não empregado e tiver informações de que nunca adentrou à empresa reclamada e que sua profissão e local de trabalho não têm nenhuma ligação com os fatos descritos na inicial, a conclusão que se tem é que seu depoimento será de pouca valia para o processo e com certeza prejudicial ao seu representado pela livre convicção que o Juiz tem para decidir.

Ademais, não acreditamos que uma empresa que se preze na sua administração venha a correr riscos com a utilização desse mecanismo, ou seja de designar um preposto que não tenha conhecimento dos fatos ensejadores da demanda.

Logo, situações esporádicas não podem ser generalizadas para dar sustentação à propalada "indústria de prepostos", até porque muitas vezes o preposto sequer é ouvido em audiência. Aliás, o signatário deste artigo foi preposto por vários anos tanto que editamos o livro com o título de *O Preposto e a Representação do Empregador Em Juízo Trabalhista e Órgãos Administrativos*, que ora estamos atualizando.

5. Lei n. 13.467, de 13.7.2017. Preposto empregado e não empregado e a carta de preposição

Com a Lei n. 13.467, de 13.7.2017, o preposto não precisa ser empregado para representar o empregador em face da inclusão do § 3º no art. 843 da CLT, que dispõe:

O preposto a que se refere o § 1º deste artigo não precisa ser empregado da parte reclamada.

35 SILVA, José Antônio Ribeiro de Oliveira. *Questões relevantes do procedimento sumaríssimo. 100 perguntas e respostas*. São Paulo: LTr, 2000. p. 66.

Entendemos, no entanto, que a mudança de orientação pela a Lei n. 13.467, de 13.7.2017, ao permitir que o preposto não precisa ser empregado, possibilitando que o contador da empresa ou outra pessoa possa representar o empregador, comportam algumas considerações.

Em primeiro lugar, o preposto, em sendo empregado, a própria Carteira de Trabalho e Previdência Social — CTPS é documento hábil à comprovação do atendimento ao disposto no § 1º do art. 843 da CLT.

Em segundo lugar, a carta de preposição, com a nova regra, não deixa de ser um elo entre o empregador e o respectivo credenciamento. Aliás, a Lei n. 11.237, de 18.12.2009, ao incluir o § 4º na Lei n. 9.099/1995, que trata do Juizado Especial Cível deixa claro a sua importância ao incluir no credenciamento do preposto a expressão "munido de carta de preposição com poderes para transigir".

Em terceiro lugar, antes da Lei n. 13.467, de 13.7.2017, havia a possibilidade da flexibilização da apresentação da carta de preposição, de forma que a parte não a trazendo, a comprovação de empregado poderia acontecer em audiência mediante apresentação da CTPS, ou então com informações colhidas pelo Juiz, em audiência. Com o próprio reclamante que poderá indicar a identidade do preposto como empregado, principalmente quando se tratar de empresa pequena ou de médio porte.

> Ainda, se houver dúvida, trata-se de hipótese em que o juiz poderá conceder prazo para a comprovação da condição de empregado do preposto e a carta de preposição com sanções processuais. Assim, o descumprimento dessa determinação levaria a aplicação da revelia e a confissão quanto à matéria de fato, conforme deixa antever a decisão proferida no TST-RR-48900-92.2008.5.15.0130 — (Ac. 2ª T.) — Rel. Min. José Roberto Freire Pimenta. DEJT/TST n. 1.372/13, 12.12.2013, p. 872-3.

De outra parte, a partir da vigência da Lei n. 13.467, de 13.7.2017, a carta de preposição passa a ser relevante, até porque o preposto passa a ser tratado genericamente como empregado ou não, de forma que a sua identificação passa a ser primordial para o processo. É que, não sendo o preposto empregado, haverá necessidade da demonstração de que ele tem poderes de representação conforme as regras civilistas, as quais têm aplicação no processo do trabalho por força do disposto no art. 15 do CPC/2015, § 1º dos arts. 8º e 769 da CLT e os arts. 1.169 e 1.178 do Código Civil. Isso evitaria, sem dúvida, possíveis questionamentos sobre os poderes de representação, notadamente quando o preposto não for empregado.

A praxe que instruiu a carta de preposição, e que muitos juízes seguem à risca, conforme salientado por Sergio Pinto Martins, agora passa a ter razão de ser, pois o novo Código de Processo Civil no seu art. 8º dá luz a esse raciocínio ao dispor:

> Art. 8º ***Ao aplicar o ordenamento jurídico, o juiz atenderá aos fins sociais e às exigências do bem comum, resguardando e promovendo a dignidade da pessoa humana e observando a proporcionalidade, a razoabilidade, a legalidade, a publicidade e a eficiência.***

O princípio da eficiência dirigido à administração pública, embora figure na parte final do mencionado artigo, ele traz consigo o sentido de cooperação dos jurisdicionados para melhor equacionar a condução do juiz no processo. A respeito desse princípio, assinala Daniel Amorim Assumpção Neves que "O princípio da eficiência exige que todos os órgãos da Administração Pública exerçam as suas funções de forma eficiente, ou seja, de modo a propiciarem o grau máximo de satisfação, não podendo ser diferente com o Poder Judiciário. Sendo a função do Poder Judiciário a tutela de direitos pela atividade jurisdicional, cabe ao Poder Judiciário prestar um serviço eficiente, atendendo na plenitude o ideal de acesso à ordem jurídica justa, alcançando-se o melhor resultado, no menor espaço de tempo e trazendo aos jurisdicionados a maior satisfação possível".[36]

Ora, se se exige do Poder Judiciário a prestação jurisdicional com presteza e eficiência também há que haver cooperação dos jurisdicionados para que isso aconteça.

Só o fato da existência de vários processos que chegaram ao Tribunal Superior do Trabalho questionando a necessidade ou não da carta de preposição já sinaliza que a melhor interpretação é aquela que exige a apresentação desse documento justamente

36 NEVES, Daniel Amorim Assumpção. *Novo código de processo civil comentado, artigo por artigo.* 1. ed. Salvador: Juspodivm, 2016. p. 21.

para atender aos princípios da celeridade, economia ou da eficiência, efetividade, e a razoável duração do processo.

O nosso entendimento é no sentido de que o preposto não empregado tenha as mesmas prerrogativas do preposto empregado, pois a lei não faz nenhuma distinção a respeito, mesmo porque se a lei não distingue não cabe ao intérprete distingui-la.

Entretanto, na Segunda Jornada de Direito e Processo do Trabalho, patrocinada pela Associação Nacional dos Magistrados do Trabalho — Anamatra, realizada em Brasília, DF, nos dias 9 e 10.10.2017 foi editado o Enunciado n. 107, o qual não tem força normativa, mas retrata o entendimento majoritário dos participantes do evento, cujo enunciado tem a seguinte redação:

> *Enunciado n. 107. ACESSO À JUSTIÇA. ISONOMIA.* JUS POSTULANDI. *1. Não sendo representante legal da pessoa jurídica ou empregado do réu, o preposto poderá apenas prestar depoimento pessoal na audiência, sendo-lhe vedada a prática de atos processuais privativos do advogado 2. Não sendo empregado do réu, é vedado ao advogado funcionar como seu preposto. 3. É defeso ao advogado funcionar no mesmo processo, simultaneamente, como patrono e preposto do empregador* (Código de Ética e Disciplina da OAB, art. 23).

A relevância desse Enunciado está no disposto no item 1, que trata do preposto não empregado. Os seus termos reforçam ainda mais a necessidade de o representante do empregador ter a carta de preposição, mesmo que seja empregado, contendo a sua identificação e poderes concernentes a sua atuação como preposto.

Os termos dos itens 2 e 3 do referido Enunciado não comportam maiores considerações pois são temas praticamente pacificados na doutrina e jurisprudência trabalhistas. É que não sendo empregado do réu, é vedado ao advogado funcionar como seu preposto. Da mesma forma, está impedido o advogado de funcionar no mesmo processo, simultaneamente, na condição de patrono e preposto do empregador (Código de Ética e Disciplina da OAB, art. 23). Lembramos também que a Súmula n. 425 do TST limita a atuação do *jus postulandi* na Justiça do Trabalho, conforme se verifica pelos seus termos:

Súmula n. 425. JUS POSTULANDI NA JUSTIÇA DO TRABALHO. ALCANCE. Res. n. 165/2010, DEJT divulgado em 30.4.2010 e 3 e 4.5.2010. O *jus postulandi* das partes, estabelecido no art. 791 da CLT, limita-se às Varas do Trabalho e aos Tribunais Regionais do Trabalho, não alcançando a ação rescisória, a ação cautelar, o mandado de segurança e os recursos de competência do Tribunal Superior do Trabalho.

Por último, não podemos deixar de registrar que o disposto no § 5º do art. 844 da CLT que estabelece que "Ainda que ausente o reclamado, presente o advogado na audiência, serão aceitos a contestação e os documentos eventualmente apresentados", isso em decorrência da inclusão do parágrafo único no art. 847 da CLT, pela Lei n. 13.467, de 13.7.2017, o qual estabelece que a parte poderá apresentar defesa escrita pelo sistema de processo judicial eletrônico até a audiência. Dessa forma, a defesa e os documentos que fazem parte da peça contestatória, com o ingresso corretamente no processo judicial eletrônico afastará os efeitos da revelia e da confissão quanto à matéria de fato já que caberá ao juiz apreciar na sua decisão a respectiva defesa e os documentos a ela anexados.

6. Conclusão

Com a Lei n. 13.467, de 13.7.2017, que passa a admitir a representação do empregador por pessoa que não seja empregado, a carta de preposição passa a ser um documento essencial para o processo trabalhista, devendo ser exigida tanto em relação ao preposto empregado e ao não empregado, com os seus requisitos pertinentes, ou seja, a indicação da Vara do Trabalho onde tramita o processo, o número do processo, o nome das partes e principalmente o nome do representante do empregador e a respectiva identificação — empregado ou não, e os poderes a ele atribuídos.

A exigência em causa contribuirá em muito na condução do processo e nada impede que nas citações endereçadas aos reclamados seja assinalada a necessidade da apresentação da carta de preposição juntamente com a defesa, ou então no dia da audiência, **para tornar a já citada praxe jurídica em procedimento regular.**

Tal procedimento vem ao encontro dos princípios processuais da celeridade, economia ou eficiência, efetividade e a razoável duração do processo e isso evitaria incidentes desnecessários em audiência sobre a questão da representação do empregador.

7. Recomendação

1. O empregador, além do cuidado na indicação do seu representante em audiência trabalhista, até porque falará em seu nome e a sua responsabilidade aumentará na proporção do processo, deverá estar munido da carta de preposição, bem como da Carteira do Trabalho e Previdência Social — CTPS que o identifique.

2. Recomenda-se que seja empregado a pessoa indicada em face da responsabilidade que cerca a representação, embora possam surgir situações em que seja necessário a indicação de pessoa que não seja empregada. Em qualquer hipótese, o preposto terá que ter todas as informações que cercam sobre o pedido e a causa de pedir levantados na petição inicial para não incidir em confissão. O preposto apenas precisa ter conhecimento dos fatos e não ser presencial a eles.

3. Muitas Varas do Trabalho, em face da Lei n. 13.467, de 13.7.2017, que tornou facultativa a representação do empregador por não empregado, já estão adotando como regra a exigência da carta de preposição com a identificação do preposto, quando da apresentação da defesa, justamente para evitar possíveis incidentes processuais.

Jurisprudência

Ementa: Agravo de instrumento em recurso de revista. Acórdão publicado antes da vigência da Lei n. 13.015/2014. Preliminar de nulidade por cerceamento de defesa. Acolhimento de contradita. Preposto da pessoa jurídica em outras ações. Em razão de provável caracterização de ofensa ao art. 5º, LV, da Constituição Federal, dá-se provimento ao agravo de instrumento para determinar o prosseguimento do recurso de revista. Agravo de instrumento provido. RECURSO DE REVISTA. PRELIMINAR DE NULIDADE POR CERCEAMENTO DE DEFESA.

ACOLHIMENTO DE CONTRADITA. PREPOSTO DA PESSOA JURÍDICA EM OUTRAS AÇÕES. O Regional, ao acolher a contradita apresentada pelo reclamante, exarou entendimento no sentido de que a testemunha que tenha atuado como preposto da empresa demandada em outras ações está impedida de prestar depoimento, porquanto figura como representante legal da pessoa jurídica. Contudo, a figura do preposto não se confunde com a do representante legal da pessoa jurídica, que é impedido de depor como testemunha, a teor do art. 405, § 2º, do CPC. A função de preposto pode ser exercida por qualquer empregado da empresa que detenha conhecimento dos fatos objetos da demanda judicial, não se pressupondo, somente por essa circunstância, a sua suspeição ou impedimento para prestar depoimento. Por sua vez, o representante legal da pessoa jurídica é aquele expressamente designado pelo estatuto da empresa, ou, na ausência de indicação, os seus diretores (art. 12 do CPC). Viola o princípio do contraditório e da ampla defesa o acolhimento de contradita fundada apenas no argumento de que preposto, quando tenha atuado em outras ações da empresa demandada, está impedido de prestar depoimento como testemunha, quando inexistem outros elementos aptos a ensejar a suspeição. Assim, ao indeferir a produção da prova oral pela reclamada, com o acolhimento da contradita apresentada pelo reclamante da testemunha, incorreu em ofensa ao art. 5º, LV, da Constituição Federal. Recurso de revista conhecido e provido. TST-RR-0000584-52.2012.5.04.0732 — (Ac. 8ª T.) — Rel. Des. Convocado Breno Medeiros. DEJT/TST n. 1.695/15, 30.3.2015, p. 5489-90.

Ementa: I — Agravo de instrumento em recurso de revista — Processo eletrônico — Cerceamento do direito de defesa. Revelia. Preposto. Ausência de carta de preposição. Constatada violação do art. 5º, LV, da Constituição Federal, merece provimento o Agravo de Instrumento para determinar o processamento do Recurso de Revista. Agravo de Instrumento conhecido e provido. *II — Recurso de revista — processo eletrônico — cerceamento do direito de defesa. Revelia. Preposto. Ausência de carta de preposição.* A decretação de revelia e confissão ficta da Reclamada pela ausência da carta de preposição em juízo implica ofensa ao art. 5º, LV, da Constituição, porquanto inexiste obrigatoriedade para a apresentação do documento. Prejudicados os demais temas. Recurso de Revista conhecido e provido. TST-RR-0086300-45.2009.5.17.0003 — (Ac. 8ª T.) — Rel. Min. Márcio Eurico Vitral Amaro. DEJT/TST n. 1.493/14, 12.6.2014, p. 1516.

Ementa: Preposto. Comparecimento à audiência. Determinação para apresentação da carta de preposição em vinte e quatro horas, sob pena de aplicação da revelia e ficta confessio. *Apresentação do documento assinado por procuradora da reclamada sem comprovação dessa condição. Confissão ficta.* Destacou o Regional que o preposto compareceu à audiência inaugural, sem a apresentação da carta de preposição, tendo sido determinada a apresentação desse documento no prazo de 24 horas, sob pena de ser declarada a revelia e confissão ficta. Na carta de proposição apresentada, contudo, não houve comprovação de que sua signatária, identificada apenas como procuradora, possuía poderes para representar a reclamada, tendo sido aplicada na sentença a *ficta confessio* à reclamada, decisão confirmada pelo TRT de origem. Ocorre que a recorrente alicerçou seu recurso de revista tão somente na tese da desnecessidade da apresentação de carta de preposição, não se insurgindo, no entanto, quanto ao fundamento central utilizado nas decisões proferidas pelas instâncias ordinárias — exigência de comprovação de outorga de poderes bastantes e suficientes à subscritora da referida carta. É pacífico, nesse Tribunal, o entendimento de que a carta de proposição é indispensável à comprovação da condição de preposto, pois esse representa o empregador, em audiência, podendo em nome dele praticar todos os atos processuais decorrentes dessa representação. A reclamada, em última análise, descumpriu a determinação, constante da mencionada ata, de que apresentasse regularmente o documento no prazo ali fixado sob a expressa cominação de sofrer as sanções processuais previstas no art. 844 da CLT. O comparecimento do preposto da reclamada em audiência, sem estar munido da carta de preposição e a apresentação irregular desse documento correspondente, acarretou-lhe a aplicação da *ficta confessio*. Nessas circunstâncias, não há falar em ofensa ao art. 843, § 1º, da CLT e em contrariedade à Súmula n. 377 do TST. Os arestos apresentados pela recorrente não se prestam a demonstrar divergência jurisprudencial, por não atenderem ao disposto na Súmula n. 337, item IV, do TST. Recurso de revista não conhecido. HORAS EXTRAS. APLICAÇÃO DA *FICTA CONFESSIO*. CONSIDERADOS VERDADEIROS OS FATOS ALEGADOS PELO RECLAMANTE, COMO A JORNADA INFORMADA NA INICIAL. Registrou o Tribunal *a quo* que, em face da revelia e da confissão ficta aplicadas à reclamada, foram deferidas horas extras, de acordo com a jornada declinada na inicial, e que a confissão da reclamada também abrangeu a alegação do reclamante de que "nunca exerceu cargo de confiança junto à reclamada sendo subordinado". Desse modo, pela confissão da reclamada, são considerados verdadeiros os fatos alegados pelo reclamante, como a jornada mencionada na inicial. Nessas circunstâncias, não há como apreciar a arguição patronal de ofensa ao art. 62, inciso II, da CLT e a demonstração de divergência jurisprudencial. Além disso, a alegação patronal de que o reclamante exercia cargo de confiança possui nítido caráter fático, insuscetível de apreciação por esta Corte, segundo estabelece a Súmula n. 126 do TST. Recurso de revista não conhecido. TST-RR-48900-92.2008.5.15.0130 — (Ac. 2ª T.) — Rel. Min. José Roberto Freire Pimenta. DEJT/TST n. 1.372/13, 12.12.2013, p. 872-3.

Ementa: Recurso ordinário — Nulidade. Caracterização. Cerceamento do direito de defesa. Ausência de prazo para apresentação da carta de preposição. O art. 13 do CPC vigente à época da instrução, equivalente ao atual art. 76, dirigido ao magistrado, determina que, antes da declaração da revelia, seja oportunizada à parte prazo para regularização da representação. Assim, ao suscitar a necessidade de comprovação da condição de empregada da representante da empresa, mediante apresentação de carta de preposto, cabia ao juízo, antes da decretação da revelia e da aplicação dos efeitos da confissão, abrir prazo para a apresentação do documento olvidado pela empresa, sob pena de caracterizar-se cerceamento do direito de defesa. Precedentes. Recurso conhecido e provido. TRT 7ª Reg. RO-0000096-25.2016.5.07.0037 — (Ac. 2ª T.) — Relª Claudio Soares Pires. DEJT/TRT 7ª Reg. n. 2.086/16, 17.10.2016, p. 42.

Ementa: Recurso de revista interposto sob a égide da Lei n. 13.015/14 — Preposto. Juntada extemporânea de carta de preposição. Confissão ficta. Cerceamento do direito de defesa. Não havendo obrigatoriedade da apresentação de carta de preposição, carece de amparo legal a aplicação de revelia ou confissão à reclamada pela sua não juntada no prazo fixado, configurando-se o cerceamento do seu direito de defesa. Precedentes. Recurso de revista conhecido e provido. TST-RR-0001399-25.2014.5.06.0182 — (Ac. 8ª T.) — Rel. Min. Márcio Eurico Vitral Amaro. DEJT/TST n. 1.991/16, 2.6.2016, p. 2970.

Ementa: Nulidade. Por cerceamento de defesa. Irregularidade de designação de preposto. Cominação expressa de penalidade na forma do art. 13 do CPC. Constitui praxe no âmbito do Direito Processual do Trabalho que a comprovação da regularidade de representação processual do empregador pelo preposto ocorra por intermédio da juntada de carta de preposição. Como não se vislumbra essa exigência específica na legislação processual trabalhista, a mera ausência da juntada do documento em relevo não enseja, por si só, a caracterização da irregularidade de representação do empregador e a decretação de revelia, a menos que ocorra, como na hipótese dos autos, determinação do Juízo para que o empregador a apresentasse no prazo razoável fixado e com expressa cominação de aplicação do disposto no art. 13 do CPC. Precedentes do TST. TRT 3ª Reg. RO-0012039-02.2013.5.03.0087 — (Ac. 2ª T.) — Rel. Des. Sebastião Geraldo de Oliveira. DEJT/TRT 3ª Reg. n. 1.768/15, 13.7.2015, p. 142-3.

Ementa: Recurso ordinário. Carta de preposição. Impugnação. Declaração de revelia e confissão sem a concessão de prazo para a regularização. Cerceamento do direito de defesa caracterizado. Nulidade processual acolhida. I — "A não apresentação de carta de preposição na audiência inaugural, por si só, não importa o reconhecimento de irregularidade de representação. É dever do juiz, antes de decretar a revelia do réu, conceder prazo para a regularização do instrumento, por meio da juntada dos documentos necessários, quando a parte deixar de fazê-lo em audiência. Somente na inércia do reclamado é que lhe serão aplicados os efeitos da revelia, com respaldo no art. 13 do CPC" (RR — 418-32.2011.5.05.0019, Relatora Ministra: Kátia Magalhães Arruda, Data de Julgamento: 3.9.2014, 6ª Turma, Data de Publicação: DEJT 5.9.2014), "sendo certo, ademais, que a presença do advogado e do preposto na audiência revela o ânimo de defesa, que não pode ser olvidado em face do disposto no inciso LV do art. 5º da CF, no sentido de que aos litigantes, em processo judicial, são assegurados o contraditório e ampla defesa, com os meios e recursos a ela inerentes" (RR — 42900-14.2004.5.19.0063, Relator Ministro: Ives Gandra Martins Filho, Data de Julgamento: 29.3.2006, 4ª Turma, Data de Publicação: 5.5.2006). II — A declaração de revelia e confissão da ré em sentença, sem que lhe tivesse sido concedido prazo para a apresentação de regular carta de preposição, previamente impugnada pela parte autora, importa cerceamento do direito de defesa, o qual não pode ser mitigado sob o argumento de que as partes dispensaram a produção de prova oral por acordarem que a espécie cuida de matéria de direito. III — Preliminar de nulidade processual acolhida. TRT 6ª Reg. Proc.

0000387-35.2013.5.06.0012 (RO) — (Ac. 1ª T.) — Relª Desª Valéria Gondim Sampaio. DEJT/TRT 6ª Reg. n. 1.703/15, 9.4.2015, p. 122.

Ementa: Mora em apresentar carta de preposição. Comparecimento da parte à audiência. Revelia e confissão não caracterizadas. A decretação da revelia não se coaduna com os princípios que regem o processo do trabalho, caso não esteja amoldada à tipificação legal. A confissão ficta só tem cabimento na impossibilidade de se obter a manifestação direta da parte, o que não ocorre se o preposto comparece às audiências, inclusive à de instrução e presta depoimento após apresentar carta de preposição, ainda que ultrapassado o prazo concedido na audiência inicial para juntá-la. TRT 3ª Reg. RO-0000291-02.2014.5.03.0066 — (Ac. 9ª T.) — Rel. Des. Ricardo Antonio Mohallem. DEJT/TRT 3ª Reg. n. 1.615/14, 2.12.2014, p. 91.

Ementa: Direito processual do trabalho — Requerimento para juntada de carta de preposição e instrumento de mandato — Indeferimento — Cerceamento de defesa. Comparecendo à audiência inicial o advogado da empresa sem portar instrumento de mandato e seu preposto sem a carta de preposição, mas portando defesa e documentos, revela, tal atitude, nítido ânimo de defesa pela parte e, nesse sentido, o não recebimento da defesa e documentos, bem como a não concessão de prazo razoável para que a parte providencie a regularização da sua representação constitui nítido cerceamento de defesa, eis que a ausência dos documentos em questão não deve atrair de imediato o decreto da confissão e revelia, ao contrário, é imprescindível que o magistrado antes conceda prazo à parte para sanar o defeito. Inteligência do art. 13 do CPC, subsidiariamente aplicável ao Processo do Trabalho. Recurso ordinário da reclamada a que se provimento para declarar a nulidade da sentença em razão de cerceamento de defesa. TRT 15ª Reg. (Campinas/SP) RO-169-10.2012.5.15.0103 — (Ac. n. 52691/2013-PATR, 5ª C.) Rel. Lorival Ferreira dos Santos. DJe/TRT 15ª Reg. n. 1.255/13, 27.6.2013, p. 294-5.

Ementa: Representação da reclamada. Preposto não empregado. Ausência de carta de preposição. Confissão ficta. Cerceamento do direito de defesa. Nulidade. O fato de o preposto não ser empregado da Reclamada não autoriza a aplicação dos efeitos da revelia, porquanto o art. 843 da CLT faculta ao empregador fazer-se substituir pelo gerente, ou qualquer outro preposto que tenha conhecimento do fato, cujas declarações obrigarão o preponente. Todavia a ausência da carta de preposição desabilita o preposto a fazer declarações em nome da empresa, autorizando a aplicação da *ficta confessio*, nos termos do § 1º do art. 843 da CLT e da Súmula n. 377 do TST. Tendo a empresa dado causa à irregularidade processual que inviabilizou o esclarecimento dos fatos controvertidos na audiência de instrução, não há que se falar em cerceamento de defesa. TRT 5ª Reg. Proc. 0118700-74.2008.5.05.0038 RecOrd — (Ac. 5ª T. n. 126.983/2012) — Rel. Des. Jeferson Muricy. DJ 10.10.2012.

CAPÍTULO VI

REVELIA NO PROCESSO DO TRABALHO

1. Revelia no processo do trabalho

A revelia no processo do trabalho é tratada no art. 844 da CLT, que sofreu várias alterações pela Lei n. 13.467, de 13.7.2017, denominada de reforma trabalhista, sendo importante a transcrição do seu teor.

> *Art. 844. O não comparecimento do reclamante à audiência importa o arquivamento da reclamação, e o não comparecimento do reclamado importa revelia, além de confissão, quanto à matéria de fato.*
>
> *§ 1º Ocorrendo motivo relevante, poderá o juiz suspender o julgamento, designando nova audiência. (Renumerado pela Lei n. 13.467, de 13.4.2017, DOU 14.7.2017)*
>
> *§ 2º Na hipótese de ausência do reclamante, este será condenado ao pagamento das custas calculadas na forma do art. 789 desta Consolidação, ainda que beneficiário da justiça gratuita, salvo se comprovar, no prazo de quinze dias, que a ausência ocorreu por motivo legalmente justificável. (Incluído pela Lei n. 13.467, de 13.7.2017, DOU 14.7.2017)*
>
> *§ 3º O pagamento das custas a que se refere o § 2º é condição para a propositura de nova demanda. (Incluído pela Lei n. 13.467, de 13.7.2017, DOU 14.7.2017)*
>
> *§ 4º A revelia não produz o efeito mencionado no* caput *deste artigo se: (Incluído pela Lei n. 13.467, de 13.7.2017, DOU 14.7.2017)*
>
> *I — havendo pluralidade de reclamados, algum deles contestar a ação;*
>
> *II — o litígio versar sobre direitos indisponíveis;*

III — a petição inicial não estiver acompanhada de instrumento que a lei considere indispensável à prova do ato;

IV — as alegações de fato formuladas pelo reclamante forem inverossímeis ou estiverem em contradição com prova constante dos autos. (Incisos incluídos pela Lei n. 13.467, de 13.7.2017, DOU 14.7.2017)

§ 5º Ainda que ausente o reclamado, presente o advogado na audiência, serão aceitos a contestação e os documentos eventualmente apresentados. (NR) (Incluído pela Lei n. 13.467, de 13.7.2017, DOU 14.7.2017)

2. Audiência. Reclamante. Ausência. Consequência. Arquivamento (art. 844, caput*)*

Se o reclamante não comparece à audiência, apesar de corretamente citado, e nem apresenta qualquer motivo relevante para a sua ausência, a reclamação será arquivada. A denominação arquivamento utilizada no *caput* deste artigo não é bem aceita pela doutrina sob o fundamento de que, na hipótese, haverá a extinção do feito sem julgamento de mérito. O desarquivamento do processo só poderá ocorrer se houver nulidade da decisão determinante desse ato. Fora dessa situação, o reclamante só poderá provocar o judiciário com nova reclamatória com o mesmo pedido ou nela inseridas outras pretensões. Atente-se, também, que se o reclamante por duas vezes seguidas der causa ao arquivamento incorrerá em perempção, ou seja, na perda, pelo prazo de seis meses, do direito de reclamar perante a Justiça do Trabalho (art. 732 da CLT).

Com a Lei n. 13.467, de 13.7.2017, criaram-se maiores dificuldades para o reclamante postular os seus direitos trabalhistas em virtude do cabimento de honorários sucumbenciais na Justiça do Trabalho, art. 791-A, e § 4º, bem como honorários periciais, estes regulados no art. 790-B, e § 4º, todos da CLT.

Nessa conformidade, as estatísticas dos Tribunais Trabalhistas têm demonstrado a redução das reclamações trabalhistas, como também maiores cautelas nas pretensões, tanto que têm surgidos a utilização de ações de exibição de documentos (CPC, art. 400, I) por parte dos trabalhadores para o ajuizamento de reclamações, portanto, já com base em provas documentais que se encontram em poder do empregador.

Lembramos também que em caso de ausência do reclamante ele estará sujeito ao pagamento de custas processuais se presentes os ditames do art. 844, § 2º, da CLT:

> *§ 2º Na hipótese de ausência do reclamante, este será condenado ao pagamento das custas calculadas na forma do art. 789 desta Consolidação, ainda que beneficiário da justiça gratuita, salvo se comprovar, no prazo de quinze dias, que a ausência ocorreu por motivo legalmente justificável. (Incluído pela Lei n. 13.467, de 2017).*

Evidentemente, se comprovar no prazo estabelecido pela Lei que a ausência ocorreu por motivo legalmente justificável, ficará isento do pagamento de custas.

3. Audiência. Reclamado. Ausência. Revelia e confissão quanto à matéria de fato. Efeitos (art. 844, caput, *parte final)*

A situação muda quando a ausência se dá pelo lado do reclamado. Nesse caso, sendo regularmente citado o reclamado, e não apresentando motivo ponderoso que justifique a sua ausência ao chamamento judicial, a ele serão aplicados os efeitos da revelia e da confissão quanto à matéria de fato.

Revelia, nada mais é do que o descaso que a parte tem para com o judiciário, já que não se apresenta no momento certo (dia e hora aprazados) para defender-se da ação contra ela ajuizada. Ela pode ocorrer por motivos alheios à vontade do reclamado, citando, como exemplo, o descuido ou confusão em relação à data da audiência ou em razão de atraso, ou outros motivos que ocorrem no cotidiano das relações trabalhistas. Assinale-se, também, que "A *revelia* não se confunde com seus efeitos. A revelia é um *estado de fato*, marcado pela ausência de comparecimento do réu ao processo. Os *efeitos da revelia* são as consequências jurídicas que podem advir de tal estado de fato"[37]. Em virtude das consequências jurídicas que advêm da revelia é que se criou uma expectativa em torno dela que leva os reclamantes a exagerarem nos seus pedidos, apostando na ausência do reclamado. A doutrina também tem entendido que a revelia não é pena e sim consequência da inobservância de um ato judicial que, uma vez não praticado, leva a um resultado já previsto em lei.

37 BRESOLIN, Umberto Bara. Revelia e seus efeitos. In: CARMONA, Carlos Alberto (coord.). *Coleção Atlas de processo civil.* São Paulo: Atlas, 2006. p. 198.

O NCPC/2015, em vigor a partir de 17.3.2016, traz na redação do art. 344, correspondente ao art. 319 do CPC anterior, o sentido mais condizente com a moderna doutrina sobre a revelia ao dispor que "Se o réu não contestar a ação, será considerado revel e presumir-se-ão verdadeiras as alegações de fato formuladas pelo autor".

A inserção do vocábulo revel na redação do art. 344 do novo CPC está correta. Se a parte comparece à audiência e não apresenta a sua defesa, será considerada revel, mas não contumaz, já que atendeu ao chamamento judicial.

Já, os efeitos da revelia levam à presunção de veracidade dos fatos alegados na petição inicial, pela caracterização da confissão ficta. Cabe, no entanto, alertar que as pretensões constantes da peça inicial nem sempre acarretam a sua procedência, pois se houver nos autos indícios de que os pedidos não estão alicerçados em fatos plausíveis, e de convicção do juiz, este não estará obrigado a acatar as pretensões formuladas pelo autor da demanda.

A Lei n. 13.467, de 13.7.2017, procurou estabelecer critérios mais restritivos na aplicação dos efeitos da revelia ao reclamado para tornar mais equânime a aplicação da justiça, até porque muitas vezes a pretensão obreira se distancia do que é plausível ou verossímil dentro do arcabouço jurídico, extrapolando, portanto, os limites permitidos ou da razoabilidade.

Assim, à revelia não produz os efeitos previstos em lei, se havendo pluralidade de reclamados, algum deles contestar a ação, já a que defesa será aproveitada em relação ao revel (inciso I do § 4º do art. 844 da CLT.

Também se o litígio versar sobre direitos indisponíveis, assim entendidos aqueles que são vinculados a uma proteção legal, tornando-se ineficaz a confissão pela parte, conforme deixa claro o art. 392 do CPC/15, e agora regulado no inciso II do § 4º do art. 844 da CLT.

Se a petição inicial não estiver acompanhada de instrumento ou documento que a lei considere indispensável à prova do ato questionado, não serão aplicados os efeitos da revelia. É o que diz o inciso III do § 4º do artigo ora em comento.

Não alcança os efeitos da revelia se as alegações de fato formuladas pelo reclamante forem inverossímeis ou estiverem em contradição com prova constante dos autos, conforme prescreve o inciso IV do § 4º do art. 844, da CLT.

Finalmente, ainda que ausente o reclamado, presente o advogado na audiência, serão aceitos a contestação e os documentos eventualmente apresentados, conforme dispõe o § 5º do art. 844 da CLT:

> *Ainda que ausente o reclamado, presente o advogado na audiência, serão aceitos a contestação e os documentos eventualmente apresentados.* (NR) (Incluído pela Lei n. 13.467, de 13.7.2017, DOU 14.7.2017)

4. Audiência. Presença de ambas as partes. Efeitos

Nos itens anteriores cuidamos da ausência do reclamante e do reclamado e os seus efeitos no processo do trabalho, mas pode também acontecer de as partes não comparecerem. Nesse caso, não se verifica a formação do processo e a consequência é o seu arquivamento.

Presentes as partes, e não havendo conciliação, o reclamado entrega a defesa escrita ou a produz oralmente, na forma do art. 840 da CLT.

Se a audiência for una, nela serão ouvidas as partes, as testemunhas e efetuada a prática dos demais atos pertinentes ao desenvolvimento do processo (encerramento da instrução processual, razões finais, segunda tentativa conciliatória e designação de nova audiência para julgamento, isso se este não for proferido na mesma audiência).

Ocorrendo pedido que exija perícia técnica (adicional de insalubridade ou periculosidade, por exemplo), o juiz poderá designar nova audiência, na qual será feita a coleta dos depoimentos pessoais e testemunhais, a oitiva do perito técnico e assistentes técnicos, se houver necessidade, encerramento da instrução, razões finais orais e a segunda tentativa conciliatória (obrigatória); em seguida, o processo estará pronto para julgamento, o qual poderá ser proferido na mesma audiência ou designada nova data para tanto.

O revel recebe o processo no estado em que se encontra (art. 346 do CPC/2015), não se revolvendo fases, atos e termos processuais superados pela preclusão temporal, de modo que não é mais permitido à reclamada defender-se das assertivas obreiras. Apenas a prova pré-constituída, se houver, deve ser considerada para confronto (Súmula n. 74, item II, do Colendo TST (*vide* o texto na parte destinada à jurisprudência).

5. Audiência de instrução e julgamento. Prosseguimento. Reclamante e reclamado. Ausência de ambos. Efeitos

Em caso de ausência mútua, na audiência em prosseguimento, a pena de confissão prevista no *caput* deste artigo não é possível, devendo o processo ser julgado no estado em que se encontra, considerando o ônus da prova de cada parte, exceto se for o caso da necessidade de uma eventual prova técnica (por exemplo: adicional de insalubridade e/ou de periculosidade; pedido de reparação civil por ato ilícito decorrente de acidente de trabalho), conforme deixam bem claro as seguintes decisões:

> *Ementa: Confissão ficta de ambas as partes. Ônus da prova. Princípio da disponibilidade ou aptidão da prova. No caso das partes serem confessas quanto à matéria fática, ambas as confissões se anulam, devendo ser analisada a questão sob a ótica do ônus da prova. E, nesse caso, pelo princípio da disponibilidade ou aptidão da prova, cabe à parte que detém a prova, por imperativo legal, apresentá-la em juízo, sob pena de admitir-se como verdadeiros fatos alegados na inicial.* TRT 17ª Reg. RO-43900-56.2013.5.17.0009 — (Ac. 1ª T.) — Rel. Des. José Luiz Serafini. DEJT/TRT 17ª Reg. n. 1.367/13, 5.12.2013, p. 85.

> *Ementa: Ausência — Reclamante/Reclamado — Consequência confissão. Ausência de ambas as partes na audiência de instrução e julgamento. Consequência. Quando os litigantes não comparecem em audiência na qual deveriam prestar depoimento, ambas as confissões se anulam, devendo a controvérsia ser solucionada pela distribuição do ônus da prova.* (TRT 3ª Reg. Proc. 0001031-35.2013.5.03.0020 RO — (Ac. 2ª T.) — Rel. Des. Sebastião Geraldo de Oliveira. DEJT/TRT3/Cad. Jud 1º.10.2014, p. 112).

Ainda, em se tratando de audiência em prosseguimento, a pena de confissão só poderá ser aplicada se a parte foi notificada da audiência com a previsão da referida cominação, a teor do item I da Súmula n. 74 do TST (*vide* o texto da parte destinada à jurisprudência).

Após a produção de defesa, os autos não podem ser arquivados, e a consequência para a ausência do autor à audiência de prosseguimento, isso se ele não foi ouvido na primeira audiência, é a confissão ficta que exige, no entanto, que a parte seja intimada com essa cominação (Súmula n. 74, I, do TST). Essa regra se aplica também ao reclamado.

6. Pessoas jurídicas de direito público. Revelia e confissão quanto à matéria de fato — OJ-SDI n. 152 do TST

A mais Alta Corte Trabalhista do país, por intermédio da OJ n. 152 da SDI-I, se posicionou no sentido de que se aplicam às pessoas jurídicas de direito público os efeitos da revelia. Não poderia ser diferente, pois tais pessoas jurídicas ainda que pertençam a uma categoria especial na ordem jurídica não podem se furtar de atenderem ao chamamento judicial.

Ademais, os direitos ligados a tais pessoas jurídicas decorrem da própria concepção de Estado, a exigir a supremacia do interesse público sobre o privado. Da mesma forma, a indisponibilidade, pela Administração Pública, dos interesses públicos. Esses dois princípios básicos aplicados ao sistema administrativo impedem os efeitos da confissão em caso de ausência ao chamamento judicial em virtude de os direitos serem indisponíveis, já que está em jogo o direito da coletividade. Em tais hipóteses, necessário que o julgador aprecie os pedidos levando-se em conta o disposto nos arts. 345, II, e 392 do CPC/2015 no sentido de que a revelia não induz a controvérsia quanto a litígios que versem sobre direitos indisponíveis, necessitando, portanto, de análise dos pedidos formulados na ação dentro do contexto normativo que os ampare ou não, mas sempre de maneira que nenhum interesse de classe ou particular prevaleça sobre o interesse público (art. 8º da CLT, *caput,* parte final).

7. Elisão da revelia. Hipóteses de cabimento. Atraso e atestado médico (Súmula n. 122 do TST)

Conforme assinalam Raymundo Antônio Carneiro Pinto e Cláudio Brandão "A revelia constitui uma grave penalidade que pode, muitas vezes, causar prejuízos financeiros de tal monta que comprometem a própria sobrevivência de um pequeno empresário ou de uma pequena empresa. Antes de aplicá-la, cumpre ao magistrado mais tolerante indagar aos circunstantes na sala de audiência ou ao próprio advogado da parte ausente (caso presente) se existe um motivo relevante que impediu o interessado de deslocar-se a tempo"[38].

Apesar da referida Orientação Jurisprudencial n. 245 da SDI-1 do TST (inexistência de tolerância de atraso no horário de comparecimento da parte na audiência), a jurisprudência do TST tem se firmado no sentido de que atrasos de minutos e justificáveis, que não impliquem prejuízo à instrução processual, devem ser analisados com razoabilidade, conforme se observa pela decisão da Terceira Turma do TST:

> *Ementa: Recurso de revista. Revelia. Atraso do preposto. 3 minutos. Audiência inaugural. Ausência de prática de atos processuais. Orientação Jurisprudencial n. 245 da c. SDI. Inaplicabilidade. Não há se falar em contrariedade aos termos da OJ n. 245 da c. SDI, pois não se depreende que o Eg. Tribunal Regional tenha simplesmente desrespeitado os seus termos, mas sim equacionado o tema levando em consideração caso concreto em que houve ínfimo atraso, em momento em que nenhum ato processual fora praticado, e observando a nuance específica do caso em que presente a manifesta vontade de defesa. Recurso de revista não conhecido.* TST-RR-2191-42.2012.5.09.0092 — (Ac. 6ª T.) — Rel. Min. Aloysio Corrêa da Veiga. DJe/TST n. 1.330/13, 10.10.2013, p. 1341.

Registramos, também, que no corpo da fundamentação da citada decisão, o Ministro Relator, Aloysio Corrêa da Veiga, cita os seguintes precedentes no sentido apontado. *TST-E-RR — 202900-52.2007.5.12.0006 Data de Julgamento: 22.6.2010, Redator Ministro: Aloysio Corrêa da Veiga, Subseção I*

38 PINTO, Raymundo Antônio Carneiro; BRANDÃO, Cláudio. *Orientações jurisprudenciais do TST comentadas*. 3. ed. São Paulo: LTr, 2011. p. 140.

Especializada em Dissídios Individuais, Data de Publicação: DEJT 6.8.2010); TST — RR — 208900-72.2002.5.12.0029. Data de Julgamento: 26.11.2009, Relator Ministro: Douglas Alencar Rodrigues, Subseção I Especializada em Dissídios Individuais, Data de Divulgação: DEJT 4.12.2009); TST-RR — 202900-52.2007.5.12.0006 Data de Julgamento: 17.6.2009, Relator Ministro: Márcio Eurico Vitral Amaro, 8ª Turma, Data de Publicação: DEJT 19.6.2009); TST-ED-RR — 228800-51.2001.5.02.0030 Data de Julgamento: 30.9.2009, Relatora Ministra: Maria Cristina Irigoyen Peduzzi, 8ª Turma, Data de Publicação: DEJT 2.10.2009.

A elisão da revelia também poderá ocorrer se a parte, mediante atestado médico, comprovar que não compareceu à audiência por motivo de impossibilidade de locomoção. Nesse sentido é o disposto na Súmula n. 122, cujo texto encontra-se na parte destinada à jurisprudência. Entretanto, cabe assinalar que, no atestado médico, deverá conter declaração expressa do profissional que o forneceu da impossibilidade de locomoção do empregador ou do seu preposto no dia da audiência.

8. Revelia e ação rescisória. Súmula n. 398 do TST

Em virtude do respeito à coisa julgada que envolve questão de ordem jurídica e não de fatos, portanto, figurando entre os direitos fundamentais assegurados pela Carta Magna (art. 5º, LV), tem-se que, se não houver a defesa pela interessada, a revelia não produz confissão na ação rescisória. Nesse sentido, a Súmula n. 398 do TST, cujo texto encontra-se na parte destinada à jurisprudência.

9. Revelia e o processo judicial eletrônico

O peticionamento eletrônico foi permitido pela Lei n. 11.419, de 19.12.2006[39], visando beneficiar os seus usuários já que propicia a sua utilização em horário diferenciado para protocolo de petições e considerável economia, em razão da possibilidade de remetê-las pela internet, sem necessidade de protocolizar os

39 Lei que trata da informatização do processo judicial, com aplicação aos processos civil, penal e trabalhista, bem como aos juizados especiais em qualquer grau de jurisdição.

originais em papel. Portanto, as partes estão autorizadas a se utilizarem do processo judicial eletrônico para praticarem os atos pertinentes à movimentação do processo.

A referida Lei n. 11.419, de 19 de dezembro de 2006, dispôs em seu art. 18 que "Os órgãos do Poder Judiciário regulamentarão esta Lei, no que couber, no âmbito de suas respectivas competências".

Muitas questões têm sido objeto de questionamento na esfera trabalhista, notadamente no que toca à aplicação da revelia ao reclamado que apresenta antecipadamente, pela via eletrônica, a sua defesa, com procuração e documentos, por força da própria regulamentação que cuida do processo judicial eletrônico (art. 29 da Resolução n. 136 do Conselho Superior da Justiça do Trabalho — CSJT).

Entende-se que a partir do momento que se implanta o processo judicial eletrônico na Justiça do Trabalho, as normas da Consolidação das Leis do Trabalho é que terão que se adequar ao processo judicial eletrônico e não o contrário. A parte que junta a sua defesa pela via eletrônica, atendendo ao chamamento judicial não pode ser considerada revel, pois o ato está devidamente registrado nos meios eletrônicos para comprovar o ânimo do reclamado em se defender.

Ademais, se a inicial se processa por meio eletrônico, na forma estabelecida pelas normas relacionadas ao processo judicial eletrônico, essa regra se aplicará à reclamada no que toca à sua defesa. Nessa conformidade, se a defesa, atende a todos os requisitos para o seu processamento pela via eletrônica, não há como desconsiderá-la. Aliás, o TRT da 5ª Região, seguindo essa linha, editou a Súmula n. 50, assim disposta:

> *SÚMULA TRT5 N. 50. PROCESSO JUDICIAL ELETRÔNICO — PJe-JT. REVELIA. DOCUMENTOS COLACIONADOS AOS AUTOS ANTES DA AUDIÊNCIA INAUGURAL POR RECLAMADO REVEL. ATRIBUIÇÃO DE VALOR PROBATÓRIO. POSSIBILIDADE.* ***No processo eletrônico, os documentos colacionados antes da audiência inaugural, mesmo quando o réu é declarado revel, devem ser conhecidos, cabendo ao juiz condutor do processo avaliar o valor probante dos mesmos, após a manifestação da parte contrária.***

O entendimento esposado na referida Súmula tende a prevalecer na esfera trabalhista dada a existência de outras decisões no mesmo sentido e considerando-se também que está em consonância com o princípio da razoabilidade, do contraditório e da ampla defesa. Ademais, não se pode esquecer que o processo judicial eletrônico veio a facilitar o acesso das partes ao judiciário e deve ser prestigiado objetivando a almejada justiça célere e eficaz.

Por último, não podemos deixar de registrar que existem decisões, embora minoritárias, em que se aplica à revelia à reclamada que não comparece à audiência, mesmo quando a defesa é apresentada pela via eletrônica, conforme se verifica em decisões que constam na parte destinada à jurisprudência.

Jurisprudência

Ementa: Procuração e carta de preposição juntadas fora do prazo concedido em juízo. Revelia e confissão ficta. Cerceamento do direito de defesa. Revelia é a ausência injustificada de contestação do réu regularmente citado, não sendo esta a hipótese dos autos. A uma, porque não existe previsão legal que exija maior formalidade para a presença do preposto em audiência, sendo a carta de preposição fruto da praxe forense. A duas, porque o advogado que comparece a audiência acompanhado do representante do reclamado é portador de mandato tácito, na forma disposta na Súmula n. 383 do Colendo TST, e, por isso, são válidos os atos gerais para o foro por ele praticado, mesmo sem a apresentação de instrumento de procuração. Assim, a declaração de revelia e confissão ficta resultam em cerceamento do direito de defesa da parte, mormente porque, *in casu,* o ânimo de defesa restou configurado. TRT 5ª Reg. Proc. 0000921-55.2014.5.05.0631 RecOrd — (Ac. 3ª T.) — Relª Desª Léa Nunes. DJ 19.7.2019.

Ementa: Audiência. Ausência do reclamado. Presença do advogado. Art. 844, § 5º, da CLT. Lei n. 13.467/2017. Dispõe o art. 844, § 5º, da CLT, incluído pela Lei n. 13.467/17, e aplicável à presente demanda distribuída em 29.8.2018, *in verbis:* "§ 5º Ainda que ausente o reclamado, presente o advogado na audiência, serão aceitos a contestação e os documentos eventualmente apresentados". A referida regra alterou o conceito de revelia no processo do trabalho, que deixou de ser o não comparecimento do réu à audiência inaugural para passar a ser a ausência de defesa.

No escólio de Vólia Bomfim Cassar (*CLT comparada e atualizada com a reforma trabalhista*. São Paulo: Método, 2017. p. 492): "A novidade na área trabalhista está no § 5º do art. 844 da CLT, pois, de forma correta, prestigia o réu que, mesmo ausente, contratou advogado que compareceu à assentada portando defesa com documentos. A nova regra modifica o conceito de revelia no processo do trabalho, pois deixa de ser não comparecimento do réu para passar a ser a ausência de defesa, tal como no processo civil. Por outro lado, diferencia o réu ausente que sequer contrata advogado, despreocupado com sua defesa, para prestigiar aquele que se preparou para a audiência, contratando o procurador. De qualquer forma, a confissão será aplicada ao réu ausente, limitada aos fatos controvertidos, isto é, devem ser observados os documentos e superados ou julgados os requerimentos contidos na contestação" (destaquei). TRT 3ª Reg. RO-0010735-29.2018.5.03.0107 — (Ac. 9ª T.) — Rel. Maria Cristina Diniz Caixeta. DEJT/TRT 3ª Reg. n. 2.616/18, 6.12.2018, p. 2405.

Ementa: Decretação da revelia. Não juntada de carta de preposição. Nulidade processual. Não acolhimento. No caso concreto, não é razoável entender que deve ser acolhida mais uma vez a nulidade do processo quando a própria reclamada deixou de juntar a carta de preposição a que ela própria se comprometeu a anexar aos autos no prazo concedido pela magistrada de primeiro grau. Há evidente indício de má-fé da reclamada pelo que deve ser mantida a sentença que reconheceu a revelia da empresa e decidiu a lide com base na confissão ficta da reclamada confrontando-a com as demais provas dos autos. TRT 20ª Reg. RO-0000168-91.2015.5.20.0002 — (Ac. 2ª T.) — Relª Laura Vasconcelos Neves da Silva. DEJT/TRT 20ª Reg. n. 2.594/18, 5.11.2018, p. 3082-3.

Ementa: Ânimo de defesa evidente. Ausência de juntada da peça de contestação em virtude de problema técnico do processo eletrônico. Revelia afastada. O processo judicial eletrônico acarretou grandes modificações na rotina de trabalho dos profissionais nele envolvidos, impondo diversas adaptações quanto ao domínio de tecnologias e utilização de novos equipamentos, mas tais adequações naturalmente levam algum tempo para serem plenamente dominadas pelos usuários. Em relação às partes e procuradores, aliás, a adaptação talvez seja mais difícil, pois o que se presume é que a maioria não disponha do mesmo nível de suporte técnico que é disponibilizado ao usuário interno (servidores e magistrados). Além disso, é público e notório que o próprio sistema do PJe passa por frequentes manutenções e migrações para novas versões de *software*, no intuito de aperfeiçoamento e correção de defeitos constatados durante a utilização. Nesse cenário, não parece razoável, *data maxima venia*, apenar com revelia a parte que, dentro do prazo legal, peticiona requerendo a juntada de contestação em formato *PDF*, mas em momento posterior se constata que a referida peça não fora anexada aos autos eletrônicos. Dada a verossimilhança da alegação da ré, no sentido de que fez a juntada da defesa, mas que por razões desconhecidas ela não constou dos autos, deve-se optar pela formação do contraditório e assegurar a ampla defesa. Ainda que sob a forma virtual, o processo é mero instrumento para a realização do direito material e não um fim em si mesmo. TRT 3ª Reg. RO-0011644-26.2015.5.03.0156 — (Ac. 5ª T.) — Rel. João Bosco de Barcelos Coura. DEJT/TRT 3ª Reg. n. 2.354/17, 16.11.2017, p. 1132-3.

Ementa: Processo trabalhista. PJE. Prevalência do regramento previsto na CLT. Revelia. *Depreende-se do exame dos arts. 846 e 847 da CLT que o momento para a apresentação da defesa é a audiência, condicionando-se, ainda, à frustração da conciliação a ser proposta pelo magistrado, bem como à presença da parte. Tal regramento aplicável ao processo trabalhista não sofreu modificações como advento da Lei n. 11.419/2006, pelo que, ausente a reclamada à audiência à qual deveria comparecer para defender-se, configurada está a revelia.* TRT 5ª Reg. Proc. 0000212-39.2015.5.05.0193 — (Ac. 1ª T.) — Relª Ivana Mércia Nilo de Magaldi. DJ 9.1.2016.

Ementa: Cerceio de defesa. Instabilidade no sistema PJE. Contestação disponível pelo sistema após sessão de audiência. Sentença que acolheu a revelia da reclamada. Nulidade. O Magistrado, ao perceber que o Sistema Processual Eletrônico registrou o protocolo da Contestação em prazo hábil e que esse mesmo Sistema disponibilizou a peça somente em momento posterior à Audiência, deveria ter determinado a reabertura da instrução processual a fim de evitar o cerceio de defesa e, consequentemente, a nulidade processual, pois restou evidente que a parte cumpriu corretamente com seu ônus processual. TRT 17ª Reg. RO-0000273-49.2016.5.17.0121 — (Ac. 1ª T.) — Rel. Des. Claudio Armando Couce de

Menezes. DEJT/TRT 17ª Reg. n. 2.207/17, 11.4.2017, p. 282-6. (*Supl. Jurisp. LTr* 13/2017).

Ementa: Processo trabalhista. PJE. Prevalência do regramento previsto na CLT. Revelia. *Depreende-se do exame dos arts. 846 e 847 da CLT que o momento para a apresentação da defesa é a audiência, condicionando-se, ainda, à frustração da conciliação a ser proposta pelo magistrado, bem como à presença da parte. Tal regramento aplicável ao processo trabalhista não sofreu modificações como advento da Lei n. 11.419/2006, pelo que, ausente a reclamada à audiência à qual deveria comparecer para defender-se, configurada está a revelia.* TRT 5ª Reg. Proc. 0000212-39.2015.5.05.0193 — (Ac. 1ª T.) — Relª Ivana Mércia Nilo de Magaldi. DJ 9.1.2016.

Ementa: Audiência. Ausência da reclamada. Defesa previamente apresentada no processo judicial eletrônico. Revelia e confissão. *A reclamada, ausente injustificadamente à audiência, é revel, mesmo que tenha comparecido seu advogado munido de procuração e ainda que tenha anexado previamente a defesa, para fins de atendimento à sistemática adotada no Processo Judicial Eletrônico, na forma estabelecida na Resolução n. 136/2014 do CSJT.* TRT 3ª Reg. RO-0010851-43.2015.5.03.0106 — (Ac. 8ª T.) — Rel. José Marlon de Freitas. DEJT/TRT 3ª Reg. n. 1.869/15, 4.12.2015, p. 353.

Ementa: Revelia e o processo judicial eletrônico. Relativização da aplicação do art. 844 da CLT. *Com a implementação na Justiça do Trabalho do Processo Judicial Eletrônico, a parte reclamada, nos termos do art. 29 da Resolução n. 136 do Conselho Superior da Justiça do Trabalho — CSJT, é obrigada a juntar, antes da sessão inaugural de audiência, a contestação e demais documentos que sustentam sua tese de defesa. O cumprimento dessa obrigação evidencia o seu animus de defesa, pois respondeu ao pedido inicial da ação, sendo impossível entender que sua eventual ausência à sessão inaugural de audiência importaria na sua revelia, o que conduz à relativização da aplicação do art. 844 da Consolidação das Leis do Trabalho no âmbito do processo judicial eletrônico. Recurso conhecido e provido parcialmente apenas para afastar os efeitos da revelia, mantendo a decisão recorrida quanto ao mérito, por se tratar apenas de condenação subsidiária da recorrente.* TRT 11ª Reg. Proc. 0010264-48.2014.5.11.0101 (RO) —

(Ac. 2ª T.) — Rel. Jorge Alvaro Marques Guedes. DEJT/TRT 11ª Reg. n. 1.867/15, 2.12.2015, p. 666-8.

Ementa: Desistência da reclamação trabalhista na era do processo judicial eletrônico. Juntada de defesa antes da realização da audiência. Anuência do reclamado. Prescindibilidade. *No processo do trabalho, segundo o art. 847 consolidado, o momento oportuno para a apresentação da defesa se dá na audiência, tão logo reste frustrada a primeira tentativa de conciliação entre as partes litigantes. Destarte, a aplicação harmônica e sistemática do comando emergente do § 4º do art. 267 do CPC no processo trabalhista nos autoriza inferir que o reclamante poderá desistir da ação, sem o consentimento da parte contrária, até a audiência inaugural e antes de apresentada a defesa. A apresentação antecipada da defesa na forma estabelecida pelo art. 29 da Resolução n. 136/2014 do CSJT, não produz efeito jurídico no processo, eis que somente na audiência inaugural ela será conhecida pelo julgador. Tanto é assim que o § 2º daquele dispositivo legal preservou a faculdade assegurada ao réu de apresentação de defesa oral, por 20 (vinte) minutos, na forma do art. 847 da CLT, o que demonstra que a presença da defesa nos autos eletrônicos, antes da audiência, não configura a triangulação da relação processual, não havendo, pois, óbice à desistência da ação sem consentimento do réu.* TRT 5ª Reg. Proc. 0000686-07.2014.5.05.0464 — (Ac. 3ª T.) — Relª Desª Marizete Menezes. DJ 2.10.2015. (*Supl. de Jurisp. LTr*, 10/2016).

Ementa: Recurso ordinário. Processo judicial eletrônico. Contestação apresentada em data anterior à designada para a sessão de audiência. Ato TRT GP n. 443/2012. Revelia. Configuração. *I. Nos termos do art. 847 da CLT, a defesa será apresentada em audiência, após a rejeição da primeira proposta de acordo formulada pelo Magistrado, em vinte minutos. II. A falta de comparecimento de preposto do reclamado devidamente habilitado à sessão designada importa revelia, além de confissão quanto à matéria de fato (art. 844 da CLT), pois o conhecimento, por parte do Juízo, da contestação e documentos a ela anexados antecipadamente, mesmo que em observância ao Ato TRT GP 443/2012 (que dispõe sobre a implantação do Processo Judicial Eletrônico no âmbito deste Regional), está condicionado à presença em sessão de audiência. III. Ante esse quadro, mostra-se inviável a análise das demais questões recursais relativas ao desvio funcional, às horas de percurso e à indenização por danos morais, decorrentes da má condição dos sanitários, porquanto açambarcadas pelo não conhecimento da defesa e respectiva documentação. IV. Apelo a que se nega provimento, no particular.* TRT 6ª

Reg. RO-0010894-11.2014.5.06.0371 — (Ac. 1ª T.) — Relª Mayard de Franca Saboya Albuquerque. DEJT/TRT 6ª Reg. n. 1.738/15, 1º.6.2015, p. 105.

CAPÍTULO VII

JUS POSTULANDI NA JUSTIÇA DO TRABALHO

Sobre o tema é necessário a transcrição do art. 791 da CLT, no qual estão as normas pertinentes ao exercício do *jus postulandi* no processo do trabalho:

> *Art. 791. Os empregados e os empregadores poderão reclamar pessoalmente perante a Justiça do Trabalho e acompanhar as suas reclamações até o final.*
>
> *§ 1º Nos dissídios individuais os empregados e empregadores poderão fazer-se representar por intermédio do sindicato, advogado, solicitador, ou provisionado, inscrito na Ordem dos Advogados do Brasil.*
>
> *§ 2º Nos dissídios coletivos é facultada aos interessados a assistência por advogado.*
>
> *§ 3º A constituição de procurador com poderes para o foro em geral poderá ser efetivada, mediante simples registro em ata de audiência, a requerimento verbal do advogado interessado, com anuência da parte representada.* (Incluído pela Lei n. 12.437, de 6.7.2011, DOU 7.7.2011)

O *jus postulandi* é um dos traços característicos do processo do trabalho ao permitir que as partes, pessoalmente, sem a representação do advogado possam postular em juízo os seus possíveis direitos trabalhistas e acompanhar a reclamação até a decisão final, conforme se nota pelo disposto no *caput* do art. 791 da CLT.

O empregador ou seu preposto também está autorizado pela disposição do mencionado artigo a fazer a sua defesa desacompanhada do profissional de direito, cuja ausência pode se dar em razão de desencontro de comunicação entre a parte e o profissional que a defenda ou por outros motivos encontrados no cotidiano das relações trabalhistas.

Para Emílio Gonçalves "o *jus postulandi* assegurado às partes, com a finalidade de poupar-lhes gastos com honorários de advogado, considerando principalmente a insuficiência do trabalhador, tem recebido acerbas críticas por parte da doutrina, por revelar-se, na prática, prejudicial ao trabalhador. A intervenção do advogado, além de contribuir para a celeridade do processo, é também necessária para a melhor defesa dos direitos do trabalhador, que, jejuno, em matéria do direito, corre, quando desassistido de advogado, o risco de ver perecer o seu direito, por insuficiência de conhecimentos técnicos processuais"[40].

A Constituição Federal de 1988, no seu art. 133, estabelece que "O advogado é indispensável para administração da justiça, sendo inviolável por seus atos e manifestações no exercício da profissão, nos limites da lei". A Lei n. 8.906/94, que dispõe sobre o Estatuto da Advocacia e a Ordem dos Advogados do Brasil — OAB repetiu os mesmos termos no *caput* do art. 2º e no § 3º do mesmo artigo. Mesmo diante de tais normas ainda imperou na doutrina e jurisprudência o entendimento de que o art. 791 da CLT, continua vigorando e consequentemente admitindo-se *jus postulandi* no processo do trabalho.

Entretanto, foi com o disposto no art. 1º e seu inciso I, da Lei n. 8.906/94 é que surgiu controvérsia a respeito da prevalência ou não do *jus postulandi* no processo do trabalho, nos juizados especiais de pequenas causas e na justiça de paz ao dispor que "São atividades privativas de advocacia 'a postulação a qualquer órgão do Poder Judiciário e aos juizados especiais'", obrigando o Supremo Tribunal Federal a se pronunciar a respeito. Os ataques a tais dispositivos se deram pelo fato de que o estatuto da OAB deveria se limitar apenas a regular a matéria afeta à profissão e não invadir a de natureza processual, como é o caso do art. 791 da CLT, que é norma especial, enquanto a outra é de caráter geral, aplicando-se a hipótese do disposto no art. 2º, § 1º da Lei de Introdução ao Código Civil que reza que "a lei posterior não revoga a anterior senão quando expressamente o declare, seja com ela incompatível ou regule inteiramente a matéria de que tratava a lei anterior". Nem se poderia cogitar de revogação tácita da norma celetista, já que a Lei n. 8.906/94, não regulou inteiramente a matéria nela tratada. Assim, a excelsa Corte apreciando pedido liminar da Associação dos Magistrados Brasileiros na ADin 1.127-8-DF (decisão publicada no DJU de 13.10.1994, p. 27596) agasalhando o entendimento do relator do feito,

40 GONÇALVES, Emílio. *Manual de prática processual trabalhista.* 6. ed. rev. e atual. por Irany Ferrari e Melchíades Rodrigues Martins. São Paulo: LTr, 2001. p. 87.

Ministro Paulo Brossard, por maioria de votos, suspendeu, até decisão final da ação, a aplicação do art. 1º, I, da Lei n. 8.906/94, em relação ao Juizado de Pequenas Causas, à Justiça do Trabalho e à Justiça de Paz.

Registre-se que a Lei n. 10.288, de 20.9.1991 tentou modificar a redação do art. 791 da CLT dispondo que "A assistência de advogado será indispensável a partir da audiência de conciliação, se não houver acordo antes da contestação, inclusive nos dissídios coletivos". Essa modificação foi vetada pelo Presidente da República, com fundamento no § 1º do art. 66 da CF, de forma que o referido artigo continua em plena vigência e ainda mais em razão do precedente do STF, na ADin 1.127-8-DF que foi apreciada pelo Plenário daquela Corte, em 17.5.2006, e considerando-se também que o veto presidencial aludido não foi derrubado pelo Congresso Nacional em relação à mencionada lei.

Compreende-se, assim, pelo disposto no art. 791 da CLT, que a sua aplicação é restrita ao empregado e empregador, os quais poderão exercitar o seu direito de ação pessoalmente sem necessidade do advogado. É certo, no entanto, que "Não haverá a possibilidade de as partes postularem em dissídio individual sem advogado, quando não tenham a condição de empregado e empregador, como ocorre nos embargos de terceiro, quando o autor deste não é o empregador. Nesse caso, haverá a necessidade de patrocínio por advogado. Os peritos e depositários, se quiserem recorrer, também deverão estar representados por advogado, pois não são empregados ou empregadores"[41].

Os solicitadores ou provisionados a que alude o § 1º do art. 791 celetista não estão autorizados a agir como representante dos empregados ou empregadores, uma vez que a Lei n. 8.906/94 deixa claro no seu art. 1ª que os atos de advocacia são privativos do advogado e hoje nem teria sentido a sua participação em razão da quantidade de faculdades e profissionais no país. O estagiário de advocacia, regularmente inscrito, pode praticar atos previstos no art. 1º, na forma do Regulamento Geral, em conjunto com advogado e sob responsabilidade deste (§ 3º do art. 2º da Lei n. 8.906/94).

41 MARTINS, Sergio Pinto. *Comentários à CLT*. 21. ed. São Paulo: Saraiva, 2018. p. 913.

Os sindicatos são os representantes naturais da categoria de trabalhadores ou de empregadores, até porque cabe a eles a defesa dos direitos e interesses coletivos da categoria, inclusive em questões judiciais e administrativas (art. 8º, III, da CF), daí ser pertinente a sua inclusão no § 2º do artigo em comento. Aliás, pelo disposto no § 2º do art. 843 da CLT o sindicato está autorizado a representar o trabalhador em caso de sua ausência por motivo ponderoso e com isso evitando o arquivamento do feito.

O *jus postulandi* também se aplica às hipóteses de dissídio coletivo, de forma que a parte poderá atuar pessoalmente, embora na prática não seja recomendável que isso aconteça (§ 2º do artigo em comento) em virtude de sua complexidade já que envolvem direitos de cunho coletivo.

As partes quando atuam pessoalmente na reclamação trabalhista (*jus postulandi*) estão limitadas às Varas do Trabalho e Tribunais Regionais do Trabalho, não alcançando a ação rescisória, a ação cautelar, o mandado de segurança e os recursos de competência do Tribunal Superior do Trabalho (Súmula n. 425 do TST), cujos processos exigem conhecimentos técnicos que são de prerrogativa dos profissionais de direito, as quais não podem ser supridas pela parte.

> Súmula n. 425 do TST. *JUS POSTULANDI* NA JUSTIÇA DO TRABALHO. ALCANCE. Res. n. 165/2010, DEJT divulgado em 30.4.2010 e 3 e 4.5.2010. O *jus postulandi* das partes, estabelecido no art. 791 da CLT, limita-se às Varas do Trabalho e aos Tribunais Regionais do Trabalho, não alcançando a ação rescisória, a ação cautelar, o mandado de segurança e os recursos de competência do Tribunal Superior do Trabalho.

Em relação à mencionada Súmula, entendemos que ela não alcança o advogado que atua em causa própria, pois preenche os requisitos do direito de ação, já que é o titular do direito e ao mesmo tempo com a aptidão legal para o exercício da profissão a qual abraçou.

Com a implantação do processo judicial eletrônico tornou-se mais difícil o ajuizamento da ação ou da defesa já que ela se processa mediante acesso a tal sistema, ou seja, pela via eletrônica, que tem respaldo na Lei n. 11.419, de 19.12.2006. O que difere do processo físico é que o reclamante ao exercer o *jus postulandi* no eletrônico terá que comparecer à Vara do Trabalho ou então ao Fórum (concentração de várias Varas do Trabalho no mesmo local), para registrar a sua pretensão mediante ajuda de um servidor da Justiça do Trabalho, emergindo dessa medida a sua inclusão no processo judicial eletrônico, o que poderá ser feito com a utilização de *pen drive*. Já, o empregador, no exercício do *jus postulandi*, tem a faculdade de apresentar a sua defesa também pela via eletrônica, ou então, quando do seu comparecimento à audiência.

A respeito, afirma Luiz Fernando Feóla que "O *jus postulandi* é compatível com o processo judicial eletrônico. A parte que não quiser ou não puder contratar advogado pode, para propor ação: (a) peticionar diretamente no sistema, desde que possua certificado digital; (b) formatar sua petição e digitalizar os documentos em arquivos eletrônicos, gravá-los em mídia (*pen drive*, por exemplo) e solicitar o protocolo junto ao setor de atendimento específico do PJe existente em todos os fóruns que têm varas eletrônicas; (c) dirigir-se diretamente ao setor de atendimento do fórum e apresentar petição com documentos em meio papel ou somente estes, verbalizando sua reclamação ao servidor"[42].

Por último, lembramos que, com a Lei n. 13.467, de 13.7.2017, foram introduzidos na Justiça do Trabalho, os honorários de sucumbência, honorários periciais, de forma que é sempre aconselhável que a parte, seja empregado ou empregador, se utilize de profissional capacitado para o exercício da profissão de advogado. Justifica-se essa cautela, para que as partes não sejam oneradas com encargos que poderiam ser evitados, considerando-se, também, que muitas vezes existem ações temerárias que, dependendo de aconselhamento do profissional de direito, a ação nem seria ajuizada.

Jurisprudência

Ementa: Cerceamento de defesa. Jus postulandi. Não há falar em nulidade da sentença pelo fato de a parte reclamada comparecer em audiência desacompanhada de advogado, porquanto é cediço que vige na seara trabalhista o *jus postuladi* (CLT,

42 FEÓLA, Luiz Fernando. *Prática jurídica no processo eletrônico na justiça do trabalho*. 2. ed. São Paulo: LTr, 2018. p. 114.

art. 791 c/c Súmula n. 425 do TST). Apelo patronal não provido. TRT 24ª Reg. RO-0024516-81.2017.5.24.0071 — (Ac. 1ª T.) — Rel. Des. Marcio Vasques Thibau de Almeida. DEJT/TRT 24ª Reg. n. 2.735/19, 3.6.2019, p. 721.

Ementa: **Jus postulandi.** ***Renúncia. Embargos declaratórios.*** A parte que possui advogado constituído nos autos renunciou ao *jus postulandi*, mormente quando não é, ela própria, advogada, estando capacitada tecnicamente para atuar em juízo. Enquanto vigente o instrumento de mandato não lhe é possível atuar em paralelo ao causídico, exceto para informar revogação da procuração e o exercício futuro, pessoal e direito dos atos de postulação ou defesa. Não pode a parte que tem advogado constituído nos autos assim, buscar fazer sustentação oral no Tribunal, mormente quando a inscrição para o ato personalíssimo foi feita em nome do causídico. Mesmo que se admitisse essa possibilidade e eventual ocorrência de cerceamento de defesa no indeferimento, a matéria seria imprópria aos embargos, dando azo a espancamento em recurso próprio. TRT 12ª Reg. Proc. n. 0000729-59.2015.5.12.0028 — (Ac. 5ª Câmara) — Rel. José Ernesto Manzi. Data de Assinatura: 20.9.2016 BJ/TRT 12ª Reg. 11 a 20.9.2016.

Ementa: Honorários advocatícios. Indenização por gastos com advogado **jus postulandi.** Os honorários advocatícios, nesta Justiça Especializada, não decorrem da mera sucumbência, devendo a parte também estar assistida pelo sindicato da categoria e perceber salário inferior ao dobro do mínimo ou encontrar-se em situação econômica que não lhe permita demandar sem prejuízo do próprio sustento ou da respectiva família. Nesse sentido a Súmula n. 219 do c. TST. Por outro lado, em virtude do *jus postulandi* conferido às partes, a parte reclamante poderia propor a reclamatória sem o auxílio de um advogado, de forma que, ao não se valer dessa prerrogativa, não pode querer repassar à reclamada o ônus relativo às despesas oriundas da contratação de advogado de sua escolha, sendo conveniente ressaltar que o *jus postulandi* não foi extinto com a adoção do Processo Judicial Eletrônico, ainda sendo facultado às partes, independentemente de elas terem certificado digital, postular diretamente em juízo, por meio da apresentação das peças em meio físico para a sua digitalização e posterior inserção no sistema. Destarte, não há que se falar em ressarcimento pelas despesas com advogado particular, seja concedendo-se diretamente a este a verba pelo empregador, seja ressarcindo o quanto fora custeado pelo empregado contratante. Em uma ou outra hipótese a situação é a mesma: são honorários cuja previsão de condenação em sede trabalhista apenas se configura quando presentes as condições previstas na Lei n. 5.584/70. Entendimento da Súmula n. 329 do TST. TRT 5ª Reg. Proc. 0000207-68.2015.5.05.0661 RecOrd — (Ac. 4ª T.) — Relª Desª Ana Lúcia Bezerra Silva. DJ 4.10.2016.

Ementa: Jus postulandi *(CLT, art. 791). Contestação oral. Prevalência dos princípios da oralidade e da informalidade. Atenuação do rigorismo do art. 302 do CPC.* A contestação ofertada no exercício do *jus postulandi* deve ser apreciada em sintonia com os princípios peculiares do Processo do Trabalho, notadamente os da oralidade e da informalidade. O *jus postulandi* não se compatibiliza com a aplicação rigorosa do art. 302 do CPC porque a parte não domina os conhecimentos técnicos correlatos, razão pela qual deve conferir-se uma relevância maior à intenção da parte do que às deficiências formais do seu ato. No entanto, o silêncio da parte ré sobre um determinado ponto não autoriza o Juiz, *ex officio*, a vasculhar na documentação juntada os elementos que se oporiam à pretensão da parte autora, pois um meio de prova não subsiste sem a prévia alegação do fato respectivo. TRT 12ª Reg. Proc. RO 0002597-46.2014.5.12.0048 — (Ac. 3ª T., 11.8.2015) — Relª Juíza Maria de Lourdes Leiria. TRT-SC/DOE 3.9.2015. Data de Publ. 4.9.2015.

Ementa: Jus postulandi. *Parte que comparece em juízo desacompanhada de advogado. Ausência de nulidade.* Encontra-se em plena vigência nesta Justiça Especializada o *jus postulandi*, segundo o qual não é necessário que as partes compareçam às instâncias ordinárias acompanhadas de advogado. No entanto, isso não significa que a parte que vem a juízo pessoalmente, desacompanhada de profissional habilitado, não seja responsável por seus atos processuais. A parte que deixa de apresentar defesa útil, de juntar documentos ou de requerer a produção de provas não pode depois se aproveitar de sua inércia, não havendo que se falar em violação ao devido processo legal, ao contraditório e à ampla defesa. TRT 3ª Reg. RO-0001053-72.2014.5.03.0048 — (Ac. 4ª T.) — Relª Juíza Convocada Maria Raquel Ferraz Zagari Valentim. DEJT/TRT 3ª Reg. n. 1.617/14, 4.12.2014, p. 136.

CAPÍTULO VIII

PREPOSTO E SUAS CAUTELAS ANTES DA REALIZAÇÃO DA AUDIÊNCIA

A pessoa designada pelo empregador para ser seu preposto, seja empregado ou não, deve atentar-se para as seguintes cautelas:

> O preposto deverá estudar o caso submetido a juízo, principalmente o conteúdo da inicial e da defesa, os documentos que foram juntados aos autos pelo reclamante e aqueles que serão juntados com a defesa, pois haverá possibilidade de ser inquirido sobre eles em audiência.

Deve se cercar de todas as informações que possam favorecer a tese da defesa. Frases como "não sei, não tenho certeza, desconheço" enfim, respostas evasivas, poderão acarretar a aplicação dos efeitos da confissão à empresa. Como alerta Gustavo Filipe Barbosa Garcia "A confissão ficta também pode ocorrer quando a parte, sem motivo justificado, deixar de responder ao que lhe for perguntado ou empregar evasivas. Nesse caso, o Juiz, apreciando as demais circunstâncias e os elementos de prova, deve, declarar, na sentença, se houve recusa de depor (art. 386 do CPC de 2015)".[43]

Deve também se precaver na averiguação junto aos arquivos da empresa se o reclamante já não ajuizara outra reclamação com os mesmos pedidos ou pedidos diferentes, informando esses detalhes ao advogado que patrocina a defesa para se acautelar na elaboração da defesa. Esse cuidado é recomendado tanto em relação às empresas privadas quanto às públicas, para arguição de preliminar de litispendência ou de coisa julgada..

O preposto, notadamente os das grandes empresas, deve procurar inteirar-se dos depoimentos de reclamantes que foram testemunhas em outros processos, a fim

43 GARCIA, Gustavo Filipe Barbosa. *CLT comentada de acordo com a reforma trabalhista.* 5. ed. São Paulo: Gen/Método, 2019. p. 1087.

de averiguar da existência de depoimento conflitante com aquele prestado na condição de autor e dar conhecimento desse fato ao advogado que defende a empresa, para as medidas que se fizerem necessárias, ou seja apontar nas razões e fatos que colidem com os respectivos depoimentos.

Atentar para o fato de que, se houver na reclamatória, verbas rescisórias incontroversas, o pagamento das mesmas deverá ser feito em audiência, a fim de se evitar a aplicação da multa prevista no art. 467 da CLT, no seguinte teor:

> *Art. 467. Em caso de rescisão de contrato de trabalho, havendo controvérsia sobre o montante das verbas rescisórias, o empregador é obrigado a pagar ao trabalhador, à data do comparecimento à Justiça do Trabalho, a parte incontroversa dessas verbas, sob pena de pagá-las acrescidas de cinquenta por cento.* (Redação da Lei n. 10.272, de 5.9.2001)

Indicação das testemunhas do empregador, as quais devem depor para solução do conflito. O preposto deve ter os seus nomes a fim de indicá-las ao advogado que patrocina a causa da empresa para que no momento certo elas sejam chamadas pelos nomes.

Deve também ter ciência de que a orientação de testemunhas no sentido de deporem de forma diversa à realidade ocorrida na empresa poderá se constituir em crime por falso testemunho, principalmente quando for feita acareação entre elas, ou então quando o depoimento da testemunha se afastar totalmente da prova documental.

Lembramos que a Lei n. 13.467, de 13.7.2017, incluiu a Seção IV-A, no Título X da CLT, denominado "Da Responsabilidade por Dano Processual", cujos artigos transcrevemos abaixo:

> *Art. 793-A. Responde por perdas e danos aquele que litigar de má-fé como reclamante, reclamado ou interveniente.*
>
> *Art. 793-B. Considera-se litigante de má-fé aquele que:*
>
> *I — deduzir pretensão ou defesa contra texto expresso de lei ou fato incontroverso;*

II — alterar a verdade dos fatos;

III — usar do processo para conseguir objetivo ilegal;

IV — opuser resistência injustificada ao andamento do processo;

V — proceder de modo temerário em qualquer incidente ou ato do processo;

VI — provocar incidente manifestamente infundado;

VII — interpuser recurso com intuito manifestamente protelatório.

Art. 793-C. De ofício ou a requerimento, o juízo condenará o litigante de má-fé a pagar multa, que deverá ser superior a 1% (um por cento) e inferior a 10% (dez por cento) do valor corrigido da causa, a indenizar a parte contrária pelos prejuízos que esta sofreu e a arcar com os honorários advocatícios e com todas as despesas que efetuou.

§ 1º Quando forem dois ou mais os litigantes de má-fé, o juízo condenará cada um na proporção de seu respectivo interesse na causa ou solidariamente aqueles que se coligaram para lesar a parte contrária.

§ 2º Quando o valor da causa for irrisório ou inestimável, a multa poderá ser fixada em até duas vezes o limite máximo dos benefícios do Regime Geral de Previdência Social.

§ 3º O valor da indenização será fixado pelo juízo ou, caso não seja possível mensurá-lo, liquidado por arbitramento ou pelo procedimento comum, nos próprios autos.

Art. 793-D. Aplica-se a multa prevista no art. 793-C desta Consolidação à testemunha que intencionalmente alterar a verdade dos fatos ou omitir fatos essenciais ao julgamento da causa.

Parágrafo único. A execução da multa prevista neste artigo dar-se-á nos mesmos autos.

Observa-se que o disposto no art. 793-D determina a aplicação de multa à testemunha que intencionalmente alterar a verdade dos fatos ou omitir fatos essenciais ao julgamento, independentemente da possibilidade de ocorrência de crime por falso testemunho.

É importante que o preposto compareça com antecedência de, pelos menos, meia hora antes da audiência, principalmente nas grandes cidades em que as pessoas enfrentam o congestionamento do trânsito.

É conveniente que o preposto certifique no Fórum a relação das audiências (quando existir) a serem realizadas no dia para confirmação sobre a Vara do Trabalho em que tramita o processo e o respectivo horário, para ter certeza sobre o horário da realização da audiência.

O preposto não pode contar com o atraso na realização da audiência, pois em certos dias, numa ou outra Vara, a audiência poderá sofrer atraso, como também poderá ser realizada no horário. Há juízes que toleram atraso de alguns minutos, mas isso não é praxe e jamais poderá ser considerado pelo preposto, o qual tem por obrigação estar presente quando da realização do pregão, até porque o Colendo TST, por intermédio da sua SDI, editou a Orientação Jurisprudencial n. 245 nos seguintes termos:

> ***Revelia. Atraso. Audiência. Inexiste previsão legal tolerando atraso no horário de comparecimento da parte à audiência.***

Aqui, vale o lembrete de Henrique Macedo Hinz ao afirmar que:

> *Outra questão ainda deve ser colocada: Não raro há um sistema de alto--falantes utilizado para se fazer o pregão. Mas, também, não é raro nas salas de espera, especialmente quando as audiências estão atrasadas, as pessoas presentes ficarem conversando em voz alta, o que pode prejudicar a audição dos interessados. Assim, procure sempre estar atento para a movimentação que ocorre na sala de audiências, como, por exemplo, a entrada de testemunhas, saída de partes etc., para ter um 'controle' do andamento dos trabalhos.*[44]

Se, na sala de espera, o preposto ficar sabendo das testemunhas indicadas pelo reclamante, e de fatos que poderiam tornar seus depoimentos comprometidos com os interesses dele, autor, citando-se, como exemplo, casos de parentesco, amizade com

44 HINZ, Henrique Macedo. *Audiência trabalhista na prática.* 3. ed. São Paulo: Saraiva Jur, 2018. p. 35.

o reclamante, namoro, inimizade em relação ao empregador ou com seus superiores hierárquicos, trocas de favores e outras circunstâncias prejudiciais ao processo contra o reclamado, deverá dar conhecimento ao advogado para que ele possa requerer a contradita da testemunha, se for o caso.

É importante que o preposto tenha em suas mãos cópia da inicial, da contestação ou defesa, ou ainda, proposta de acordo, se for de interesse do empregador numa composição, uma vez que impera ainda na Justiça do Trabalho o *jus postulandi*, o que permite o preposto atuar na audiência sem a presença de advogado, notadamente em ato de audiência.

O preposto poderá participar da audiência na ausência do advogado que defende a empresa e apresentar a defesa escrita, ou oral, já que está na condição de representante do reclamado.

O preposto também poderá fazer perguntas ao reclamante bem como às testemunhas objetivando assegurar o exercício da ampla defesa e do contraditório em prol do seu empregador, requerendo, em caso do indeferimento de sua atuação na forma preconizada, a consignação de protestos na ata de audiência.

O preposto também deverá ficar atento sobre a data do julgamento do processo, mesmo porque é a empresa reclamada quem faz o recolhimento do depósito recursal em caso de eventual recurso, bem como do pagamento das respectivas custas processuais.

É importante que o preposto anote em uma agenda a data do pagamento do acordo ou das parcelas ajustadas em audiência, a fim de que o reclamado não venha a incidir na multa estipulada em caso de inadimplemento, o que pode transformar a dívida em valor significativo para o empregador.

Com a vigência da Lei n. 13.467, de 13.7.2017, a partir de 11.11.2017, o reclamante já tendo reclamação arquivada, para nova ação terá que comprovar o pagamento de custas processuais em razão do disposto no § 3º do art. 844 que estabelece "O pagamento das custas a que se refere o § 2º é condição para a propositura de nova demanda". O reclamante só ficará isento dessa exigência "se comprovar, no prazo de 15 dias, que ausência ocorreu por motivo legalmente justificável, ainda que seja beneficiário da justiça gratuita, conforme dicção do § 2º do art. 844 da CLT, com a redação dada pela Lei n. 13.467/17".

Finalmente, o preposto deve estar sempre atento sobre as normas trabalhistas que, na atualidade, têm sofrido constantes alterações, como a da Lei n. 13.874, de 20 de setembro de 2019, que estabeleceu a prioridade da emissão da Carteira de Trabalho e Previdência Social por meio eletrônico na forma prevista no art. 14 da CLT, bem como estabelecendo novas regras de registro de empregados, conforme art. 74, que passou a ter a seguinte redação:

> "Art. 74. O horário de trabalho será anotado em registro de empregados.
>
> § 1º (Revogado).
>
> § 2º Para os estabelecimentos com mais de 20 (vinte) trabalhadores será obrigatória a anotação da hora de entrada e de saída, em registro manual, mecânico ou eletrônico, conforme instruções expedidas pela Secretaria Especial de Previdência e Trabalho do Ministério da Economia, permitida a pré-assinalação do período de repouso.
>
> § 3º Se o trabalho for executado fora do estabelecimento, o horário dos empregados constará do registro manual, mecânico ou eletrônico em seu poder, sem prejuízo do que dispõe o *caput* deste artigo.
>
> § 4º Fica permitida a utilização de registro de ponto por exceção à jornada regular de trabalho, mediante acordo individual escrito, convenção coletiva ou acordo coletivo de trabalho." (NR)

CAPÍTULO IX

O PREPOSTO E A QUESTÃO DE ATRASO À AUDIÊNCIA — MOTIVO PONDEROSO E NÃO PODEROSO

Em face dos efeitos da revelia e da confissão quanto à matéria de fato que são aplicados ao reclamado, se ausente à audiência (art. 844 da CLT), e não apresentar a defesa pelo processo judicial eletrônico, o que afasta a revelia, o empregador deve ser diligente e adotar todas as providências para que o seu representante esteja presente com bastante antecedência à audiência.

Ainda, deve ficar atento ao pregão, eis que se houver alguma irregularidade, como exemplo, que não se ouviu o pregão e, se, aplicados os referidos efeitos — revelia e confissão —, a prova visando elidir o ato será do reclamado. A respeito, veja-se a presente decisão:

> ***Audiência. Pregão. Nulidade.*** *Na lição do Aurélio, apregoar é anunciar com pregão. É proclamar em público. É divulgar. É enunciar. Não há tonalidade ideal para o pregão, desde que ele atinja o seu objetivo. Logo, cabe à parte e ao seu advogado estarem atentos ao pregão, já que apregoar não é gritar. Se nulidade houve pregão, da parte é o ônus de sua prova.* (TRT 10 Reg. (Ac. 2ª T. 0642/94, Rel. Juiz José Luciano de Castilho Pereira). *Revista do TRT da 10ª Reg.*, v. 5, n. 5, 1995.

Por outro lado, o entendimento majoritário na jurisprudência é no sentido de que o atraso não pode ser medido pela tolerância de alguns minutos, já que as partes devem estar presentes quando da realização do pregão. Nesse sentido, a seguinte decisão ilustra bem a questão:

> ***Processo. Nulidade. Audiência. Pequeno atraso. Revelia.*** *1. O direito processual, consideradas as suas peculiaridades, não comporta interpretação de natureza puramente subjetiva, ao exclusivo entendimento pessoal do julgador. A igualdade de tratamento aos litigantes é alcançável por meio de critérios objetivos, segundo a*

tônica dada pela lei. Impossível estabelecer no que constituiria pequeno atraso à audiência de conciliação e julgamento, em ordem a positivar o animus *de defesa e, consequentemente, elidir a revelia. A norma de regência é expressa ao exigir a presença das partes no referido ato, tolerando-se qualquer espécie de atraso, desde que ainda em curso a audiência. Mas, após sua suspensão ou encerramento, impossível afastar os efeitos gerados pela contumácia do réu (CLT, art. 844). Precedentes. 2. A alegação de vício na realização de pregão resta elidida pela presença regular do* ex adversus *na audiência.* (TRT 10ª Reg. RO-3776/98 — (Ac. 1ª T.), Rel. Juiz João Amílcar, DJU 27.11.1998. *Revista do TRT da 10ª Reg.*, v. 8, n. 8, 1998.

Assim, se a parte não atender ao chamamento do pregão no horário em que for feito, a consequência que se tem é a aplicação dos efeitos da revelia e da confissão quanto à matéria fática, isso se não houver nos autos outros fatores que podem ser valorados pelo Juiz.

É bem verdade que, alguns juízes têm permitido tolerância de alguns minutos, tanto para o reclamante como para o reclamado, face ao princípio da igualdade de tratamento que deve ser dispensado às partes, mas a decisão fica na esfera da faculdade do julgador, já que não há previsão legal para tal. A respeito, veja essa decisão da SDI do Colendo TST:

Revelia — Atraso na audiência. Não há na legislação processual trabalhista qualquer norma assegurando à parte direito de comparecer na audiência inaugural com atraso, seja de cinco, dez, ou de qualquer minuto, ainda mais, quando a Reclamada não justifica o atraso, como é o caso dos autos. Recurso conhecido e desprovido. (TST — SBDI1 n. 2.911/96 — Rel. Min. Tesch Auersvald — DJ 7.2.1997 — p. 1519)

Essa posição ficou mais realçada, porquanto, o TST, por intermédio da sua Seção de Dissídios Individuais, editou a Orientação Jurisprudencial n. 245, nos seguintes termos:

Revelia. Atraso. Audiência. Inexiste previsão legal tolerando atraso no horário de comparecimento da parte à audiência.

Argumentam alguns que a tolerância de quinze minutos concedida ao juiz também se aplicaria às partes, mas este entendimento não tem sustentação legal, conforme se infere do disposto na mencionada Orientação Jurisprudencial n. 245, uma vez que o parágrafo único do art. 815 da CLT assegura apenas o direito das partes de se retirarem do local da audiência quando ficar constatado o atraso do juiz, superior a quinze minutos. Portanto, a sua aplicação não alcança as partes, pois estas deverão estar presentes quando da realização do pregão.

Comentando a citada Orientação Jurisprudencial n. 245 do TST, afirma Élisson Miessa que:

> *O radicalismo da interpretação impõe-nos discordar do Tribunal Superior do Trabalho.*
>
> *Isso porque o princípio da razoabilidade e da proporcionalidade (ou proibição do excesso) exige que o Poder Judiciário atue com adequação entre meios e fins, o que significa que o radicalismo implantado, se visto de modo genérico, afasta-se do fim almejado pelo direito e pelo Poder Judiciário, qual seja a pacificação social. Noutras palavras, o meio utilizado (impossibilidade de qualquer atraso) não está adequado ao fim (busca da verdade real).*
>
> *A propósito, no direito do trabalho, o qual produz reflexos no processo do trabalho, vige o princípio da realidade, que, s.m.j., também impera na seara processual, o que significa que o juiz não deve resolver o conflito pela forma mais fácil (revelia, confissão ficta ou arquivamento), afastando-se da realidade dos fatos.*
>
> *Consigna-se que o artigo mencionado anteriormente nada versa acerca do atraso das partes. No entanto, tal silêncio não pode ser interpretado no sentido de que houve omissão legislativa proposital (silêncio eloquente) com o intuito de impor que as partes compareçam obrigatoriamente no horário marcado sem qualquer atraso, uma vez que, se assim tivesse agido, tal norma seria inconstitucional por violar o princípio da proporcionalidade.*
>
> *Assim, pensamos que, com base no princípio da proporcionalidade, o juiz deve admitir pequenos atrasos nas audiências, o que na praxe tem se admitido*

até 5 minutos, inclusive pela diferença no acerto de relógios do fórum, partes e advogados.[45]

É importante também frisar que as partes deverão obter a certidão do atraso do juiz quando superior a quinze minutos, a fim de se evitar qualquer surpresa e, para ilustração, citamos a seguinte decisão:

> *Cerceamento do direito de defesa. Aplicação da pena de confissão ficta. Audiência realizada após a hora prevista. Caracteriza-se cerceamento de direito de defesa, ensejando a nulidade processual, a aplicação de pena de confissão ficta, quando a parte retira-se do recinto, após providenciar a devida certidão, ante o atraso do Juiz por mais de 15 minutos do início da sessão.* TRT 19ª Reg. RO 624.692-69/95, Rel. Juiz João Batista da Silva, Julgado em 10.10.1996, *Jurisprudência Trabalhista Brasileira*, v. 50, Curitiba: Juruá, p. 288-89.

Ainda, é de se esclarecer que há várias decisões, conforme se verifica no repertório jurisprudencial, acolhendo a elisão da revelia por atraso de alguns minutos do réu, ***mas o empregador deve ser previdente e diligente no sentido de se evitar esse risco, pois ficará na dependência de ser mantida decisão que veio a afastar à revelia ou então a sua reforma com as implicações decorrentes.*** Vale lembrar que as decisões mais recentes do Colendo TST e, ainda, da sua Orientação Jurisprudencial (SDI) n. 245 não favorecem tese no sentido apontado, ***mesmo porque a tolerância no atraso torna-se um incentivo que não se coaduna com a pontualidade que deve ser preservada e incentivadora para o próprio desenvolvimento regular do processo.***

Por outro lado, o empregador ***não deve correr o risco de determinar que um mesmo preposto faça duas audiências designadas na mesma data com horários próximos. Em tal situação, o empregador deve diligenciar-se em dupla representação ou, pelos menos, solicitar o adiamento de uma delas, com justificativa plausível.*** Aliás, decisão a seguir reproduzida demonstra bem que o empregador ou reclamado deverá ter o cuidado de designar quantos prepostos forem necessários para o acompanhamento das audiências, conforme está sedimentado na seguinte decisão da Seção de Dissídios Individuais do TST.

45 MIESSA, Élisson; CORREIA, Henrique. *Súmulas e OJs do TST comentadas e organizadas por assunto*. 8. ed. Salvador: Juspodivm, 2018. p. 1583-4.

Revelia. Caracterização. Atraso de 37 minutos. Orientação Jurisprudencial n. 245 da SBDI-I. Incidência. Na hipótese em que a reclamada somente se fez presente, por meio de seu preposto, 37 minutos após o início da audiência, e em momento posterior à tomada do depoimento do reclamante, não é possível, ainda que excepcionalmente, afastar a incidência da Orientação Jurisprudencial n. 245 da SBDI-I. No caso concreto, o Juízo de 1º grau, no início da audiência, às 15 horas, registrou a ausência da primeira reclamada e declarou-a revel e confessa. Em seguida, no entanto, ficou registrado o comparecimento da patrona da primeira reclamada às 15h15, ainda na fase conciliatória, motivo pelo qual a juíza reconsiderou a declaração de sua revelia, sob os protestos do reclamante. Após recebidas as defesas das reclamadas e colhido o depoimento pessoal do autor, às 15h37, houve o registro do comparecimento do preposto da primeira reclamada, encerrando-se a instrução processual após a coleta de seu depoimento pessoal. ***Ressalte-se que o comparecimento da advogada da reclamada com quinze minutos de atraso não é suficiente para afastar a revelia, de modo que a empregadora somente cumpriu os requisitos para a regular representação processual no momento em que seu preposto se fez presente, ou seja, após 37 minutos do início da audiência. Ademais, o fato de o atraso dever-se à presença da reclamada em outra audiência trabalhista não é motivo justificador para a sua ausência no horário marcado, cabendo aos reclamados o cuidado de designar quantos prepostos forem necessários para o acompanhamento das audiências.*** Assim, a SBDI-I, por unanimidade, conheceu do recurso de embargos, por divergência jurisprudencial e, no mérito, por maioria, deu-lhe provimento para, anulando a sentença, declarar a revelia da primeira reclamada e os seus efeitos materiais e processuais inerentes, mormente quanto à sua confissão ficta sobre a matéria de fato, e determinar o retorno dos autos à Vara do Trabalho de origem para prolação de nova decisão de mérito, como entender de direito, sem reabertura de nova instrução processual, ante o que preconiza o item II da Súmula n. 74 do TST. Vencido o Ministro Márcio Eurico Vitral Amaro. TST-E-ED-RR-265500-36.2005.5.02.0046, SBDI-I, rel. Min. José Roberto Freire Pimenta, 2.6.2016. (Não há grifo no original)

De notar-se também que, na SDI, do TST, há decisão de que o atraso à audiência da preposta por problemas familiares não elide a revelia, destacando-se que na ementa está dito que "Problemas familiares, por mais graves que sejam, não autorizam a elisão da revelia aplicada por ausência de previsão legal". A ementa está assim disposta:

> ***Ementa: Recurso de embargos. Decisão interlocutória. Revelia. Aplicação da alínea 'a' da Súmula n. 214/TST.*** *Não se vislumbra contrariedade à regra geral prevista na Súmula n. 214 de que as decisões interlocutórias são irrecorríveis de imediato, visto que a matéria se enquadra na exceção da alínea 'a' deste verbete sumular, eis que constatada que a r. decisão regional, ao afastar a revelia aplicada, contrariou a Súmula n. 122 e a Orientação Jurisprudencial n. 245 da SDI1 desta C. Corte. Embargos não conhecidos.* ***Revelia. Atraso no comparecimento à audiência por problemas familiares.*** *A r. decisão recorrida que restabeleceu a revelia aplicada não contraria a Súmula n. 122/TST, pois o atraso da preposta de mais de trinta minutos do início da audiência foi justificado pelo acompanhamento desta a uma consulta médica da irmã a um psiquiatra, enquanto este verbete sumular autoriza que a revelia seja ilidida no caso excepcional de o próprio empregador ou seu preposto estar impossibilitado de locomover-se no dia da audiência e com a apresentação de atestado médico comprovando este fato. Problemas familiares, por mais graves que sejam, não autorizam a elisão da revelia aplicada, por ausência de previsão legal. Embargos não conhecidos.* TST-E-ED-RR-1412840-96.2004.5.09.0016 (N. E-ED-RR-14128/2004-016-09-40.3) — (Ac. SDI-1) — Rel. Min. Aloysio Corrêa da Veiga. DJe/TST n. 627/10, 16.12.2010, p. 275.

Lembramos, também, que o art. 843, § 2º da CLT, estatui "que se, por doença ou qualquer outro motivo ponderoso, devidamente comprovado, não for possível ao empregado comparecer, poderá fazer-se representar por outro empregado que pertença à mesma profissão, ou pelo sindicato". Entretanto, essa regra só se aplica ao empregado e não ao empregador.

Em algumas CLTs existentes à venda, em vez de "motivo ponderoso" consta "motivo poderoso" no citado parágrafo. Sobre essa expressão já tivemos oportunidade de ver autores colocando dúvidas sobre a qual termo a lei quis se referir.

A CLT-LTr, já na 51ª edição, na qual temos participação como responsável pelos respectivos índices, ou seja, a partir da 18ª edição, 1993, sempre se adotou a expressão "motivo ponderoso", Em determinada ocasião recebemos questionamento de um adquirente da CLT — LTr sobre a aludida expressão que consta inclusive da CLT "do Planalto" e a nossa resposta foi no sentido de que a expressão correta é "motivo ponderoso".

Para dar a mencionada resposta, o saudoso amigo, Dr. Irany Ferrari, sendo bem relacionado com o Dr. Arnaldo Süssekind, ligou para ele, por ser um dos que participaram da elaboração do texto da Consolidação das Leis do Trabalho, para saber dele qual seria a expressão correta. Sua resposta foi no sentido de que só poderia ser "motivo ponderoso" e não poderoso "que vinha de poder" que nada tinha a ver a expressão correta. Argumentou ainda Süssekind da possibilidade de ter ocorrido erro material na hora da publicação da CLT, pela supressão da letra "n" e que isso poderia ser explicado com o texto original.

Entretanto, apesar dos nossos esforços, não conseguimos, junto à Impressa Nacional, o texto original em relação ao mencionado artigo. De qualquer forma, sempre seguimos o texto que, no nosso entender é o correto, pois a menção da palavra "poderoso" decorre de um manifesto erro material. Mas, de qualquer forma, ainda vemos com frequência a expressão "poderoso" nas decisões judiciais, porque está no texto da CLT que, aliás, há muito tempo requer uma revisão para adequação e atualizações dos seus textos, em decorrência de mudanças ocorridas desde a sua edição até os dias atuais.

Frise-se, no entanto, que se o preposto não comparecer à audiência por um motivo ponderoso, citando, como exemplo, alagamento, acidente de trânsito ou outro acontecimento por força maior, e se este fato for devidamente comprovado, poderá ser afastada à revelia com a designação de nova audiência. A respeito, veja-se a seguinte decisão:

> ***Ementa: Nulidade processual. Cerceamento de defesa. Motivo poderoso.*** O fato de o autor residir no exterior (no caso em Portugal), devidamente comprovado nos autos, configura motivo poderoso para impedir seu comparecimento à audiência de instrução, tendo em vista que seu retorno ao Brasil configuraria grande despesa financeira, considerando, sobretudo, a sua declaração de

pobreza juntada com a exordial. Apelo provido. TRT 24ª Reg. RO-0024853-17.2016.5.24.0003 — (Ac. 1ª T.) — Rel. Des. Marcio Vasques Thibau de Almeida. DEJT/TRT 24ª Reg.n. 2.714/19, 3.5.2019, p. 541-2.

Muitas vezes, o não comparecimento do empregador no dia da audiência se dá por desconhecimento da reclamatória ou por motivos que se afastam da sua normalidade.

Recentemente, encontramos um caso inusitado ocorrido no TRT da 23ª Região em que o reclamante compareceu à audiência com as suas testemunhas e o reclamado não. A justificativa do reclamante foi de que para ele e suas testemunhas não houve nenhum impedimento para atender ao chamamento judicial, argumento esse acolhido em primeira instância em detrimento do reclamado. No entanto, o recurso ordinário do reclamado interposto perante o Tribunal Regional da 23ª Região teve acolhimento com a seguinte ementa:

> ***Ementa: Recurso ordinário da ré. Ausência do preposto na audiência de instrução. Justificativa demonstrada. Nulidade da sentença e necessidade de reabertura da instrução processual.*** *Cabe à ré o ônus de provar a impossibilidade de comparecimento do preposto na audiência, de forma a justificar a remarcação da sessão anteriormente designada (Súmula n. 122 do TST). No caso, os documentos juntados pela ré demonstraram a impossibilidade de deslocamento do seu preposto até a audiência realizada em outra cidade, devido ao ato de terceiro que impediu o acesso pela estrada da fazenda. Desse modo e sendo incontestes os prejuízos que a demandada teve em decorrência do reconhecimento de sua confissão ficta oriunda da ausência do preposto na audiência, torna-se imperioso declarar a nulidade da sentença e determinar a reabertura da instrução processual, com a produção das provas testemunhais pelas partes e prolação de nova decisão. Recurso ordinário da ré provido.* TRT 23ª Reg. Proc. n. 0000088-17.2017.5.23.0086 (RO) — (Ac. 1ª T. j. 24.4.2018) — Rel. Paulo Roberto Brescovici.

Em relação ao citado processo, a reclamada comprovou que a ausência se deu por motivos por demais justificadores, conforme a sua alegação, ou seja, "O documento cuja juntada foi indeferida e que segue em anexo, qual seja, o Boletim de Ocorrência da Polícia Civil de Cocalinho, cuja hora de deslocamento aponta a hora de 9h30min e como hora do local 11h20min, e hora de término as 16h10min do dia

5.10.2017, ou seja, a data da audiência de instrução, apontando que haviam duas árvores que maliciosa e criminosamente foram cortadas e deixadas na estrada, em local onde não poderiam ser contornadas, impossibilitando o acesso até a MT 100 e que levaria a cidade sede da Vara do Trabalho".

Ainda, da fundamentação da referida decisão extraímos o seguinte trecho:

> Desse modo, o fato de o autor e as testemunhas por ele arroladas terem conseguido se deslocar do Município de Cocalinho até Água Boa, onde foi realizada a sessão, não implica, por si só, a conclusão de que o preposto da ré e as testemunhas desta também tiveram a possibilidade de percorrer o mencionado trajeto. Isso porque o obstáculo que foi colocado por terceiro na estrada próxima à fazenda da demandada não teve o condão de atrapalhar o percurso realizado pelo obreiro, mas apenas do representante da ré e das testemunhas, já que o deslocamento do reclamante não teve origem na aludida fazenda, mas sim no município de Cocalinho (fl. 104).

De qualquer forma, atendo-se ao tema de atraso à audiência, recomenda-se que o preposto compareça sempre com antecedência em relação ao horário de início da audiência e que fique atento ao pregão, observando-se o procedimento de cada Vara do Trabalho, a fim de não ser surpreendido com a aplicação dos efeitos da revelia e da confissão ficta, isso se não houver outros elementos nos autos que a elidam.

Lembramos, por último, que se faz necessário chegar com antecedência ao horário da audiência, em virtude da possibilidade de se confundir a Vara de Trabalho onde se realizará a audiência, já que na maioria das localidades existe mais de uma Vara do Trabalho.

Jurisprudência

Ementa: I — Agravo de instrumento. Recurso de revista. Revelia. Atraso de quatro minutos do preposto, que ingressou na sala de audiência ainda antes de iniciar-se o depoimento do autor. Para prevenir a possível caracterização de divergência jurisprudencial, tendo em vista a juntada do segundo aresto à fl. 567, oriundo do e. TRT da 6ª Região, impõe-se a reforma do r. despacho agravado para melhor exame das razões contidas no recurso de revista denegado. Agravo de instrumento conhecido e provido. II — *Recurso de revista. Revelia. Atraso de quatro minutos do preposto, que ingressou na sala de audiência ainda antes de iniciar-se o depoimento do autor.* Se por um lado é certo que o atual, iterativo e notório entendimento deste c. Tribunal, cristalizado na Orientação Jurisprudencial n. 245 da e. SBDI-1, pacificou-se no sentido da completa impossibilidade de uma fixação prévia de limite para tolerância de atrasos às audiências realizadas na primeira instância, por outro, é certo que esse mesmo entendimento, amparado na faculdade concedida pelo art. 844 da CLT ao juiz de considerar as particularidades do caso concreto, tem também admitido que a revelia deixe de ser aplicada nos casos em que, a despeito de atrasos ínfimos, não há prejuízo algum para o andamento da audiência ou para a realização dos atos processuais por qualquer das partes. Precedentes. Nesse contexto, considerando-se que, no presente caso, o atraso foi de apenas quatro minutos, e que nem sequer havia sido iniciado o depoimento do Autor quando o preposto adentrou a sala de audiência, não há como cogitar-se de aplicação da pena de revelia ao Réu. Recurso de revista conhecido por divergência jurisprudencial e não provido. TST-RR-0090200-07.2009.5.08.0126 — (Ac. 3ª T.) — Rel. Min. Alexandre de Souza Agra Belmonte. DEJT/TST n. 1.567/14, 25.9.2014, p. 1355. (*LTr Sup. Jurisp.* 45/2014, p. 360).

Ementa: Recurso de revista — Confissão ficta — Atraso — Comparecimento à audiência — Ínfimo lapso temporal — Ausência de prejuízo. Conquanto a Orientação Jurisprudencial n. 245 da SBDI-1 oriente no sentido de que inexiste previsão legal tolerando o atraso no horário de comparecimento da parte na audiência, tal entendimento deve ser conjugado com o princípio da razoabilidade, bem como com os princípios da informalidade e da simplicidade, que regem o processo do trabalho... TST-RR-995-45.2012.5.12.0030 — (Ac. 8ª T.) — Rel. Des. Convocado João Pedro Silvestrin. DJe/TST n. 1.353/13, 14.11.2013, p. 1339.

Ementa: Revelia e confissão ficta. Atraso do preposto à audiência inaugural. Comparecimento antes da tentativa de conciliação. Ausência de contrariedade à Orientação Jurisprudencial n. 245 da SBDI-I. Conquanto a Orientação Jurisprudencial n. 245 da SBDI-I estabeleça que "inexiste previsão legal tolerando o atraso no horário de comparecimento da parte na audiência", esse entendimento deve ser conjugado com os princípios da informalidade e da simplicidade que regem o

Processo do Trabalho. Assim, tendo em conta que, no caso, a audiência teve início com a presença do advogado da reclamada e o preposto adentrou a sala sete minutos após o início, no momento em que o juiz designava perito, porém antes da tentativa de conciliação, participando da sessão até seu término, a SBDI-I, em sua composição plena, decidiu, pelo voto prevalente da Presidência, não conhecer dos embargos, ressaltando que, no caso, não há registro de que o comparecimento tardio do preposto tenha causado prejuízo à audiência ou retardado ato processual. Vencidos os Ministros Rosa Maria Weber, relatora, Antônio José de Barros Levenhagen, Lelio Bentes Corrêa, Horácio Raymundo de Senna Pires, Augusto César Leite de Carvalho, José Roberto Freire Pimenta e Delaíde Miranda Arantes, os quais conheciam do recurso por contrariedade à Orientação Jurisprudencial n. 245 da SBDI-I e, no mérito, davam-lhe provimento para declarar a revelia e aplicar a confissão à reclamada quanto à matéria de fato. TST-E-RR-28400-60.2004.5.10.0008, SBDI-I, Relª Min. Rosa Maria Weber, red. p/ acórdão Min. Maria Cristina Irigoyen Peduzzi, 24.5.2012.

Ementa: Audiência inicial. Atraso ínfimo do preposto. Princípio da razoabilidade. OJ n. 245 do TST. Em homenagem ao princípio da razoabilidade e considerando o informalismo que rege o processo trabalhista, o atraso justificado de 5 minutos do preposto, que adentrou na sala de audiência antes mesmo de finalizada a minuta da ata, não pode dar ensejo à penalidade da revelia, não se aplicando a redação rigorosa da OJ n. 245 da SDI I do C. TST ao caso. TRT 12ª Reg. Proc. 0000782-10.2016.5.12.0059 — (Ac. 1ª Câmara) — Rel. Wanderley Godoy Junior. Data de Assinatura: 9.5.2018. (BJ do TRT da 12ª Reg., 1º a 10.5.2018).

Ementa: Recurso ordinário da ré. Ausência do preposto na audiência de instrução. Justificativa demonstrada. Nulidade da sentença e necessidade de reabertura da instrução processual. Cabe à ré o ônus de provar a impossibilidade de comparecimento do preposto na audiência, de forma a justificar a remarcação da sessão anteriormente designada (Súmula n. 122 do TST). No caso, os documentos juntados pela ré demonstraram a impossibilidade de deslocamento do seu preposto até a audiência realizada em outra cidade, devido ao ato de terceiro que impediu o acesso pela estrada da fazenda. Desse modo e sendo incontestes os prejuízos que a demandada teve em decorrência do reconhecimento de sua confissão ficta oriunda da ausência do preposto na audiência, torna-se imperioso declarar a nulidade da sentença e determinar a reabertura da instrução processual, com a produção das provas testemunhais pelas partes e prolação de nova decisão. Recurso ordinário da ré provido. TRT 23ª Reg. Proc. 0000088-17.2017.5.23.0086 (RO) — (Ac. 1ª T., j. 24.4.2018) — Rel. Paulo Roberto Brescovici.

Ementa: Audiência. Ausência da parte. Justo impedimento. Ainda que o atestado médico não declare expressamente a impossibilidade de locomoção, é justificada a ausência da parte à audiência se ela atestadamente necessitava de repouso ou estava impossibilitada de exercer suas atividades no dia designado. TRT 18ª Reg. ROPS-0011252-28.2015.5.18.0008 — (Ac. 3ª T.) — Rel. Mario Sergio Bottazzo. DEJT/TRT 18ª n. 1.951/16, 6.4.2016, p. 322.

Ementa: Pregão inaudível — Ausência de prova — Confissão mantida. Cumpre às partes observar rigorosamente o horário designado para o início da audiência, sob pena de sofrer os efeitos da confissão ficta. A prova de irregularidade no pregão cabe à parte que a alega. TRT 24ª Reg. n. 0025892-11.2014.5.24.0006 (ROPS) — (Ac. 1ª T.) — Rel. Des. Nicanor de Araújo Lima. DEJT/TRT 24ª Reg. n. 1.950/16, 5.4.2016, p. 267-8.

Ementa: Nulidade processual. Cerceamento de defesa. Comparecimento do réu com atraso, mas no decorrer da audiência inicial. O atraso do réu no comparecimento à audiência inicial é insignificante perante a gravidade da revelia e da confissão ficta, ferindo os princípios da proporcionalidade e da razoabilidade, mormente quando pontualmente presente o seu advogado, munido de contestação. TRT 12ª Reg. RO 0001068-41.2013.5.12.0043 — (Ac. 2ª T., 6.5.2015) — Relª Juíza Mari Eleda Migliorini. TRT-SC/DOE 20.5.2015. Data de Publ. 21.5.2015.

Ementa: Audiência inaugural. Ausência da reclamada. Alegado defeito no sistema de som. Presença reclamante. Consequências. Comparecendo o reclamante à hora designada para a audiência inaugural, não há razão para supor que apenas a parte contrária não tenha ouvido ao pregão em virtude do suposto defeito no sistema de som. Recurso conhecido e provido. TRT 10ª Reg. RO-0001980-76.2013.5.10.0016 — (Ac. 3ª T.) — Rel. Juiz Paulo Henrique Blair. DEJT/TRT 10ª Reg. n. 1.627/14, 18.12.2014, p. 90-1.

Ementa: Audiência inicial. Antecipação do horário marcado. Revelia decretada. Nulidade da sentença. Ocorrência. A conduta da demandada que deixa de comparecer à audiência, embora regularmente notificada para tanto, enseja, em regra, o reconhecimento da revelia, que tem por corolário a confissão quanto à matéria fática, consoante disposto no art. 844 da CLT. Entrementes, o caso em testilha não merece tal solução por singela razão: a audiência foi iniciada antes do horário marcado, tendo o pregão correlato sido realizado apenas uma vez, de acordo com o que consta na ata respectiva. Neste contexto fático, revela-se violada a garantia constitucional da ré ao contraditório e ampla defesa, haja vista a inesperada antecipação da audiência inicial, impossibilitando que a parte se fizesse presente, o que caracteriza o cerceio de defesa e justifica a nulidade do ato, o que ora se declara. Recurso da ré ao qual se dá provimento. TRT 23ª Reg. Proc. 0000288-63.2014.5.23.0107 (RO) — (Ac. 2ª T.) — Relª Maria Beatriz Theodoro Gomes. DEJT/TRT 23ª Reg. n. 1.556/14, 10.9.2014, p. 156. (*LTr Sup. Jurisp.* 46/2014, p. 368).

Ementa: Audiência. Atraso. Comparecimento do preposto antes da primeira proposta conciliatória. Revelia e confissão insubsistentes. Como regra, a impontualidade é reveladora de imprevidência e descaso, incompatíveis no trato com as questões trazidas a Juízo. Litigantes, patronos e testemunhas não podem jogar com a sorte, fiando-se no costumeiro atraso dos pregões, ou deixando para cima da hora o deslocamento para as Varas, sem levar em conta as conhecidas dificuldades do trânsito e carência de meios regulares de transporte, além do porte monumental do Fórum Ruy Barbosa, que faz demorado até o deslocamento já dentro das dependências da primeira instância nesta capital. Desse modo, é imprescindível a saída para o fórum com bastante antecedência, já que atrasos, e até mesmo ausências, só serão relevados por motivos ponderosos e em caráter excepcionalíssimo, eis que a regra prevalente é a obrigatoriedade da presença no horário aprazado. Feitas estas ressalvas, encontramos, no caso, situação excepcional que justifica solução mais flexível. É certo que ausente o preposto à sessão de audiência, a simples presença do advogado, ainda que munido de procuração e portando defesa, não ilide a revelia e a consequente confissão ficta (Súmula n. 122 do C. TST).Todavia, na situação contextualizada, estando presente o advogado com mandato e defesa ao início dos trabalhos, e ocorrendo a seguir (12 minutos) o comparecimento do preposto com a respectiva carta (ata de fl. 44), antes mesmo de formulada a primeira proposta conciliatória, não é razoável afirmar que inexistiu por parte da reclamada o ânimo de se defender. Aqui é preciso temperar o rigor na administração do processo pelo magistrado, compatibilizando-o com o princípio da razoabilidade e a garantia constitucional do devido processo legal. Com efeito, fere a razão e consequentemente o direito, que se declare ausente, e assim, revel e confessa, a parte que se apresenta poucos minutos após o início dos trabalhos. A meu sentir, *in casu* não ocorreram nem a revelia, nem a confissão. E ainda que assim não fosse, de qualquer forma a confissão ficta restaria elidida pelas provas já existentes nos autos. Recurso patronal parcialmente provido. TRT 2ª Reg. (SP) Proc. 00020450220135020014 RS — (Ac. 4ª T. 20140484935) — Rel. Ricardo Artur Costa e Trigueiros. DOe/TRT 2ª Reg., 27.6.2014, p. 229. (*LTr Sup. Jurisp*. 33/2014, p. 264).

Ementa: Revelia — Atraso advindo de fato imprevisível e extremo — dificuldades que se devem presumir — Critério da razoabilidade. — Se o advogado comparece à audiência com ligeiro atraso, cerca de cinco a oito minutos, e imediatamente após a sua realização exibe documentos comprobatórios de que uma sócia da empresa faleceu no mesmo dia, afigura-se razoável a anulação da r. sentença, a fim de que outra seja designada, para que à parte seja concedida a oportunidade de comparecimento, de apresentação de defesa e acompanhamento do processo em todos os seu demais atos, até final sentença. TRT 3ª Reg. RO 00073-2008-007-03-00-5 — (Ac. 4ª T.) — Rel. Des. Luiz Otavio Linhares Renault. DJMG 12.7.2008, p. 6.

Ementa: Atraso na audiência. Novo pregão. Apresentação de defesa. Confissão decretada. Impertinência. Ante o atraso inicial da parte ré, o magistrado realizou novo pregão e, uma vez que houve atendimento ao chamamento do Estado Juiz, não se pode simplesmente desconsiderar a defesa apresentada, sob pena de malferimento das pilastras mestras do devido processo legal e, por consequência, do Estado Democrático de Direito, quais sejam: o contraditório e ampla defesa. Apelo da ré ao qual se dá provimento. ... TRT 23ª Reg. RO 0000528-44.2012.5.23.0003 — (Ac. 2ª T. Sessão: 0004/2013) — Relª Desª Beatriz Theodoro. DJe/TRT 23ª Reg. n. 1.182/13, 11.3.2013, p. 16.

Ementa: confissão ficta — Atestado médico — Requisito de validade — impossibilidade de locomoção — Súmula n. 122 do TST. A exegese do art. 844 da CLT permite concluir que, se consta da notificação da parte indicação expressa do local, dia e hora de realização da audiência, então, a sua ausência somente se justifica diante da relevância do fato impeditivo do comparecimento, ou seja, para afastar a confissão ficta, deve ser comprovada a impossibilidade de locomoção. Inteligência da Súmula n. 122 do TST. Recurso de revista conhecido e provido. TST-RR-47400-84.2008.5.03.0110 — (Ac. 2ª T.) — Rel. Min. Luiz Philippe Vieira de Mello Filho. DJe/TST n. 1.157/13, 31.1.2013, p. 548.

Ementa: Preliminar de cerceamento de defesa. Ausência justificada do empregador à audiência inaugural. Caso fortuito. Evidente a exiguidade de tempo entre o acidente ocorrido e o horário designado da audiência a impossibilitar o comparecimento do preposto. Tanto mais, considerando-se a distância do local do acidente e a da Vara do Trabalho. Também impossível, dadas as mesmas circunstâncias, a substituição oportuna daquele preposto. Assim, tenho por justificada a ausência da reclamada à audiência inaugural em face do caso fortuito comprovado. Recurso conhecido e acolhida a preliminar de cerceamento de defesa. Prejudicado o exame das demais matérias recursais. TRT 10ª Reg. RO-1855-15.2011.5.10.0005 — (Ac. 3ª T.) — Relª Márcia Mazoni Cúrcio Ribeiro. DJe/TRT 10ª Reg. n. 1.034/12, 2.8.2012, p. 305.

Ementa: Nulidade da audiência de instrução — Partes não ouviram o pregão — Nem a reclamante e nem o reclamado, embora ambos presentes no saguão da MM. Vara, se fizeram presentes quando da abertura da audiência. Ambas as partes adentraram na sala da audiência 1 minuto após seu encerramento. Soma-se a tais fatos, a máxima de experiência de que os saguões das Varas costumam ser muito barulhentos e o sistema de som utilizado não é eficaz o bastante para ser inequívoco, dados que dificultam ouvir o nome das partes apregoadas. Do panorama traçado, vislumbro efetiva nulidade da audiência de instrução, por cerceamento de defesa. Impositiva a reabertura da instrução processual para oitiva das partes e produção das demais provas que entenderem necessárias e, consequente, prolação de nova sentença. TRT RO-769-35.2011.5.09.0652 — (Ac. 1ª T.) — Rel. Cássio Colombo Filho. DJe/TRT 9ª Reg. n. 1.114/12, 29.11.2012, p. 407.

Ementa: Confissão ficta. Atraso no comparecimento à audiência. Ponderação a ser realizada no caso concreto. Ausência de nulidade. Não há previsão legal para tolerância relativamente ao horário de comparecimento da parte na audiência, ainda mais quando verificada a correta entrega da notificação postal. Inequívoco o atraso da ré, uma vez que, iniciada a audiência com atraso de 9 minutos, a ré apenas chegou quando o juiz já estava no tópico 13º da inquirição do autor. Logo, pode-se concluir, de forma razoável, e considerando os depoimentos colhidos, que houve atraso de cerca de 20 minutos. No caso, correta a aplicação das penas aplicadas quanto à matéria de fato, nos termos dos arts. 815 e 844 da CLT. Nesse sentido é o teor da OJ n. 245 da SDI-I do C. TST. Desta forma, irrefutável a aplicação da pena de confissão quanto à matéria de fato e veracidade dos fatos narrados na defesa, desde que não gravitem na órbita jurídica, nem contrariem prova circunstancial produzida nos autos, com fulcro no art. 844, *caput,* da CLT. Ressalte-se que — ainda que se entenda que revelia não pode ser objetivo da Justiça, tratando-se de mera decorrência de ausência de ânimo de defesa por parte do réu e não de armadilha à espreita do mesmo — no caso, houve um atraso intolerável (de 20 minutos) com caracterização de erro da empresa em comunicar seu patrono da alteração do horário da audiência. Logo, ainda que o fim primeiro da jurisdição seja a solução da lide, sendo garantia constitucional de qualquer país o direito de defender-se, o atraso ocorrido na hipótese não pode ser tolerado, sob pena de procrastinação do feito e de deixar margem para manobras protelatórias da empresa. Nesse sentido, colhe-se a tendência do entendimento do TST, em casos de atrasos em audiências, o qual tem considerado uma tolerância de poucos minutos, conforme orientação do Juiz da instrução. Portanto, considerando, o r. julgador, que já havia passado o momento de fixação do contraditório, bem como que o atraso em questão não era justificável, não há nulidade a ser declarada. Recurso da ré ao qual se nega provimento. TRT 9ª Reg. RO-1154-14.2010.5.09.0459 (RO-1160/2010-459-09-00.3) — (Ac. 4ª T.) — Relª Sueli Gil El-Rafihi. DJe/TRT 9ª Reg. 854/11, 14.11.2011, p. 117.

Ementa: Pequeno atraso do preposto revelia nulidade. A revelia e os efeitos da confissão são soluções apresentadas em lei, para o réu relapso, omisso, negligente, desinteressado em se defender em juízo. Destina-se àquele que se furta ao chamamento judicial, revelando-se rebelde ou desidioso com o dever de revelar em juízo sua defesa. Nesse contexto, não se configura a revelia quando se constata pequeno atraso do preposto, que compareceu na sala de audiência quando essa ainda estava em curso e já recebida a defesa e os documentos que estavam de posse do procurador constituído. TRT 3ª Reg. RO 00978-2007-017-03-00-1 — (Ac. 7ª T.) — Relª Juíza Convocada Monica Sette Lopes. DJMG 8.5.2008, p. 18.

Ementa: Atraso da parte — comparecimento antes do término da audiência — revelia não caracterizada — princípio do contraditório. Arts. 5º, LV, da CF-88 e 844 da CLT: O princípio do contraditório é elemento essencial ao processo, que somente resta observado quando assegurado, tanto quanto possível, o direito da parte em defender-se, o que se concretiza, sobremaneira, com a apresentação de contestação. No caso concreto, em que o réu compareceu à audiência acompanhado de procurador, munido de defesa, resta evidente o ânimo de defesa, não restando este maculado pelo ingresso do preposto após o início da audiência. O atraso, de poucos minutos (8) — além de reduzido, não importou qualquer prejuízo direto ao autor, porquanto sequer o depoimento pessoal deste havia se iniciado. Assim, entre a prevalência de princípio fundamental de direito qual seja, o contraditório, por meio do qual pode-se alcançar a almejada verdade real e não somente a presunção de veracidade advinda da confissão ficta — e a situação fática representada por pequeno atraso sem consequências para o desenrolar da lide, a opção, obviamente, deve ser pelo primeiro. Inaplicável, ainda, ao caso, a OJ n. 245 do C. TST, uma vez que não se trata, aqui, de hipótese de encerramento de audiência sem a tolerância de minutos de atraso, mas, sim, de caso em que o réu compareceu à audiência inicial durante o desenrolar desta, ou melhor, no início desta. Recurso a que se dá provimento, para se declarar a nulidade processual pretendida. TRT 9ª Reg. RO 14726-2006-651-09-00-6 — (Ac. 4ª T. 11092/08) — Relª Sueli Gil El-Rafihi. DJPR 11.4.2008, p. 769.

Ementa: Audiência. Atraso do Juiz e atraso entre uma audiência e outra. CLT, art. 815. Mesmo efeito jurídico. O atraso do Juiz à audiência e o atraso entre uma audiência e outra geram o mesmo efeito jurídico, pois nem sempre as partes — principalmente seus advogados — podem ficar indefinidamente à espera que termine a audiência em andamento para iniciar-se a outra, até chegar a sua vez. A parte tem o direito de certificar o atraso e retirar-se, mediante consulta ao Juiz, não podendo, outrossim, ser punida com revelia ou confissão pelo simples fato de ter-se ausentado momentaneamente para atender necessidades fisiológicas. TRT 2ª Reg. RO

02002200506302008 — (Ac. 9ª T. 20080167610) — Rel. Luiz Edgar Ferraz de Oliveira. DOE/TRT 2ª Reg. 18.3.2008, p. 116-117.

Ementa: Nulidade. Ausência da parte na audiência para tomada de depoimento pessoal. Pena de confissão. Cerceamento do direito de comprovar a ocorrência de motivo de força maior alegado para a falta. Reconhecimento. Há nulidade processual por desrespeito às garantias do contraditório e da ampla defesa se a parte, considerada confessa por deixar de comparecer à audiência em que seria ouvida, é tolhida da justa oportunidade de comprovar, de forma plena, a ocorrência de motivo força maior que, como alega, a impediu de se apresentar regularmente ao chamamento do Juízo. TRT 15ª Reg. (Campinas/SP). 0102-2007-104-15-00-1 — (Ac. 19580/08-PATR, 4ª C.) — Rel. Luís Carlos Cândido Martins Sotero da Silva. DOE 18.4.2008, p. 33.

Ementa: Revelia. Nulidade da sentença. Cerceamento de defesa. Ausência da preposta da reclamada em razão de acidente de trânsito. Boletim de ocorrência. O Boletim de ocorrência apresentado à fl. 34 não é meio de prova capaz de elidir a revelia, vez que foi elaborado mediante declaração unilateral da parte, sem qualquer vistoria ou participação do órgão público competente no local do acidente de modo a atestar o evento que impediu o comparecimento da preposta à audiência designada. COMPENSAÇÃO ARGUIDA EM SEDE DE RECURSO ORDINÁRIO. Nos termos da Súmula n. 48 do TST e do art. 767 da CLT a compensação somente poderá ser arguida como matéria de defesa. Assim, diante da confissão e revelia da Reclamada encontra-se preclusa a alegação em sede de Recurso Ordinário. TRT 23ª Reg. RO 00609.2007.031.23.00-6 — (Ac. 2ª T.) — Relª Des. Leila Calvo. DJE/TRT 23ª R. n. 356/07, 9.11.2007, p. 23.

Ementa: Comprovado que o atraso do preposto à audiência foi motivado pela tempestade que assolou a Cidade do Rio de Janeiro, interditando as principais artérias da Cidade, a revelia deve ser elidida, eis que não houve contumácia do réu, e sim impossibilidade de comparecimento à hora designada por acontecimentos alheios a sua vontade. TRT 1ª Reg. RO 00280-2005-041-01-00-9 — (Ac. 4ª T.) — Red. Desig. Desembargador Luiz Alfredo Mafra Lino. DJRJ 5.9.2006, p. 242-43.

Ementa: Confissão. Preposto que não comparece à audiência. Pouco importa a quantidade de empregados que a empresa tem. O fato é que o preposto que estava se encaminhando para a audiência com a missão representativa sofreu de impedimento, não podendo se locomover, e a exiguidade do tempo obstou a designação de substituto. Não há confissão. TRT 10ª Reg. ROPS 00260-2005-011-10-00-7 — (Ac. 1ª T./05) — Relª Juíza Elke Doris Just. DJU3 26.8.2005, p. 19.

CAPÍTULO X

O PREPOSTO E A AUSÊNCIA POR MOTIVO DE TRÂNSITO OU PROBLEMAS NO PERCURSO ATÉ A SEDE DA JUSTIÇA DO TRABALHO

Em todos os manuais sobre rotinas trabalhistas, na parte que se refere ao preposto, há a recomendação no sentido de que ele deve dirigir-se para a audiência com antecedência de, no mínimo, uma hora.

José Serson, na sua consagrada obra sobre rotinas trabalhistas, afirmava que "O *preposto* deve ser pontual, ou melhor, deve chegar pelos menos uma hora antes da fixada para a audiência. Não obstante haja atrasos, em certos dias, em uma outra Junta, pode ocorrer que a audiência da empresa não esteja atrasada, sendo as partes apregoadas na hora certa. O atraso do preposto será tido como revelia (ou rebeldia) e a empresa sofrerá a pena de confissão (que praticamente lhe causa a perda do processo, eis que torna verdadeiros os fatos alegados pelo reclamante). A existência de julgados acolhendo a tese da 'vontade de se defender' não deve motivar atrasos porque é grande a quantidade de decisões mantendo a revelia"[46].

Também Roni Genicolo Garcia recomenda que o preposto deve ir à audiência com razoável antecedência e acrescenta ainda que "deve apresentar-se ao advogado da empresa, relatando-lhe o que sabe a respeito da ação, das testemunhas vindas pela reclamada e da eventual presença das testemunhas do reclamante"[47].

Na atualidade, dependendo da região em que a empresa se situa, principalmente nas grandes cidades, a cautela deve ser redobrada, em virtude da existência dos congestionamentos de veículos no trânsito, que se agrava a cada ano,

46 SERSON, José. *Curso de rotinas trabalhistas*. Atualizada por Annibal Fernandes. 37. ed. São Paulo: Revista dos Tribunais, 1997. p. 362.

47 GARCIA, Roni Genicolo. *Manual de rotinas trabalhistas* – problemas práticos na atuação diária. 10. ed. São Paulo: Gen/Atlas, 2017. p. 200.

apesar das medidas tomadas pelo Poder Público. Afora isso, temos a incidência de chuvas intensivas em determinada época do ano, que levam ao alagamento e ao consequente congestionamento do trânsito, dificultando a locomoção das pessoas. O preposto não escapa desses problemas que afligem as pessoas que precisam se locomover em cidades grandes.

Por essa razão, Emílio Gonçalves dizia que "é frequente, entretanto, verificar-se o não comparecimento de um ou outro litigante, em decorrência de fatores de ordem física que o impediram de chegar ao Tribunal ou fizeram-no chegar com atraso à audiência. Entre esses fatores há um que ocorre com frequência: o da impossibilidade de atender ao pregão da audiência ou o comparecimento a destempo, em virtude do congestionamento do trânsito, principalmente nas grandes cidades. Constitui, aliás, verdadeiro paradoxo da civilização o que vem ocorrendo nos últimos tempos. Inventaram-se os veículos automotores para diminuir as distâncias e acelerar o tempo de locomoção; entretanto, centenas de ônibus e milhares de automóveis que trafegam nas ruas das grandes cidades provocam o congestionamento do trânsito. Não sem razão já se fez 'blague' a respeito do fato, afirmando-se em tom irônico que 'a hora de maior trânsito e aquela em que o trânsito não anda!'"[48].

Outros problemas também podem acontecer em função do percurso até à Justiça do Trabalho, como a hipótese de troca de pneus do veículo condutor, acidentes no trânsito, podendo também ser enumerados outros casos semelhantes que surgem no cotidiano da vida e que trazem repercussão na locomoção de um lugar para outro.

Finalmente, é importante salientar que a ausência para o reclamante na audiência inaugural lhe acarreta apenas o arquivamento da reclamação, exigindo-se, no entanto, comprovação de motivo legalmente justificável, na forma do disposto no § 2º do art. 844:

> § 2º Na hipótese de ausência do reclamante, este será condenado ao pagamento das custas calculadas na forma do art. 789 desta Consolidação, ainda que beneficiário da justiça gratuita, salvo se comprovar, no prazo de quinze dias,

48 GONÇALVES, Emílio. Ob. cit., p. 63.

que a ausência ocorreu por motivo legalmente justificável. *(Incluído pela Lei n. 13.467, de 13.7.2017)*

O pagamento das custas processuais é condição para o ajuizamento de nova ação se não superado o direito à justiça gratuita, conforme preconiza o § 3º do art. 844 da CLT.

O reclamado não comparecendo à audiência e nem apresentado defesa e documentos terá a aplicação dos efeitos da revelia e da confissão quanto à matéria de fato, a teor do *caput* do art. 844 da CLT.

Reportamo-nos aos comentários do Capítulo VI que trata da Revelia.

Jurisprudência

Ementa: Agravo de instrumento em recurso de revista. Não comparecimento da parte reclamada à audiência. Acidente de trânsito. Motivo relevante demonstrado. Revelia. Não ocorrência. No caso dos autos, o advogado da parte reclamada compareceu, com defesa, à audiência inaugural, solicitando seu adiamento, uma vez que seu constituinte havia sofrido um acidente de trânsito na manhã do mesmo dia, o que o impossibilitou de comparecer em juízo. Com efeito, o Tribunal Regional do Trabalho, soberano na análise dos fatos e das provas (Súmula n. 126 do TST), analisando o conjunto probatório produzido sobre o caso, entendeu que o Boletim de Ocorrência apresentado pela parte reclamada foi suficiente a demonstrar o motivo relevante e justificador do adiamento da audiência. Ademais, o atraso na comprovação do acidente de trabalho, diante do caso apresentado, não é capaz de ensejar a aplicação dos efeitos da revelia, uma vez que se demonstrou a manifesta intenção da parte reclamada em contestar os pedidos autorais. Até porque cumpre ao magistrado envidar esforços na busca da verdade real, em consonância com o princípio da primazia da realidade sobre a forma. Nesses termos, o adiamento da audiência encontra assento no permissivo legal contido no art. 844, parágrafo único, da CLT, não sendo caso de aplicação dos efeitos da revelia. Agravo de Instrumento não provido. (Processo: AIRR 2044-80.2011.5.07.0003 Data de Julgamento: 22.10.2014, Relator Desembargador Convocado: Américo Bedê Freire, 6ª Turma, Data de Publicação: DEJT 24.10.2014).

Ementa: Revelia. Confissão ficta. Não merecem prosperar os argumentos expendidos pela ré para justificar seu atraso na audiência em que seria recebida a sua defesa. Não tendo agido com o zelo condizente à sua condição de parte na relação jurídico-processual, deverá suportar ela com as consequências previstas no art. 844 da CLT. TRT 12ª Reg. — RO-V-A-05699/00 — (Ac. 1ª T. 9875/00) — Rel. Juíza Gisele Pereira Alexandrino. DJSC 10.10.2000, p. 83.

Ementa: Revelia. Força maior. Não constitui motivo de força maior a ocorrência de obstrução de rodovia em razão de chuvas torrenciais quando, sabedor da existência das mesmas, o patrono e preposto, residindo em outra localidade, deslocam em tempo exíguo, insuficiente para chegarem no horário previsto. (TRT 3ª R. — 1ª T. — RO/8140/00 Rel. Juiz Maurílio Brasil — DJMG 10.3.2001, p. 12).

CAPÍTULO XI

PREPOSTO E A AUSÊNCIA POR MOTIVO DE DOENÇA

O não comparecimento do representante da empresa ou seu preposto acarreta a ela os efeitos da revelia e da confissão quanto à matéria de fato, a teor do art. 844 da CLT.

Entretanto, poderá acontecer de a pessoa hábil a representar a empresa na audiência esteja impossibilitada de comparecer por motivo de doença, hipótese em que poderá ser aplicada a regra do art. 844 da CLT, que permite ao juiz suspender a audiência, com designação de nova data.

O art. 843 da CLT fala em motivo ponderoso[49] e este deve ser comprovado cabalmente, mesmo porque há doenças que não constituem motivo justificador de ausência e há outras que impedem a locomoção da pessoa.

A jurisprudência trabalhista tem acolhido a tese de que, uma vez comprovada a doença do reclamado ou do seu preposto, a audiência poderá ser adiada sem os efeitos da revelia e da confissão.

Cabe, no entanto, ressaltar que, por causa do abuso na utilização de atestado médico para justificar o não comparecimento à audiência e consequente adiamento, ou mesmo, depois da audiência, objetivando-se elidir os efeitos da revelia e da confissão quanto à matéria fática, os Tribunais Trabalhistas começaram a exigir que, no atestado médico passasse a ser indicada a doença, como também da impossibilidade de locomoção no dia e horário da audiência, sendo que essa exigência passou a ser disciplinada no Enunciado n. 122 do Colendo TST, nos seguintes termos:

49 "1. que tem peso; pesado 2. que tem importância; relevante 3. que merece ou é digno de atenção 4. que revela seriedade 5. que é convincente, que impressiona." HOUAISS. *Dicionário da língua portuguesa*. 1. ed. Rio de Janeiro: Objetiva, 2009. p. 2257. A respeito dessa expressão, veja o Capítulo IX.

Para elidir a revelia o atestado médico deve declarar expressamente a impossibilidade de locomoção do empregador ou seu preposto, no dia da audiência.

Analisando este Enunciado, José Luiz Ferreira Prunes afirma que o mesmo "por certo se deve ao fato de que os tribunais trabalhistas registram um número considerável de recursos em que o demandado, estribado em atestados médicos, procura elidir a revelia e suas consequências. A eventual doença do reclamado, como muitas outras causas de sua omissão, é apenas um fato. Mas este fato merece atenção especial pelo muito que se repete"[50].

E acrescenta ainda o Autor que "Há uma imensa casuística, mas a doença do demandado deve ser bem considerada como impedimento ponderoso. O indivíduo, quando falho de saúde, não pode praticar normalmente todos os atos de sua vida. Evidente que o grau de moléstia será fato sumamente importante, pois certos abalos de saúde não são suficientemente justificadores da ausência. Ao contrário, as doenças que exigem repouso ou permanência em seu domicílio ou hospital, forçosamente, deverão ser causa do adiamento da audiência para outro momento mais apropriado"[51].

Mais tarde, o Enunciado n. 122 foi transformado na Súmula n. 122, com a seguinte redação:

> *REVELIA. ATESTADO MÉDICO (incorporada a Orientação Jurisprudencial n. 74 da SBDI-1) — Res. n. 129/2005, DJ 20, 22 e 25.4.2005. A reclamada, ausente à audiência em que deveria apresentar defesa, é revel, ainda que presente seu advogado munido de procuração, podendo ser ilidida a revelia mediante a apresentação de atestado médico, que deverá declarar, expressamente, a impossibilidade de locomoção do empregador ou do seu preposto no dia da audiência.* (primeira parte — ex-OJ n. 74 da SBDI-1 — inserida em 25.11.1996; segunda parte — ex-Súmula n. 122 — alterada pela Res. n. 121/2003, DJ 21.11.2003)

50 PRUNES, José Luiz Ferreira. *Absenteísmo, revelia e confissão no direito brasileiro do trabalho*. 2. ed. São Paulo: LTr, 1999. p. 289.

51 *Ibidem*, p. 290.

Portanto, o atestado médico deverá conter a declaração da impossibilidade de locomoção do empregador ou de seu preposto no dia da audiência. Ainda, haverá a necessidade da comprovação de que a pessoa citada no atestado era realmente o preposto designado para representar o empregador, cuja comprovação só poderia decorrer da juntada da carta de preposição no dia audiência. Isso porque, em processo julgado pela SBDI do TST (Proc. E-ED-RR 1995/2001-049-01.00) o qual teve como relatora a Ministra Rosa Maria Weber, não foi reconhecida a justificativa da empresa, uma vez que "a 'carta de preposto' (documento indispensável para credenciar a pessoa que vai atuar no lugar do empregador nas audiências) só veio aos autos três meses e meio depois da audiência, juntamente com o atestado médico que justificaria sua ausência". Notícia publicada em 10.3.2009 no *site* do TST.

Há que ser considerado também que existem situações que devem ser analisadas com prudência pelo Juiz, mesmo porque o art. 843 da CLT, fala em faculdade de o demandado ser substituído por preposto. Depreende-se disso que, se não puder utilizar-se dessa faculdade, por motivo relevante, poderá requerer o adiamento da audiência, com a apresentação da devida justificativa que deve ser consentânea com a realidade que se apresenta.

Um exemplo encontrado na jurisprudência demonstra também que há situações em que a pessoa hábil a representar a empresa (sócio-gerente) está impedida de comparecer à audiência, o mesmo sucedendo com o outro sócio, impossibilitado de representá-la, por desconhecimento dos fatos, não participação na administração e que não tinha também obrigação de a representar. Falamos do acórdão da 4ª Turma do Eg. Tribunal Regional do Trabalho da Quarta Região, o qual recebeu o n. 3.842-6/96, tendo por Relatora a Juíza Belatrix Costa Prado, julgado em 2.7.1997, o qual tem a seguinte ementa:

> *Nulidade processual. Configuração. De acordo com o comando do § 1º do art. 843 da CLT, o empregador não está obrigado a nomear preposto quando o gerente está impossibilitado de comparecer à audiência, principalmente se o outro sócio, que não administra a empresa e que nem tem a obrigação de representá-la em Juízo, não tem conhecimento dos fatos. Revelia e pena de confissão que ficam elididas, declarando-se a nulidade do processo desde a audiência inaugural.*

Para compreensão da aludida ementa é importante ressaltar que o advogado da empresa compareceu à audiência apresentando atestado médico do sócio-gerente da reclamada, no qual estipulava a necessidade de repouso por cinco dias, alegando também que só ele tinha conhecimento dos fatos, razão pela qual a reclamada entendeu que a representação em juízo só poderia ser feita por ele. Destaca-se também a fundamentação da decisão, como segue:

> *O art. 843,* caput, *e § 1º da CLT, estabelece que as partes deverão comparecer pessoalmente à audiência, independentemente do comparecimento dos seus representantes, podendo o empregador fazer-se substituir pelo gerente ou qualquer outro preposto que tenha conhecimento dos fatos. Este dispositivo legal traz em si uma faculdade para o empregador, que consiste na escolha entre comparecer à audiência por meio do gerente ou outra pessoa que saiba dos fatos. Exsurge desse dispositivo legal que na impossibilidade do comparecimento do gerente, que no caso, indiscutivelmente era o Sr. Dirceu Daros, não está o empregador obrigado a mandar preposto à audiência, principalmente se o outro sócio, que não administra a empresa e que nem tem obrigação de representá-la em Juízo (CPC, art. 12, VI), não tem conhecimentos dos fatos e, ainda, os únicos dois empregados que possui, serão testemunhas no processo. O empregador não pode ser obrigado a designar um preposto, quando isto implica em lançar mão da prova oral que pretende produzir. Tal direito cerceia o direito de defesa à parte.*
>
> *Por todos estes fundamentos, a decretação da revelia e da imposição da pena da confissão à reclamada, importam em nulidade processual, na medida em que cerceada a defesa da mesma.*[52]

Entretanto, vale lembrar que a jurisprudência aponta outras situações que se assemelham à descrita acima, mas com o não acolhimento da justificativa apresentada pela empregadora.

A solução é sempre comparecer à audiência e, quando não, adotar todas as cautelas para que a alegação de ausência tenha justificativa plausível e que possa levar o juiz da causa a mudar a sua convicção.

52 *Jurisprudência brasileira trabalhista*, Curitiba: Juruá, v. 50, p. 201.

Conclui-se, assim, que a justificativa da ausência por motivo de doença deve ser amplamente comprovada perante a Justiça do Trabalho para não incidir nos efeitos da revelia e da confissão quanto à matéria de fato. Para tanto, recomenda-se que:

a) a carta de preposição deverá ser juntada nos autos no dia da audiência ou, quando muito, após a realização da audiência. Se não for adotada essa providência ficará a presunção de que houve a alteração da pessoa indicada como preposto, com a finalidade de criar uma situação que justifique o não comparecimento da empresa à audiência e afastar a revelia.

b) o atestado médico hábil para justificar a ausência por motivo de doença deverá apontar todos os elementos elucidativos, ou seja, dia e hora, bem como a comprovação de que o beneficiário do atestado médico era o preposto do Reclamado, como também que foi expedido no dia da audiência, para a comprovação da real extensão do infortúnio que impediu o comparecimento do preposto à audiência.

Jurisprudência

TST, Súmula n. 122 — REVELIA. ATESTADO MÉDICO (incorporada a Orientação Jurisprudencial n. 74 da SBDI-1) — Res. n. 129/2005, DJ 20, 22 e 25.4.2005. A reclamada, ausente à audiência em que deveria apresentar defesa, é revel, ainda que presente seu advogado munido de procuração, podendo ser ilidida a revelia mediante a apresentação de atestado médico, que deverá declarar, expressamente, a impossibilidade de locomoção do empregador ou do seu preposto no dia da audiência. (primeira parte — ex-OJ n. 74 da SBDI-1 — inserida em 25.11.1996; segunda parte — ex-Súmula n. 122 — alterada pela Res. n. 121/2003, DJ 21.11.2003).

Ementa: Revelia — Atestado médico — Hora do atendimento — Indicação — Necessidade. Segundo o art. 843 da CLT, "na audiência de julgamento deverão estar presentes o reclamante e o reclamado, independentemente do comparecimento de seus representantes...", sendo que, nos termos do art. 844 consolidado, "... o não comparecimento do reclamado, importa revelia, além de confissão quanto à matéria de fato". Depreende-se, portanto, que os dispositivos consolidados preveem as consequências decorrentes do não comparecimento do reclamado à audiência, cuja incidência somente se afasta ante a configuração de motivo relevante (CLT, art. 844, parágrafo único). A jurisprudência desta Corte, ante a generalidade do comando legal em questão, fixou, por meio da edição do Enunciado n. 122/TST, entendimento no sentido de que "para elidir a revelia o atestado médico deve declarar expressamente a impossibilidade de locomoção do empregador ou seu preposto, no dia da audiência". Embora o mencionado verbete sumular seja genérico, não aludindo à necessidade de, no atestado apresentado pela parte, constar a hora em que se deu o atendimento médico, cumpre salientar que referida exigência mostra-se plenamente razoável. Com efeito, se a parte, ao ser notificada para comparecer em audiência, tem conhecimento prévio do dia e hora marcados pelo Juízo (CLT, art. 841), certo é que no atestado médico por ela apresentado devem constar também estas mesmas informações, até mesmo para que se tenha por comprovada a real extensão do infortúnio que impediu o seu comparecimento à audiência. Embargos não conhecidos. (TST — SDI1 — E-RR n. 300162/96-5 — Rel. Min. Mílton de Moura França — DJ 17.12.1999 — p. 68).

Ementa: Ausência da reclamada à audiência de instrução. Aplicação da pena de confissão ficta. Atestado médico que não evidencia a impossibilidade de locomoção. Nos termos do art. 843 da CLT, o dever da parte de comparecer pessoalmente à audiência pode ser relevado "por motivo de doença ou outro motivo poderoso". Deste modo, caso comprovado o impedimento da parte em chegar até a sessão de audiência antecipadamente agendada, a pena de confissão ficta poderia ser relevada. Ocorre que, no caso em análise, não há elementos no atestado médico que acarretem na conclusão de que a representante da empregadora estava impossibilitada de comparecer à audiência, tal qual requer a Súmula n. 122 do TST. Portanto, não justificada a ausência da Reclamada à audiência de instrução, correta a sentença que lhe aplicou a pena de confissão ficta no tocante às matérias fáticas (Súmula n. 74 do TST). TRT 23ª Reg. Proc. RO 0000477-36.2017.5.23.0107 — (Ac. 1ª T.) — Rel. Des. Rel. Edson Bueno de Souza. Publ. 29.6.2018.

Ementa: Revelia — Atestado Médico — Preposto. Inexistência de contrariedade ao Enunciado n. 122/TST e não configuração de violação legal e constitucional. Incidência do Enunciado n. 296/TST. Embargos não conhecidos. TST-E-RR 345.189/1997.4 — (Ac. SBDI 1) — TRT 2ª Reg. — Rel. Min. Carlos Alberto Reis de Paula. DJU 4.5.2001, p. 364.

Ementa: Atestado médico. Revelia. A reclamada poderia ter mandado outra pessoa para a audiência, na condição de preposta, pois tem outros empregados. Ademais, nem mesmo o advogado que assina o recurso compareceu à audiência para apresentar defesa e elidir a revelia. O momento de se arguir qualquer problema com a preposta seria em audiência, quando o juiz poderia adiá-la e não em recurso. O atestado médico deveria ser juntado aos autos no máximo no dia seguinte à audiência, porém isso não foi feito, sendo juntado com o recurso. Não consta do atestado que a preposta estava impossibilitada de se locomover, mas que esteve em observação. Não se verifica do atestado se a preposta esteve ou não em um hospital, pronto socorro, clínica médica, nada. Não atende o atestado a disposição do En. n. 122 do TST. Não há nulidade da sentença. TRT 2ª Reg. RO 19990537065 — (Ac. 3ª 20000630289) — Rel. Juiz Sergio Pinto Martins. DJSP 12.12.2000, p. 110.

Ementa: Pena de confissão. Atestado médico sem indicação do CID, nem especificação do horário de atendimento médico ao preposto da reclamada, não serve, por si só, como elemento de convicção da impossibilidade de comparecimento à audiência de instrução, pois possível à reclamada credenciar outro empregado em substituição e, ainda mais, que nenhuma providência foi tomada para demonstrar o fato ao Juízo a quo. (TRT 3ª Reg. RO-3825/00 — (Ac. 2ª T.) — Rel. Juiz José Maria Caldeira — DJMG 2.8.2000, p. 15).

Ementa: Impossibilidade de comparecimento à audiência. Juntada de atestado médico após a sentença — Impossibilidade. Não se admite juntada de atestado médico para comprovar a impossibilidade de locomoção do empregador no dia designado para a audiência, em que deveria prestar depoimento pessoal, após a prolação da sentença, quando não demonstrado o justo impedimento de juntada em momento anterior. Inteligência do En. n. 8 c. TST. TRT 3ª Reg.-RO-8241/98 — (Ac. 4ª T.) — Relª Juíza Maria Cecília Alves Pinto. DJMG 30.1.1999, p. 18.

CAPÍTULO XII

PREPOSTO E O DEPOIMENTO PESSOAL

Quando se fala em depoimento pessoal é necessário ter presentes os arts. 848 da CLT e 385 do CPC/2015, os quais tratam sobre a matéria no campo processual.

O *caput* do art. 848 da CLT estabelece que, terminada defesa, poderá o juiz, *ex officio* ou a requerimento da parte, interrogar os litigantes, no caso, o reclamante ou o representante do empregador, se ele não for o próprio.

A expressão "podendo" do mencionado artigo é muito criticada não só na doutrina como na jurisprudência, porque dá ensejo ao entendimento de que em se tratando de matéria de prova, a oitiva das partes fica na esfera da faculdade do Juiz e não constitui cerceamento de defesa o seu indeferimento.

Sobre referido texto, Russomano afirma que:

> [...] a Consolidação está mal redigida. Não se pode negar o direito de um litigante tomar as declarações do litigante que se opõe às suas pretensões, para esclarecimento e fixação do debate. Não se lhe pode tolher a chance de arrancar, em juízo, a confissão da parte contrária. Dessa forma, tanto a parte quanto o seu procurador podem requerer o depoimento pessoal da parte contrária. Não será, nunca, possível o procurador do reclamante ou do reclamado solicitar o depoimento do seu próprio constituinte. As declarações, nesse caso, seriam inúteis. Tudo quanto o depoente declarasse não teria a menor significação para os seus interesses. Por economia processual, pois, não se admite que a parte requeira seu próprio depoimento.[53]

53 RUSSOMANO, Mozart Victor. *Comentários à consolidação das leis do trabalho.* 17. ed. Rio de Janeiro: Forense, 1997. v. I, p. 418.

No mesmo sentido, Valentin Carrion, quando afirma que

> O depoimento das partes é a mais pura e direta fonte de informação e convicção; o ônus da prova que pesa sobre cada uma das partes não pode depender da disposição do Juiz em ouvir ou não o adversário, e seu indeferimento constitui gravíssimo cerceamento de defesa.[54]

Por seu turno, o *caput* do art. 385 do CPC/15, estatui que "cabe à parte requerer o depoimento pessoal da outra parte, a fim de que esta seja interrogada na audiência de instrução e julgamento, sem prejuízo do poder do juiz de ordená-lo de ofício".

Não há dúvida de que o disposto no art. 385 do CPC/15 tem aplicação no processo do trabalho, não só por força do art. 769 da CLT, como também pelo disposto no art. 15 do CPC/15, que admite a aplicação do processo comum no processo do trabalho, de forma subsidiária e supletiva.

De qualquer forma, o preposto, como representante do empregador, só não prestará depoimento em audiência se a matéria for de direito, se houver dispensa pela parte contrária, ou quando o juiz entender desnecessário o seu depoimento.

E, quando houver o requerimento da parte adversa para o depoimento pessoal do preposto, havendo recusa por parte do juízo, sem qualquer justificativa plausível haverá possibilidade de ser declarada nula a sua decisão, em eventual recurso da decisão.

Lembramos que "Se a parte, pessoalmente intimada para prestar depoimento pessoal e advertida da pena de confesso, não comparecer ou, comparecendo se recusar a depor, aplicar-lhe-á a pena (§ 1º do art. 385, do CPC/15), o que já regulado no item I da Súmula n. 74 do TST, que dispõe que 'Aplica-se a confissão à parte que, expressamente intimada com aquela cominação, não comparecer à audiência em prosseguimento, na qual deveria depor'" (ex-Súmula n. 74 — RA n. 69/1978, DJ 26.9.1978).

54 CARRION, Valentin. *Comentários à CLT.* 43. ed. São Paulo: Saraiva, 2019. p. 757.

Quando ao disposto no § 2º do art. 385 do CPC/15, que dispõe que "É vedado a quem ainda não depôs assistir ao interrogatório da outra parte", será tratado no Capítulo XIV dessa obra.

Registre-se, também, que no § 3º do art. 385 do CPC/15, que trata sobre a possibilidade de o depoimento pessoal ser colhido por meio de videoconferência ou outro recurso tecnológico de transmissão de sons e imagens em tempo real, fica na dependência de regulamentação da Justiça do Trabalho por meio do Conselho Superior da Justiça do Trabalho.

O depoimento pessoal das partes é um direito que se afigura da mais alta importância no processo porque visa, acima de tudo, à confissão da parte que está depondo, consistindo isso na rainha das provas.

Nesse sentido, a seguinte decisão:

> ***Ementa: Depoimento pessoal.*** *O depoimento pessoal é instrumento para extração da confissão, não produzindo prova a favor da própria parte que presta informações, servindo apenas para demonstração de fatos de interesse do adversário processual ou do juízo.* TRT 2ª Reg. (SP) RO 1000626-16.2017.5.02.0037 — (Ac. 17ª T.) — Rel. Alvaro Alves Nôga. DEJT/TRT 2ª Reg. 2488/18, 4.6.2018, p. 20118.

Lembramos também que a confissão judicial se dá quando a parte ao depor confessa como verdadeiros os fatos alegados pela outra parte. Diante dessa situação não há mais controvérsia, a teor do que dispõe o art. 389 do CPC/2015.

A confissão que nos interessa é aquela que pode ser espontânea ou provocada, já que estamos tratando do preposto como depoente.

Espontânea é quando a própria parte confessa os fatos a ela imputados, que pode se verificar pelas respostas às perguntas formuladas pela parte adversa ou pelo juízo. Provocada, quando ocorre em virtude de questionamento em audiência pela parte adversa ou pelo juízo, ou seja, no interrogatório.

Conforme assinala Gustavo Filipe Barbosa Garcia "A confissão ficta também pode ocorrer quando a parte, sem motivo justificado, deixar de responder ao que lhe for perguntado ou empregar evasivas. Nesse caso, o juiz, apreciando as demais circunstâncias e os elementos de prova, deve declarar, na sentença, se houve recusa de depor (art. 386 do CPC de 2015)"[55]. Nesse sentido, a seguinte decisão:

> *Ementa: Recurso ordinário. Depoimento pessoal. Recusa em depor. Confissão. Não se traduz, em mero equívoco ou confusão da parte, declarações, em depoimento pessoal, diametralmente opostas às teses arguidas na inicial, na peça de defesa, ou, mesmo, na réplica, pelo que tem-se configurada a tentativa de subversão dos fatos, o que equivale a recusa em depor, circunstância que atrai a confissão ficta, conforme o art. 343, § 2º, e art. 345, ambos do CPC.* TRT 10ª Reg. RO-116-80.2011.5.10.0013 (Ac. 1ª T.) — Rel. Paulo Henrique Blair. DJe/TRT 10ª Reg. n. 856/11, 17.11.2011, p. 27.

Ressalte-se, também, que há controvérsia na doutrina a respeito do depoimento pessoal e do interrogatório, pois muitos autores admitem que os termos "interrogatório" e "depoimento pessoal" são designativos que se fundem num mesmo ato processual, sem qualquer distinção, enquanto outros entendem que são atos distintos.

Somos do entendimento de que é mais correta a interpretação que admite a existência de distinção entre os dois termos e as peculiaridades de cada situação. Ocorre que no depoimento pessoal se procura, acima de tudo, a confissão real com relação aos fatos imputados à parte que está depondo, portanto, dentro de um momento certo no processo no qual haverá a participação do Juiz e das partes.

No interrogatório, pode-se dizer que ele está mais adstrito ao poder diretivo do juiz, o qual, dependendo das circunstâncias do processo e havendo dúvidas na formação de sua convicção, ele poderá designar nova audiência, para a interrogação de uma das partes, ou ambas, para melhor decidir.

Aliás, sobre o tema, é elucidativa a explicação dada pelo Juiz Fábio Túlio Correia Ribeiro, quando afirma que:

> *[...] o interrogatório e o depoimento pessoal não se confundem. O primeiro, cuja providência é tomada pelo juiz de ofício, em qualquer fase do processo,*

55 GARCIA, Gustavo Filipe Barbosa. *CLT comentada de acordo com a reforma trabalhista.* 3. ed. São Paulo: Gen/Método, 2019. p. 1087.

destina-se a elucidar fatos da lide, esclarecendo-os. Com o segundo, por sua vez, aspira-se a alcançar a confissão da parte acerca de fatos controvertidos nos autos. O interrogatório é sempre uma providência que está na discrição do juiz, unicamente. O depoimento, já então, pode ser requerido pela parte ex-adversa. Em regra, o depoimento é tomado na audiência de instrução, sendo único; o interrogatório, como expressamente prevê o art. 342 do CPC, pode ser realizado em qualquer fase do processo e tantas vezes quantas sejam necessárias ao aclaramento de pontos obscuros na visão do juiz da causa. No interrogatório, apenas o juiz formula perguntas às partes. No depoimento, as partes têm o direito de formularem perguntas uma à outra, embora por meio do juiz.[56]

Assim, feita a distinção entre interrogatório e depoimento pessoal, temos que a maioria dos juízes tem por norma ouvir o reclamante e o reclamado em depoimento pessoal, mesmo que os seus patronos não tenham interesse em ouvi-los, já que, sem essa providência, em matéria nitidamente de fato, o processo não tem vida porque estar se considerando apenas o que está no papel (petição e defesa), sem possibilitar ainda a constatação de se saber se as testemunhas estarão mentindo ou não.

Poderá ocorrer de em determinado processo a desnecessidade da oitiva das partes ou mesmo das testemunhas quando se verifica que os documentos juntados aos autos são suficientes para elucidação do conflito.

Mas, na grande maioria dos processos se verifica a necessidade do depoimento das partes, notadamente quando o litígio versa sobre matéria de fato, portanto, de prova; citamos, como exemplo, o pleito de relação de emprego, jornada de trabalho, justa causa etc. A respeito, veja-se, a seguinte situação:

O reclamante, em seu depoimento pessoal, afirma que o seu intervalo para refeição era de uma hora e meia e na inicial está afirmado que o intervalo era de meia hora. A defesa aponta que o intervalo era de uma hora e meia e não havia anotação nos cartões de ponto para demonstrar a sua veracidade.

56 RIBEIRO, Fábio Túlio Correia. *Processo do trabalho básico* – da inicial a sentença. São Paulo: LTr, 1997. p. 188.

Se não ouvido o reclamante, e as suas testemunhas confirmassem que o intervalo era de meia hora, a reclamada, como não tinha testemunhas, seria condenada ao pagamento das horas extras na forma da inicial, ou seja de uma hora diária como horas extras.

Entretanto, com o depoimento do reclamante que confessa que o seu intervalo para repouso e alimentação era de uma hora e meia, contrariando, portanto, os termos da inicial, o que ficaria afastado a condenação da reclamada.

Aventamos outra hipótese em que, na inicial, está mencionado que o local em que o reclamante laborava era insalubre ou perigoso e com o depoimento do reclamante fica patente que nunca trabalhou no local questionado. Muitas vezes com o depoimento do reclamante já se elimina de pronto a determinação da perícia necessária para apuração de insalubridade ou periculosidade.

Poderíamos apontar outros exemplos que justificam a necessidade da oitiva das partes, mormente pelo fato de que, no tempo de Magistratura, não dispensamos o depoimento dos litigantes, em razão da sua importância para o processo, salvo em questão de direito. A respeito, é oportuna a transcrição de seguinte ementa do TST que versa sobre o assunto:

> *Cerceamento de defesa. Vínculo empregatício. Imprescindibilidade do depoimento das partes. Nulidade. Nos termos do art. 848 da CLT, no processo do trabalho, o depoimento pessoal dos litigantes é formalidade que se insere no âmbito da faculdade do julgador, ante o princípio do livre convencimento. No entanto, convém que o julgador somente o dispense se, por exemplo, já estiver convencido ante as provas produzidas nos autos, se a matéria fática não for controvertida, ou, ainda, se a matéria for somente de direito. Assim, a análise é feita caso a caso, sob pena de se cometerem equívocos, na medida em que a prova não é produzida apenas para o juízo do primeiro grau; o do segundo grau também necessita de prova amplamente produzida. Na hipótese, demonstrado o prejuízo que sofrera o reclamado com a dispensa do depoimento do reclamante, evidente o cerceamento de defesa. Recurso de Revista conhecido e provido.* TST-RR-680422/2000.1 (Ac. 5ª T.). — Rel. Min. João Batista Brito Pereira. DJU 14.9.2001, p. 588.

Frise-se que o depoimento pessoal é a inquirição que o juiz faz, a seu modo, ou a requerimento de cada parte presente à audiência, ou seja, reclamante e reclamado. E na oitiva do reclamante, o representante do empregador ou seu preposto sai da sala para não ouvir o depoimento da parte adversa, cuja questão tem motivado controvérsia a respeito e para sua análise destinamos um capítulo próprio (XIV).

Normalmente, o depoimento se inicia pelo reclamante (autor) que tem ônus da prova, mas pode haver inversão quando a discussão gira sobre justa causa em que o ônus da prova é do empregador.

A ordem de depoimento encontra apoio no art. 456 do CPC/2015, o qual preconiza que será ouvido, primeiramente, o autor e, em seguida, o reclamado, cuja prática tem sido adotada no processo do trabalho subsidiariamente, por força do art. 769 da CLT, e agora reforçado pelo art. 15 do CPC/2015. Entretanto, não será causa de nulidade, salvo se houver prejuízo manifesto, conforme veremos mais adiante.

As perguntas serão formuladas pelo juiz e pertinentes para a formação de sua convicção, cujas respostas serão reduzidas a termo, hoje, na forma do processo judicial eletrônico, já que a totalidade das Varas do Trabalho estão observando esse procedimento.

Depois de o Juiz ter feito a suas perguntas, ele passa a palavra ao advogado da parte contrária, no caso do reclamado, o qual fará as suas perguntas, essas por meio do Juiz, para que o preposto as responda, reduzindo-as a termo.

O Juiz também poderá iniciar com as perguntas formuladas pelo advogado da parte adversa e depois fazendo as suas perguntas.

Lembramos que as perguntas, no caso de depoimento pessoal, formuladas pelo advogado terão sempre como destinatárias a parte adversa para esclarecimento dos fatos que cercam à causa. Não pode, por exemplo, o advogado do reclamado fazer perguntas para serem respondidas pelo preposto, conforme já salientado alhures.

De notar-se também que o preposto não precisa ter presenciado os fatos litigiosos, já que poderão ser conhecidos de forma indireta e por vários meios: documentos, relatórios, informações de outros empregados, notadamente do superior do reclamante, se este permanecer em atividade na empresa, e ainda se precavendo em ter todas as informações que cercam a causa para o melhor desempenho em juízo.

É oportuna a lição de Roni Genicolo Garcia quando diz que:

> *O preposto deve ir para a audiência após ter estudado o caso, principalmente os conteúdos da petição inicial e da defesa, bem como os documentos nos autos, trazidos por autor e ré. Deve estar preparado para ter seu depoimento colhido e ter ciência que suas declarações obrigarão a empresa. Não deve responder que não sabe (a menos que efetivamente não tenha como saber o que lhe é perguntado) e não dizer que os fatos não são de seu tempo na empresa. A recusa em depor e a falta de resposta clara ensejam aplicação da pena de confissão (CPC, arts. 343, § 2º, e 345, respectivamente).*[57]

Também não há necessidade, como já vimos acima, de que o preposto tenha sido admitido antes do reclamante para funcionar como representante do empregador, conforme se infere pela seguinte decisão:

> *Ementa: Preposto. Admissão em data posterior ao encerramento do vínculo de emprego objeto da ação trabalhista. Exige a legislação, apenas, que o preposto seja sócio, diretor ou empregado da empresa, não havendo óbice, se aquele conhecer dos fatos, tenha sido admitido posteriormente ao encerramento do vínculo de emprego objeto da ação trabalhista ajuizada pelo empregado. Sobre a matéria, a Súmula n. 377 do TST não faz nenhuma ressalva quanto ao limite temporal do contrato de trabalho do preposto, sendo expressa, apenas, no sentido de que "...o preposto deve ser necessariamente empregado do reclamado".* TRT 12ª Reg. RO 0004583-31.2011.5.12.0051 — (Ac. 3ª T., 27.11.2012) — Rel. Juiz Gracio Ricardo Barboza Petrone. TRT-SC/DOE 6.12.2012. Data de Publ. 7.12.2012. (*Suplemento de Jurisprudência LTr*, 2013, n. 10/79)

Também em decisão do Egrégio TRT da 2ª Região, a reclamada foi considerada confessa, não pelo fato de o seu preposto ter sido admitido após a dispensa do reclamante, mas sim pelo desconhecimento dos fatos relacionados com a jornada de trabalho do demandante. A respeito, a seguinte decisão:

> *Ementa: JORNADA DE TRABALHO. CONFISSÃO. Nem se alegue que não pode ser considerada como confissão a declaração do preposto de que desconhecia a*

57 GARCIA, Roni Genicolo. *Manual de rotinas trabalhistas* – problemas práticos na atuação diária. 10. ed. São Paulo: Gen/Atlas, 2017. p. 341.

jornada obreira, posto que o mesmo adentrou no quadro societário da reclamada após a dispensa do reclamante, mesmo porque, a teor do art. 843, § 1º da CLT, incumbia ao preposto da reclamada manifestar-se a respeito dos fatos alegados na inicial, com conhecimento dos fatos. Ao alegar desconhecimento, acabou por confessar e reconhecer os fatos alegados na inicial. TRT 2ª Reg. (SP) — Proc. 00000566320135020077 RO — (Ac. 11ª T. 20140122294) — Rel. Odette Silveira. DOe/TRT 2ª Reg., 25.2.2014, p. 198. (*Suplemento de Jurisprudência LTr*, n. 19/14, 2014)

Aliás, essa decisão acima é um alerta para os empregadores na escolha do preposto, o qual os representa em audiência trabalhista e tudo que disser será reconhecido como se fosse do próprio empregador.

Lembramos que o depoimento do preposto contrário à prova documental pode importar em confissão real. A verdade formal, com suporte em provas documentais, cede certeza em função da confissão do réu que confessa fatos que são desfavoráveis ao representado.

O preposto deve comportar-se bem na audiência, não só quando está fazendo o seu depoimento, mas também quando o juiz estiver ouvindo o reclamante e as suas testemunhas.

Já tivemos a oportunidade de enfrentar situações em que, ouvindo as testemunhas do reclamante, a cada momento o preposto se insurgia, às vezes, com ironia e dando a entender que a testemunha estaria faltando com a verdade.

O juiz, em caso como este, tem o poder de determinar que o preposto saia da sala da audiência em virtude de comportando inadequado, mesmo porque já teria feito o seu depoimento. Em caso de necessidade de interrogá-lo para eventual esclarecimento sobre fatos do processo ele será chamado para tanto.

De outra parte, se o juiz, dentro do seu poder diretivo, entender mais conveniente a oitiva do reclamado antes do reclamante, o seu ato não poderá ser considerado nulo, conforme a seguinte decisão:

Não há falar em nulidade processual quando o juiz, na instrução do processo, ouve a reclamada antes de colher o depoimento do reclamante. O art. 848 da CLT, com a redação que lhe foi dada pela Lei n. 9.022/95, dispõe apenas que, terminada a defesa, seguir-se-á a instrução do processo, podendo o presidente, ex officio *ou a requerimento de qualquer juiz temporário, interrogar os litigantes. É incompatível com o processo do trabalho, a parte final, o art. 452, II, do CPC, que impõe a observância de uma ordem na tomada dos depoimentos das partes. Arguição de nulidade que se rejeita.* TRT 24ª Reg. RO 0149/99, Ac. TP 776/99, j. 7.4.1999, Rel. Juiz Márcio Eurico Vitral Amaro, *LTr* 63-10/1395.

Registre-se, que o juiz, poderá, de ofício, portanto sem a provocação das partes e, em qualquer fase do processo, mas antes do julgamento do feito, determinar o comparecimento pessoal das partes, ou das testemunhas, a fim de interrogá-las sobre os fatos da causa que precisam de melhores esclarecimentos para eventual formação da sua convicção.

Aliás, como magistrado, tivemos caso em que designamos audiência por provocação do reclamado em razões finais, tão somente para oitiva de testemunha que deu depoimento totalmente contrário daquele produzido no processo que foi parte, o que poderia caracterizar crime de falso testemunho. Na audiência, a testemunha se retratou diante da contradição manifesta. Ou seja, no processo em que era reclamante declinou uma jornada inferior à indicada como testemunha, de forma que o seu depoimento foi tendencioso para ajudar o seu colega reclamante e consequentemente não poderia ser utilizado como prova idônea para o deslinde do processo.

O preposto deve comparecer à audiência sempre com antecedência ao horário da realização da audiência, munido de carta de preposição, atendo--se às informações sobre a causa e antevendo as possíveis perguntas que por certo serão feitas na instrução processual. Para isso deverá ter conhecimento de todos os fatos levados a Juízo para que possa responder satisfatoriamente a todas as perguntas que lhe serão feitas, conforme já enfatizado acima.

Recomendamos também que, depois da audiência verifique se as testemunhas ou mesmo o reclamante fizeram parte de outros processos, como parte ou testemunhas e, caso os seus depoimentos tenham sido totalmente divergentes ao feito no processo em que participaram como testemunha, leve ao conhecimento do advogado que defendeu o empregador para possível juntada ao processo em andamento antes do julgamento.

Como magistrado enfrentamos caso similar. A juntada de depoimento feita pela testemunha, pelo reclamado, em razões finais, de outro processo em que ela era parte, e que, confrontado com o seu depoimento na condição de testemunha, estava a indicar possível crime de falso testemunho. Nesse caso, convertido o julgamento em diligência, a testemunha se retratou e assim evitando o encaminhamento de ofício ao Ministério Público Federal, para possível inquérito por crime de falso testemunho. Agimos na forma aventada em respeito à dignidade da justiça que deve prevalecer para se ter uma decisão justa.

Jurisprudência

Ementa: Preposto. Consulta a anotações. Possibilidade. Permissão do juiz. Inexistência de confissão. Na forma dos arts. 843 e parágrafo primeiro da CLT e 346 do CPC, a consulta, pelo preposto, de simples notas sobre os detalhes da atuação do reclamante não implica o reconhecimento da confissão fictícia. Recurso do reclamante não provido neste tópico. TRT 15ª Reg. (Campinas/SP) RO-0001143-56.2014.5.15.0045 — (Ac. n. 9434/2016-PATR, 4ª C.) — Relª Eleonora Bordini Coca. DEJT/TRT n. 1.952/16, 7.4.2016, p. 694.

Ementa: Depoimento pessoal. Intimação por advogado. Pena de confissão. Impossibilidade. O depoimento pessoal é meio fundamental de prova, tem a finalidade de obter a confissão da parte, mas, também, é inegável meio de defesa. A Consolidação das Leis do Trabalho não prevê especificamente a forma pela qual deve ocorrer a intimação da parte para a audiência em que deveria prestar depoimento. Na falta de norma específica, aplica-se o disposto no Código de Processo Civil (art. 343, § 1º). Assim, irrelevante o fato de o advogado ter sido intimado, ou de haver manifestação da parte após a intimação. Na falta de intimação pessoal, deve ser reconhecida a nulidade absoluta. TRT 17ª Reg. RO-0064200-48.2013.5.17.0006 — (Ac. 2ª T.) — Rel. Des. Marcello Maciel Mancilha. DEJT/TRT 17ª Reg. n. 1.934/16, 9.3.2016, p. 86.

Ementa: Cerceamento de defesa. Confissão ficta do preposto. Oitiva da parte autora. Descabimento. Considerada a ausência do Preposto do Reclamado na audiência em que deveria depor e, consequentemente, a aplicação da confissão ficta, desnecessária a posterior produção de provas, não configurando cerceamento de defesa o indeferimento de oitiva da parte Autora. Nesse sentido, o item II da Súmula n. 74 do E. TST: "A prova pré-constituída nos autos pode ser levada em conta para confronto com a confissão ficta (art. 400, I, CPC), não implicando cerceamento de defesa o indeferimento de provas posteriores". A confissão ficta só pode ser elidida por intermédio da prova pré-constituída nos autos. Assim, o indeferimento da oitiva da parte autora após a configuração da confissão ficta do Reclamado, não caracteriza cerceamento de defesa, nos termos do verbete jurisprudencial acima transcrito. Recurso a que se nega provimento. TRT 9ª Reg. RO-0001418-36.2013.5.09.0003 — (Ac. 5ª T.) — Rel. Sergio Guimarães Sampaio. DEJT/TRT 9ª Reg. n. 1.920/16, 18.2.2016, p. 156.

Ementa: Cerceamento probatório não configurado. Depoimento da reclamante como testemunha em outro processo. Confissão. Efeitos. Não configura cerceamento probatório o indeferimento de oitiva de testemunhas com vistas a comprovar jornada de trabalho uma vez que o Julgador considerou a confissão expressa da Reclamante como testemunha em outro processo, quando afirmou que sua jornada não ultrapassava a oitava diária. Não pode ser chancelada pelo Judiciário a conduta da Reclamante de declarar determinada circunstância em juízo e, devido a sua conveniência e a seus isolados interesses, declarar a mesma circunstância de forma diversa. A Reclamante, ao testemunhar, fez compromisso de falar a verdade; não pode agora, em ferimento à boa-fé, dizer coisa diversa porque lhe convém. Assim, tendo havido confissão da Autora acerca de sua jornada, não há falar em necessidade de oitiva de testemunhas. Inteligência dos arts. 130, 131, 334, II, do CPC. TRT 10ª Reg. RO-0002372-71.2012.5.10.0009 — (Ac. 1ª T.) — Relª Desª Flávia Simões Falcão. DEJT/TRT 10ª Reg. n. 1.863/15, 26.11.2015, p. 70.

Ementa: Recurso ordinário empresarial. Dispensa do depoimento das partes. Nulidade inocorrente. O art. 848 da CLT faculta ao Juízo a oitiva das partes, não se configurando nulidade a dispensa de ouvida de qualquer delas. De acordo com o que rezam o art. 765 da CLT e o art. 130 do CPC, de aplicação permitida pelo art. 769 da CLT, o Juízo fez valer sua liberdade na condução do processo, velando pela rápida solução do litígio e indeferindo atos e diligências desnecessários. A dispensa não violou o direito ao contraditório e à ampla defesa de qualquer das partes, imprimindo máxima efetividade ao preceito constitucional da razoável duração do processo (art. 5º, inciso LXXVIII, da Constituição da República). Nulidade inexistente. Preliminar rejeitada. TRT 6ª Reg. Proc. 0000154-37.2014.5.06.0001 (RO) — (Ac. 2ª T.) — Relª Desª Eneida Melo Correia de Araújo. DEJT/TRT 6ª Reg. n. 1.849/15, 6.11.2015, p. 133.

Ementa: Recurso ordinário. Impedimento de formulação de perguntas ao preposto. Cerceamento de defesa. O fato da parte não produzir prova testemunhal não é motivo para se negar o direito de fazer perguntas à parte adversa. Torna-se ainda mais necessária a realização desses questionamentos, uma vez que, por meio deles, poderá a parte se desincumbir do ônus da prova que lhe incumbia. Situação que caracteriza o desrespeito ao devido processo legal trabalhista e cerceamento do direito constitucional ao contraditório e à ampla defesa, pois, a parte ficaria tolhida de produzir provas interessantes à demonstração de sua tese. TRT 6ª Reg. Proc. n. 0001010-47.2013.5.06.0191 (RO) — (Ac. 2ª T.) — Rel. Des. Paulo Alcântara. DEJT/TRT 6ª Reg. n. 1.783/15, 3.8.2015, p. 509.

Ementa: Cerceamento do direito de defesa. Depoimento pessoal. Matéria de fato controvertida. Direito da parte. Impossibilidade de indeferimento pelo magistrado. Não se pode olvidar que o Juiz é quem dirige o processo, podendo indeferir as provas que entender desnecessárias, bem como, analisá-las livremente. Entretanto, deverá indicar os motivos que lhe convenceram. Nesse sentido, no indeferimento da prova, o Julgador tem que observar, não somente o seu convencimento pessoal, mas, sim, se na Instância Superior haverá elementos suficientes à análise dos fatos narrados pelas partes nos autos, sob pena de verdadeiro cerceio do direito de defesa. Tal imposição, decorre dos fatos componentes da causa de pedir, pois vinculam o Julgador, devendo dar às partes a oportunidade de produzir as provas efetivamente necessárias, que serão objeto de livre apreciação, sob pena de violação ao Princípio Dispositivo. Nesse sentido, o depoimento pessoal das partes, no processo trabalhista, possui a finalidade de extração de fatos relevantes ao deslinde das questões trazidas à apreciação do Judiciário. Quando a parte admite fato contrário ao seu interesse, espontaneamente, ou de forma provocada, ocorre a confissão real, que se sobrepõe aos demais elementos de prova dos autos, inclusive, vinculando o Julgador aos seus termos para a solução da lide. Entretanto, entendo que em raros casos o magistrado pode dispensar o depoimento pessoal, não deixando de lado que se trata de um direito das partes e não mera faculdade do juiz, como ocorre quando a matéria é exclusivamente de direito ou as provas dos autos são suficientes ao deslinde da questão e não somente ao convencimento do magistrado. Na hipótese de matérias de fato controvertidas e não infirmadas por outros elementos de prova dos autos, entendo que o magistrado não pode indeferir o pedido de depoimento pessoal formulado pela parte adversa, sob pena de cerceamento do seu direito à ampla defesa. Preliminar não acolhida na hipótese. TRT 15ª Reg. (Campinas/SP) RO-0001421-34.2012.5.15.0043 — (Ac. n. 7589/2015-PATR, 3ª C.) — Rel. Helcio Dantas Lobo Junior. DEJT/TRT 15ª Reg. n. 1.673/15, 26.2.2015, p. 376-7.

Ementa: Nulidade processual — Indeferimento do depoimento pessoal do preposto. A lei faculta ao julgador tomar de ofício o interrogatório das partes ou dispensá-lo, mas não lhe confere o poder autoritário de negar às partes o depoimento pessoal de seus contendores, na medida em que se trata de meio de prova, tanto mais quando requerido no momento próprio e se afigurar pertinente ao deslinde da causa. TRT 5ª Reg. Proc. 0000132-32.2013.5.05.0036 RecOrd. — (Ac. 1ª T. n. 164.502/13) — Relª Desª Ivana Mércia Nilo de Magaldi. DJ 26.9.2013.

Ementa: Depoimento pessoal — Indeferimento — Cerceamento de defesa. A faculdade que tem o juiz de interrogar as partes não afasta o direito delas de se ouvirem reciprocamente, o que se depreende do art. 343 do CPC. O interrogatório, previsto nos arts. 848 da CLT e 342 do CPC, não se confunde com o depoimento pessoal, pleiteado pela parte adversa, que é um dos meios de prova tendente a obter a confissão da parte contrária e cujo indeferimento acarreta o cerceio do direito à produção de provas. TRT 3ª Reg. RO-513-71.2012.5.03.0055 — (Ac. 3ª T.) — Rel. Juiz Convocado Oswaldo Tadeu B. Guedes. DJe/TRT 3ª Reg. n. 1.306/13, 6.9.2013, p. 46.

Ementa: Ata de audiência — dissonância de informações entre a via constante dos autos e aquela disponibilizada via internet. Constatada a dissonância das informações apostas na ata de audiência juntada aos autos e naquela disponibilizada via Internet, é inegável a potencialidade de tal divergência em causar prejuízo aos litigantes — principalmente quando se trata da data de realização da audiência inicial. TRT 3ª Reg. RO-2012-28.2011.5.03.0087 — (Ac. 1ª T.) — Rel. Juiz Convocado Paulo Mauricio R. Pires. n. 1.175/13, 28.2.2013, p. 46.

Ementa: Nulidade processual. Cerceamento de defesa. Depoimento testemunhal. O magistrado, ao conduzir a instrução processual deve observar, além do princípio da busca pela verdade real, a boa-fé das partes, bem como a economia e a celeridade processuais, visando coibir atos protelatórios e contrários à dignidade da Justiça, nos termos dos arts. 125 e 130 do CPC. Sendo assim, não tem direito, a parte, de adiar a audiência de instrução quantas vezes quiser porque mudou de ideia quanto à testemunha que pretende ouvir em Juízo como prova oral, em afronta à dignidade da Justiça. TRT 12ª Reg. RO 0000029-54.2012.5.12.0007 — (Ac. 1ª T., 12.12.2012) — Relª Juíza Viviane Colucci. TRT-SC/DOE 30.1.2013. Data de Publ. 31.1.2013.

Ementa: Cerceamento do direito de defesa. Depoimento pessoal. Matéria de fato controvertida. Direito da parte. Impossibilidade de indeferimento pelo magistrado. Não se pode olvidar que o Juiz é quem dirige o processo, podendo indeferir as provas que entender desnecessárias, bem como, analisá-las livremente. Entretanto, deverá indicar os motivos que lhe convenceram. Nesse sentido, no indeferimento da prova, o Julgador tem que observar, não somente o seu convencimento pessoal, mas, sim, se na Instância Superior haverá elementos suficientes à análise dos fatos narrados pelas partes nos autos, sob pena de verdadeiro cerceio do direito de defesa. Tal imposição, decorre dos fatos componentes da causa de pedir, pois vinculam o Julgador, devendo dar às partes a oportunidade de produzir as provas efetivamente necessárias, que serão objeto de livre apreciação, sob pena de violação ao Princípio Dispositivo. Nesse sentido, o depoimento pessoal das partes, no processo trabalhista, possui a finalidade de extração de fatos relevantes ao deslinde das questões trazidas à apreciação do Judiciário. Quando a parte admite fato contrário ao seu interesse, espontaneamente, ou de forma provocada, ocorre a confissão real, que se sobrepõe a todos os demais elementos de prova dos autos, inclusive, vinculando o Julgador aos seus termos para a solução da lide. Entretanto, entendo que em raros casos o magistrado pode dispensar o depoimento pessoal, não deixando de lado que se trata de um direito das partes e não mera faculdade do Juiz, como ocorre quando a matéria é exclusivamente de direito ou as provas dos autos são suficientes ao deslinde da questão e não somente ao convencimento do magistrado. Na hipótese de matérias de fato controvertidas e não infirmadas por outros elementos de prova dos autos, entendo que o magistrado não pode indeferir o pedido de depoimento pessoal formulado pela parte adversa, sob pena de cerceamento do seu direito à ampla defesa. Preliminar acolhida. TRT 15ª Reg. (Campinas/SP) RO-512-

77.2011.5.15.0123 (Ac. 93501/2012-PATR, 3ª C.) — Rel. Helcio Dantas Lobo Junior. DJe/TRT 15ª Reg. n. 1.109/12, 22.11.2012, p. 218.

Ementa: Depoimento pessoal a requerimento do próprio depoente sem a finalidade de confissão espontânea. Diligência inútil. Ausência de cerceamento de defesa. O juiz toma o depoimento pessoal por iniciativa do ofício em matéria de prova ou, comumente, a requerimento da parte contrária, sempre com fim de obter confissão real, a prova maior. Portanto, exceto se há expressa intenção de confissão espontânea, é inútil em matéria de prova o depoimento pessoal em favor da pretensão deduzida em juízo, como se aditamento à causa de pedir fosse e pudesse ser considerado — CPC, art. 342 e segs. Diligências e iniciativas em matéria de prova inúteis devem ser reprimidas pelo juiz, em favor da rápida solução do litígio — *lex cit*, art. 125. TRT 18ª Reg. RO 0000726-16.2012.5.18.0102 — (Ac. 2ª T.) — Rel. Juiz Eugênio José Cesário Rosa. DEJT n. 1.122/12, 11.12.2012, p. 73.

Ementa: Confissão ficta do preposto elidida por provas outras em sentido contrário. Encargo probatório da empregadora do qual se desincumbiu. Consoante a disposição expressa no art. 843, § 1º, da CLT, o preposto pode depor em nome do empregador, mas precisa ter ciência acerca dos fatos do processo para que tenha condições de fornecer ao juízo elementos que esclareçam a controvérsia instalada, até porque se fazer representar por quem não conhece os fatos é o mesmo que se recusar a depor ou não comparecer, consoante arts. 343, §§ 1º e 2º do CPC, e 844 da CLT. Todavia, *in casu*, vê-se que a presunção de veracidade que emana da confissão ficta aplicada em desfavor da empresa não pôde produzir os efeitos jurídicos próprios porque restou elidida pelo rol de provas outras existentes, em sentido contrário e que inviabilizam o pleito de reforma da sentença de primeiro grau. Recurso obreiro não provido. TRT 23ª Reg. RO 0001026-02.2012.5.23.0146 — (Ac. 1ª T. Sessão: 0038/2012) — Rel. Des. Osmair Couto. DJe/TRT 23ª Reg. n. 1.099/12, 7.11.2012, p. 34.

Ementa: Cerceamento de defesa. Nulidade. Depoimento pessoal. Meio de prova. O depoimento pessoal da parte não é mera faculdade do Juiz, é meio de prova das partes, cujo objetivo é a obtenção de eventual confissão real. Logo, o indeferimento, injustificado, do depoimento pessoal do reclamante requerido pela reclamada, por meio da qual se buscava provar fatos relevantes para o deslinde da causa, bem como a obtenção da confissão, configura cerceio do direito de defesa e afronta ao art. 5º, inciso LV, da Constituição Federal. TRT 5ª Reg. Proc. 0001065-43.2011.5.05.0531 RecOrd — (Ac. 1ª T. n. 118803/2012) — Relª Desª Marama Carneiro. DJ 18.10.2012.

Ementa: Depoimento pessoal e prova testemunhal. Indeferimento. Cerceamento de defesa configurado. A parte tem o direito de obter, por meio do depoimento pessoal da contrária, a confissão real. O indeferimento da oitiva do preposto, sem que ao menos se explicitem as razões para tanto, importa em cerceamento de defesa. Do mesmo modo, há cerceio quando se indefere a produção de prova testemunhal destinada a esclarecer fatos acerca da prestação de serviços que teria perdurado por mais de duas décadas. Ainda que o juízo *a quo* estivesse convencido acerca dos fatos que envolviam a demanda, a prova pretendida não se revelava inútil ou meramente protelatória, daí porque impunha-se a colheita dos depoimentos, pois não se pode olvidar que o acervo probatório também se destina ao juízo *ad quem*. Incidência da garantia prevista no art. 5º, LV, da CF. TRT 15ª Reg. (Campinas/SP) Proc. 077200-66.2009.5.15.0021 RO — (Ac. 80451/12-PATR, 7ª C.) — Rel. Fabio Grasselli. DEJT 4.10.2012, p. 643.

Ementa: Depoimento pessoal do preposto — Indeferimento — Nulidade processual. O fato de a lei facultar ao Magistrado determinar de ofício o interrogatório das partes ou dispensá-lo não lhe atribui o poder de negar às partes o depoimento pessoal de seus adversários, tendo em mira que se trata de meio de prova, requerido oportunamente e se mostra relacionado ao desfecho da lide. TRT 5ª Reg. Proc. 0000856-62.2011.5.05.0341 RecOrd — (Ac. 5ª T. n. 112.849/12) — Rel. Des. Norberto Frerichs. DJ 17.9.2012.

Ementa: Depoimento pessoal do ex adverso*. Indeferimento do pedido pelo juiz. Impossibilidade.* A parte detém o direito subjetivo à inquirição do ex adverso, pois não pode ver suprimida sua possibilidade de obtenção da confissão, prova de valor inigualável. Inteligência do art. 820 da CLT. Recurso Ordinário cuja preliminar de nulidade se acolhe. TRT 2ª Reg. (SP) Proc. 00020124620115020090 RO — (Ac. 8ª T. 20121041403) — Rel. Sidnei Alves Teixeira. DOe/TRT 2ª Reg., 11.9.2012, p. 8.

Ementa: Nulidade da decisão por cerceamento de defesa. Indeferimento de produção de prova em razão de confissão ficta do preposto. Descabimento. A confissão que autoriza o indeferimento da produção de outras provas é aquela que é, por si só, suficiente, de forma absoluta, para que seja proferida a decisão. No caso, não houve desconhecimento dos fatos pelo preposto que se equivalha à recusa em depor, pois embora ele não saiba o horário de trabalho da autora porque trabalha em agência diversa, declarou saber que a jornada de trabalho da autora era de 6 horas com 15 minutos de intervalo, ainda que não soubesse dizer o horário exato de entrada e saída, restando afastada a confissão ficta. Assim, configurado o cerceamento do direito de defesa da ré pelo indeferimento da prova testemunhal em relação à jornada de trabalho da autora, necessário se faz o retorno dos autos ao Juízo de origem para a produção da prova requerida, tida pelo autor como necessária ao deslinde do feito, sob pena de ofensa ao princípio do devido processo legal, contraditório e ampla defesa. TRT 12ª Reg. RO 03734-2008-055-12-00-9 (Ac. 6ª T., 29.5.2012) — Rel. Juiz José Ernesto Manzi. Disp. TRT-SC/DOE 5.6.2012 (Doc. 2732140).

Ementa: Depoimento pessoal. Indeferimento. Cerceamento de defesa. Nulidade da sentença. Mesmo utilizando a CLT o termo "interrogatório" é indene de dúvidas que o Processo do Trabalho adotou o sistema misto, admitindo tanto o interrogatório como o depoimento pessoal. Destarte, é equivocado o entendimento que a oitiva dos litigantes não é um direito das partes, mas uma faculdade do juiz. Em harmonia aos princípios constitucionais do devido processo legal, do contraditório e da ampla defesa, extrai-se que o depoimento pessoal é um direito subjetivo dos litigantes, caracterizando cerceamento de defesa o seu indeferimento pelo Magistrado. Preliminar de cerceamento de defesa acolhida. TRT 2ª Reg. Proc. 01731006820075020034 RO — (Ac. 18ª T. 20120072429) — Relª Regina Maria Vasconcelos Dubugras. DOe/TRT 2ª Reg., 6.2.2012, p. 280.

Ementa: Nulidade. Indeferimento de depoimento pessoal. O art. 848 da CLT ao falar que o presidente poderá ouvir os litigantes de ofício ou a requerimento do juiz classista, quer dizer apenas que o Juiz pode fazer o interrogatório mesmo que as partes não tenham requerido isso. Tal interpretação está de acordo com o art. 820 da CLT, que garante aos litigantes, de modo expresso, o direito de requerer o depoimento do outro. Desta forma, não pode o juízo de origem indeferir os depoimentos pessoais. Em suma, há nulidade por violação de norma processual. TRT

2ª Reg. (SP) Proc. 02335003920095020079 RO — (Ac. 5ª T. 20111494120) — Rel. Jomar Luz de Vassimon Freitas. DOe/TRT 2ª Reg., 24.11.2011, p. 641-2.

Ementa: Revelia e confissão. Preposta. Filha do empregador. Muito embora não se vislumbre nos autos o documento que confira à preposta do réu a condição formal de empregada exigida na Súmula n. 377/TST, certo é que mantinha estreito vínculo com as atividades desenvolvidas na fazenda, não só pelo fato de ser filha do empregador, mas por ter assinado o Termo de Rescisão de Contrato de Trabalho da reclamante, como procuradora da Fazenda Itachim, como se infere à fl. 34, constando também do documento encartado à fl. 35 (aviso-prévio do empregado) o mesmo carimbo aposto no documento de fl. 34. Tais dados evidenciam que tinha condições de conhecer os fatos que envolviam o contrato de trabalho que jungia as partes, sendo, pois, regular a substituição do empregador, nos exatos termos do § 1º do art. 843 da CLT. Nego provimento ao apelo'. TESTEMUNHA DA AUTORA. INVALIDADE DO DEPOIMENTO. A testemunha arrolada pela Autora não se revelou digna de crédito, tendo em vista que prestou depoimento neste feito e nos autos em que seu esposo é o Autor da demanda e, em relação ao seu cônjuge, declinou jornada superior àquela indicada pela própria parte, demonstrando isenção de ânimo. Embora tenha se retratado parcialmente, ao final do seu depoimento, tais fatos impedem de atribuir crédito e validade às suas declarações em juízo. Nego provimento... TRT 23ª Reg. RO 00919.2009.066.23.00-6 — (Ac. 2ª T., Sessão: 39/2010) — Rel. Desig. Desª Leila Calvo. DJe/TRT 23ª Reg. 655/11, 25.1.2011, p. 45-6.

CAPÍTULO XIII

PREPOSTO E O DEVER DE VERACIDADE

O ideal seria que as partes resolvessem os litígios em juízo dizendo a verdade ou com ela se aproximando, ou então, diante da realidade dos fatos que constam do processo chegassem a uma composição, o que seria a melhor solução.

Isso, porém, não acontece, porque normalmente o reclamante, no processo trabalhista, procura, na sua inicial, elevar a sua pretensão em relação à moldura fática e, de outra parte, o empregador procura negá-la ou então reduzi-la a um patamar mínimo, também se afastando do que ocorre na realidade.

Aliás, sinaliza Cléber Lúcio de Almeida com propriedade, que:

Somente quando a Justiça do Trabalho se livrar dos que batem às suas portas com o intuito de tirar proveito de eventual revelia ou fragilidade da defesa, da demora no julgamento das reclamações, da dificuldade de prova a cargo do obreiro e de sua necessidade de sobrevivência, que o leva, não raro, a aceitar acordos injustos, estará apta a cumprir o seu papel, qual seja, o de dirimir rápida e eficazmente os litígios trabalhistas.[58]

Ensina também Ada Pellegrini Grinover que:

> *Mais do que nunca, o processo deve ser informado por princípios éticos. A relação jurídica processual, estabelecida entre as partes e o juiz, rege-se por normas jurídicas e por normas de conduta. De há muito, o processo deixou de ser visto como instrumento meramente técnico, para assumir a dimensão de instrumento ético voltado a pacificar com justiça.*
>
> *Nessa ótica, as atividades das partes, embora empenhadas em obter a vitória, convencendo o juiz de suas razões, assumem uma dimensão de cooperação*

58 ALMEIDA, Cléber Lucio de. *Abuso do direito no processo do trabalho*. Belo Horizonte: Inédita, 2000. p. 55.

com o órgão judiciário, de modo que de sua posição dialética no processo possa emanar um provimento jurisdicional o mais aderente possível à verdade, sempre entendida como verdade processual e não ontológica, ou seja, como algo que se aproxime ao máximo da certeza, adquirindo um alto grau de probabilidade.[59]

Por outro lado, pouco se tem falado sobre o dever de veracidade das partes no processo, eis que é comum, na sala de audiência, se ouvir o advogado que patrocina a causa do empregador impugnando a pergunta formulada pelo juiz sob o argumento de que o preposto não estaria obrigado a respondê-la já que o seu depoimento não é feito sob o compromisso de que se exige da testemunha.

Existem também reclamantes que exageram na sua pretensão, muitas vezes sustentando posição que se afasta totalmente da realidade e quando não, subestimam até a inteligência do julgador em virtude de pedido que se afasta do lógico e da razoabilidade.

Embora se diga que as partes, reclamante ou reclamado, quando prestam depoimento em juízo não possuem o compromisso de dizer a verdade e consequentemente não incidem em responsabilidade criminal, o certo é que há normas que vedam a sua prática.

A bem da verdade, dependendo da densidade do depoimento feito de má-fé, haverá possibilidade de levar o depoente à esfera da litigância de má-fé, na forma do art. 80 do CPC/2015, ou ainda, no art. 347 e parágrafo único, do Código Penal, em razão de possível tentativa de induzimento do juízo a erro (fraude processual).

Nesse sentido, se o preposto, por exemplo, der um depoimento contrariando toda a documentação juntada com a defesa pela própria reclamada, ele faltará com a verdade, e intencionalmente, para favorecer o seu empregador.

Lembramos que o Código de Processo Civil de 2015 trouxe uma Seção II, no Título II, do Livro III, que trata *Dos Sujeitos do Processo* para estabelecer a responsabilidade das partes por dano processual, disciplinando-a nos arts. 79 a 81.

59 GRINOVER, Ada Pellegrini. *A marcha do processo.* 1. ed. Rio de Janeiro: Forense Universitária, 2000. p. 62.

O art. 79 dispõe que "Responde por perdas e danos aquele que litigar de má-fé como autor, réu ou interveniente".

Já o art. 80 estatui que "Considera-se litigante de má-fé aquele que:

I — deduzir pretensão ou defesa contra texto expresso de lei ou fato incontroverso;

II — alterar a verdade dos fatos;

III — usar do processo para conseguir objetivo ilegal;

IV — opuser resistência injustificada ao andamento do processo;

V — proceder de modo temerário em qualquer incidente ou ato do processo;

VI — provocar incidente manifestamente infundado;

VII — interpuser recurso com intuito manifestamente protelatório".

A penalidade para o infrator vem a ser disciplinada no art. 81, como segue:

Art. 81. De ofício ou a requerimento, o juiz condenará o litigante de má-fé a pagar multa, que deverá ser superior a um por cento e inferior a dez por cento do valor corrigido da causa, a indenizar a parte contrária pelos prejuízos que esta sofreu e a arcar com os honorários advocatícios e com todas as despesas que efetuou.

§ 1º Quando forem 2 (dois) ou mais os litigantes de má-fé, o juiz condenará cada um na proporção de seu respectivo interesse na causa ou solidariamente aqueles que se coligaram para lesar a parte contrária.

§ 2º Quando o valor da causa for irrisório ou inestimável, a multa poderá ser fixada em até 10 (dez) vezes o valor do salário-mínimo.

§ 3º O valor da indenização será fixado pelo juiz ou, caso não seja possível mensurá-lo, liquidado por arbitramento ou pelo procedimento comum, nos próprios autos.

Se antes se buscava nos arts. 79 a 81 do Código de Processo Civil/2015 para enquadrar o reclamante ou reclamado em litigância de má-fé, agora, pela Lei n. 13.467, de 13.7.2017, denominada Reforma Trabalhista, foram incluídas na Consolidação das Leis do Trabalho, na Seção IV-A normas que tratam da

Responsabilidade por Dano Processual, e que têm nos arts. 793-A a 793-D, as seguintes disposições:

> Art. 793-A. Responde por perdas e danos aquele que litigar de má-fé como reclamante, reclamado ou interveniente.
>
> Art. 793-B. Considera-se litigante de má-fé aquele que:
>
> I — deduzir pretensão ou defesa contra texto expresso de lei ou fato incontroverso;
>
> II — alterar a verdade dos fatos;
>
> III — usar do processo para conseguir objetivo ilegal;
>
> IV — opuser resistência injustificada ao andamento do processo;
>
> V — proceder de modo temerário em qualquer incidente ou ato do processo;
>
> VI — provocar incidente manifestamente infundado;
>
> VII — interpuser recurso com intuito manifestamente protelatório.
>
> 'Art. 793-C. De ofício ou a requerimento, o juízo condenará o litigante de má-fé a pagar multa, que deverá ser superior a 1% (um por cento) e inferior a 10% (dez por cento) do valor corrigido da causa, a indenizar a parte contrária pelos prejuízos que esta sofreu e a arcar com os honorários advocatícios e com todas as despesas que efetuou.
>
> § 1º Quando forem dois ou mais os litigantes de má-fé, o juízo condenará cada um na proporção de seu respectivo interesse na causa ou solidariamente aqueles que se coligaram para lesar a parte contrária.
>
> § 2º Quando o valor da causa for irrisório ou inestimável, a multa poderá ser fixada em até duas vezes o limite máximo dos benefícios do Regime Geral de Previdência Social.

§ 3º O valor da indenização será fixado pelo juízo ou, caso não seja possível mensurá-lo, liquidado por arbitramento ou pelo procedimento comum, nos próprios autos.'

Art. 793-D. Aplica-se a multa prevista no art. 793-C desta Consolidação à testemunha que intencionalmente alterar a verdade dos fatos ou omitir fatos essenciais ao julgamento da causa.

Parágrafo único. A execução da multa prevista neste artigo dar-se-á nos mesmos autos.

Assim, conforme se verifica pelos termos dos arts. 793-A a 793-D, desde 11.11.2017, há penalidade expressamente prevista na Consolidação das Leis do Trabalho na prática de atos que estão em desacordo com a boa-fé que deve imperar em todo o ramo do direito, pois só assim se terá a almejada justiça.

Observe que os termos dos arts. 793-A a 793-D da CLT, guardam semelhança com os arts. 79 a 81 do CPC/15, já que têm por objetivo que o processo seja livre de todos os atos que se afastam da lealdade processual e da verdadeira justiça.

É importante assinalar que há limites na atuação das partes no processo, aliás, em tudo na vida se procura estabelecer barreiras, justamente para não extrapolar aquilo que é permitido, como bem observa Humberto Theodoro Junior:

> *Naturalmente, o que se nega às partes não é apresentação ao tribunal de 'situações duvidosas para que sobre elas este decida'. Basta que haja uma certa verossimilhança, uma provável veracidade. O que se nega às partes são 'afirmações e contestações positivamente falsas', isto é, aquelas que 'os litigantes sabem conscientemente que são falsas' e 'intencionalmente as produzem'.* (SOBRINHO, Elicio Cresci. *Dever de veracidade das partes no novo Código de Processo Civil.* São Paulo, Vellenich, 1975. p. 135)[60]

Da mesma forma, o dever genérico de lealdade e boa-fé, que, a rigor, engloba todas as situações previstas nos artigos do CPC e da CLT acima destacados, não

60 THEODORO JUNIOR, Humberto. *Abuso dos direitos processuais.* Coordenação de José Carlos Barbosa Moreira. Rio de Janeiro: Forense, 2000. p. 100.

obriga impor ao litigante a obrigação de deduzir no processo todos os elementos benéficos a ele próprio e nem os desfavoráveis ao adversário, e sim os fatos que interessam ao processo com os fundamentos jurídicos que possibilitam ao juiz decidir com a sua convicção como solucionador de conflitos.

Na verdade, o litigante de má-fé é aquele que postula pedido sabidamente indevido ou aquele que produz defesa com alegações manifestamente contrárias à verdade dos fatos. Nesse caso, impõe-se que indenize o outro pela deslealdade processual praticada.

O que a lei censura são apenas as atitudes que ultrapassam os limites 'que o costume e a moral social estabelecem', aquilo que 'para os advogados', se coloca como 'exigências de correção profissional'.[61]

Esta regra de conduta também se aplica ao reclamante, porquanto, na condição de parte no processo deverá agir conforme a verdade e, tendo-se de presente, da mesma forma, a lealdade e a boa-fé. Deverá, inclusive, ser dimensionada a sua posição no processo, segundo o seu grau de cultura, eis que, sendo de baixa escolaridade, por certo encontrará maiores dificuldades para conhecimento dos seus direitos, o que não acontecerá com o trabalhador com mais escolaridade. Este, por certo, saberá ter uma avaliação mais próxima da realidade.

Os advogados, como são indispensáveis para a administração da justiça, conforme art. 133, da Carta Magna, também devem contribuir para que a solução do conflito fique no patamar da razoabilidade e devem agir em conformidade com a boa-fé, mas isso nem sempre acontece.

A decisão recente da Oitava Turma do Tribunal Superior do Trabalho, a seguir transcrita, evidencia que alteração da verdade dos fatos com o intuito de induzir o Juízo a erro (art. 80, II, do CPC), dá ensejo a aplicação de multa ao advogado infrator e com a expedição de ofício à OAB:

> *Ementa: Embargos de declaração em recurso de revista. Litigância de má-fé e expedição de ofício à OAB arguidos em contrarrazões. A multa disposta no art. 81 do CPC/2015 é aplicável quando se verifica a ocorrência de alguma conduta*

61 BARBI, Celso. *Comentários ao CPC.* 5. ed. Rio de Janeiro: Forense, 1988. v. I, n. 154, p. 167.

prevista no art. 80 do mesmo diploma. A litigância de má-fé exige demonstração inequívoca de a parte ter agido com dolo ou deslealdade processual, o que foi comprovado, haja vista ter ficado demonstrado pelo Tribunal Regional que, no momento da apresentação do recurso ordinário, não havia comprovante de assinatura digital, tampouco a existência de assinatura física na petição de apresentação ou nas razões do referido recurso, razão pela qual a posterior assinatura da petição pela advogada do reclamante implica, no meu entender, litigância de má-fé, porque a causídica buscou alterar a verdade dos fatos no intuito de induzir o Juízo a erro (art. 80, II, do CPC). A hipótese também enseja o encaminhamento de ofício à OAB para apuração das medidas cabíveis. Embargos de declaração acolhidos, com efeito modificativo. TST-ED-RR-0002869-85.2013.5.02.0005 — (Ac. 8ª T.) — Rel. Min. Dora Maria da Costa. DEJT/TST n. 2.426/18, 2.3.2018, p. 1604/5.

Na atualidade, é preciso ressaltar que o trabalhador pertencente à categoria com mais representatividade saberá dos seus direitos em proporção bem maior do que aquele pertencente à categoria de pouca representação, de forma que não se pode mais negar o conhecimento dos trabalhadores sobre os seus direitos.

É importante salientar que, ultimamente, tem aumentado o número de decisões condenando o reclamante por litigância de má-fé; bem como o empregador, bastando-se reportar aos repositórios jurisprudenciais para essa constatação, sendo que na parte de jurisprudência citamos algumas delas. Agora, com a inclusão na Consolidação das Leis do Trabalho, na Seção IV-A a qual trata da Responsabilidade por Dano Processual, e que tem nos arts. 793-A a 793-D a sua regulamentação, a tendência é de se aumentar a penalidade em caso de litigância de má-fé.

De tudo isso, podemos concluir como recomendação para que o preposto represente o seu empregador:

a) o preposto deve ter conhecimento de todos os fatos que cercam o processo (documentos e informações das pessoas que serão testemunhas, sem orientação para mentirem, para não incidir em falso testemunho). As informações serão necessárias para que o depoimento seja consentâneo com os termos da defesa. Se possível projetar-se sobre as perguntas possíveis que serão formuladas pelo Juiz e pela parte adversa.

b) o preposto, quando representa o empregador não tem o compromisso com a verdade, mas terá que ter a perspicácia de responder às perguntas formuladas em audiência de forma a não incidir em confissão. Palavras como "não sei", "não vi os fatos", "desconheço" e "respostas evasivas", não devem fazer parte da atuação do preposto. Como exemplo, citamos caso em que participamos como preposto de um processo trabalhista, cujos fatos ocorreram numa cidade, no interior de São Paulo e trabalhando na matriz da empresa, em São Paulo. O advogado da parte contrária queria a nossa confissão a todo custo, por estarmos em São Paulo, com o argumento de que não poderíamos depor sobre fatos ocorridos em outro local. A nossa resposta foi simples, ou seja, de que conhecíamos os fatos em virtude do relatório da Inspetoria ao qual tivemos acesso e ainda por sermos responsável pela área de pessoal. *Importante salientar que o preposto não precisa ter presenciado os fatos que deram origem à reclamação, mas apenas ter conhecimento da sua ocorrência por informações extraídas de relatórios da empresa ou de outros meios.*

c) o preposto não empregado, agora permitido pela inclusão do § 3º no art. 843 da CLT, pela Lei n. 13.467, de 13.7.2017, já encontrará mais dificuldade na atuação como preposto por não fazer parte do quadro de empregados da empresa, principalmente quanto envolver matéria de fato ocorrida no ambiente da empresa. Como bem esclarecem Antonio Umberto de Souza Júnior, Fabiano Coelho de Souza, Ney Maranhão e Platon Teixeira de Azevedo Neto a:

> [...] experiência tem nos demonstrado que os prepostos que não são empregados das empresas que representam são mais suscetíveis de passar por alguma dificuldade ao responderem a questionamento a respeito da dinâmica de trabalho dos reclamantes.

A falta de vivência cotidiana na empresa muitas vezes priva do conhecimento de informações específicas relevantes para o convencimento do magistrado e o bom julgamento da causa. Por isso, tais empresas, não raro, acabam merecendo a cominação de confissão ficta quanto a questionamentos relacionados a fatos nucleares que o preposto não empregado silenciou, ofertou evasivas ou simplesmente não soube responder. Por tais razões, os autores recomendam no sentido de "que, podendo, opte a empresa por prepostos que sejam seus empregados e que melhor conheçam a rotina de trabalho desempenhado, de maneira a minimizar os riscos processuais de serem considerados fictamente confessos quando da coleta do depoimento pessoal de seu representante".

Já, em se tratando de pretensão de verbas rescisórias, o contador autônomo, normalmente utilizado por pequenas empresas, poderá ser útil como preposto por ter mais conhecimento sobre a matéria, principalmente quando é ele que faz o acerto de contas com os empregados da empresa.

Jurisprudência

Ementa: Litigância de má-fé imputada ao reclamante. Impropriedade da condenação solidária da advogada. Art. 32, parágrafo único, da Lei n. 8.906/94. *No que se refere à condenação do reclamante como litigante de má-fé, deve ser mantida, uma vez evidenciado que ele alterou a verdade dos fatos para disso tirar proveito, restando configurada a hipótese do inc. II, do art. 80 do NCPC. Porém, com relação à condenação da advogada, a sentença não se sustenta. Nos termos do art. 32, parágrafo único, da Lei n. 8.906/94, "Em caso de lide temerária, o advogado será solidariamente responsável com seu cliente, desde que coligado com este para lesar a parte contrária, o que será apurado em ação própria", ou seja, essa condenação só poderá ocorrer em ação própria com a finalidade específica de apurar se houve ou não dolo ou culpa do advogado, sendo que a competência para apreciação de ação dessa natureza sequer é desta Justiça, mas sim, da Justiça Comum. Recurso provido em parte, para afastar a condenação solidária da advogada do reclamante ao pagamento de multa e indenização por litigância de má-fé.* TRT 8ª Reg. RO/0000944-21.2015.5.08.0101 — (Ac. 2ª T.) — Relª Desª Mary Anne Acatauassu C. Medrado. DEJT/TRT 8ª Reg. n. 2.427/18, 5.3.2018, p. 930-1.

Ementa: Agravo. Decisão monocrática. Admissibilidade. Preposto que utiliza evasivas sobre o horário de trabalho do reclamante. Confissão ficta. Ausência de cerceio do direito de defesa pelo indeferimento da oitiva de testemunhas. Inteligência do art. 131 do CPC e da Súmula n. 74, II e III, do TST. *A CLT faculta ao empregador fazer-se presentar em audiência por preposto, nos termos do art. 843, § 1º, da CLT. Exige,* *entretanto, que o mesmo tenha conhecimento circunstanciado dos fatos. Daí a exigência firmada em doutrina e jurisprudência, no sentido da necessidade de ser o preposto empregado, salvo no caso de empregado doméstico ou de micro e pequena empresa (Súmula n. 377 do TST). De nada adianta ao empregador enviar à audiência pessoa que nada sabe, porque se assim o faz em nada acrescenta com o seu dever de colaborar para o encaminhamento do processo. No caso, o preposto se utilizou de respostas evasivas, o que equivale à recusa em depor. Essa, inclusive, a inteligência dos arts. 243, § 2º, do CPC. Embora a decisão regional tenha se valido da aplicação das regras de distribuição do ônus da prova, esse fundamento não se mantém, pois a aplicação da confissão ficta — caso mantida —, se impõe, de per si, para manter a decisão sobre as alegações de labor extraordinário. Esclareça-se que a* ficta confessio, *pelo seu valor relativo, foi levada em confronto com outras provas previamente produzidas nos autos para eventualmente afastar a presunção de veracidade dos fatos articulados na inicial, nos termos da Súmula n. 78, II, do TST. Esse era o direito da reclamada, não existindo obrigação do juiz em deferir oitiva de testemunhas na espécie, vez que já convencido a respeito dos fatos. Na hipótese, não haveria utilidade em ouvir testemunhas da reclamada, porque essas servem essencialmente para confirmar as alegações do preposto. Se ele não sabia dos fatos, não constitui ato arbitrário do juiz o indeferimento de provas posteriores. Se bem que pudesse fazê-lo se o seu espírito não estivesse formado a convicção motivada (Súmula n. 74, III, do TST). No caso, o juiz sopesou o depoimento do autor e reputou-lhe digno de confiança, motivo pelo qual, levando em consideração as provas já adunadas aos autos juntamente com a ausência de informações por parte do preposto, firmou sua livre convicção motivada, no sentido de reputar verdadeira a jornada alegada na inicial, firme no que autoriza o art. 131 do CPC c/c entendimento da Súmula n. 74, II e III, do TST. Nesse contexto, não há que falar em nulidade por cerceio de defesa ou em violação das regras de distribuição do* ônus probandi *e nem dos preceitos constitucionais indigitados. Irrepreensível a decisão monocrática que manteve o despacho de inadmissibilidade do agravo de instrumento. Agravo a que se nega provimento.* TST-Ag-AIRR-1427-70.2011.5.23.0005 — (Ac. 5ª T.) — Rel. Min. Emmanoel Pereira. DEJT/TST n. 1.376/13, 18.12.2013, p. 2043. (*LTr Sup. Jurisp.* 12/2014, p. 94).

Ementa: Preposto. Desconhecimento dos fatos. Confissão ficta. *Nos termos do art. 843, § 1º, da CLT, o preposto deve ter pleno conhecimento dos fatos discutidos. As declarações evasivas e vacilantes do preposto, escapando de responder temas importantes* *ao deslinde da causa, levam a concluir pela confissão ficta. Recurso patronal a que se nega provimento, no particular.* TRT 1ª Reg. Proc. RO 0001586-34.2011.5.01.0002 — (Ac. 3ª, j. 23.9.2013) — Rel./Red. Jorge Fernando Gonçalves da Fonte. Data da Publicação: 4.11.2013. (*LTr Sup. Jurisp.* 8/2014, p. 64).

Ementa: Preposto. Confissão ficta. § 1º do art. 843 da CLT. Fato alheio aos domínios da empresa. Inocorrência. Diferentemente das[62] questões relacionadas diretamente ao contrato de trabalho, o acidente de percurso, por se tratar de episódio alheio ao local da prestação dos serviços e, portanto, estranho às possibilidades de controle e fiscalização patronal, refoge ao ônus contido no § 1º do art. 843 da CLT. Isso porquanto não é possível exigir do preposto — representante do empregador — conhecimento acerca de fatos ocorridos fora dos domínios da empresa, sobre os quais apenas poderá saber se assim lhe for noticiado. TRT 12ª Reg. RO 0007046-62.2012.5.12.0001 — (Ac. 3ª T. 29.10.2013) — Relª Juíza Ligia Maria Teixeira Gouvêa. TRT-SC/DOE 14.11.2013. Data de Publ. 18.11.2013. (*LTr Sup. Jurisp.* 2/2014, p. 14).

Ementa: Mesmo no processo civil e no processo do trabalho, as partes encontram-se "legalmente" obrigadas a expor os fatos "conforme a verdade". É certo que nosso ordenamento jurídico permite responsabilizar criminalmente, por prestar informações falsas, em processo judicial, apenas "testemunha, perito, tradutor ou intérprete"
(art. 342 do Código Penal). Não menos certo é, por outro lado, que a parte, ao incorrer naquela conduta (ou seja, prestando informações falsas em processo judicial, incluindo os civis e trabalhistas), sujeita-se a ser considerado litigante de má-fé (art. 18 do CPC), configurando-se, portanto, a existência de uma responsabilidade (processual) que não pode ser menosprezada. TRT 1ª Reg. RO 00040-2002-065-01-00-1 — (Ac. 7ª T.) — Rel. Juiz Roque Lucarelli Dattoli. DJRJ 28.8.2006, p. 198.

62 SOUZA JÚNIOR, Antonio Umberto de; SOUZA, Fabiano Coelho de; MARANHÃO, Ney; AZEVEDO NETO, Platon Teixeira de. *Manual prático das audiências trabalhistas.* 1. ed. São Paulo: Revista dos Tribunais, Thomson Reuters, 2018. p. 71-2.

CAPÍTULO XIV

PREPOSTO E SAÍDA DA SALA DE AUDIÊNCIA QUANDO DO DEPOIMENTO DO RECLAMANTE

Realizada a tentativa conciliatória (art. 846 da CLT), sem êxito, oportunidade em que o reclamado apresentará a sua defesa (art. 847 da CLT), sendo que logo a seguir inicia-se a instrução processual com a tomada dos depoimentos das partes e testemunhas pelo Juiz condutor do processo (art. 848 da CLT). Aqui, toma-se como referência a Vara do Trabalho que adota como regra a audiência una, já que existe Vara do Trabalho que se utiliza como norma a audiência inicial, outra de instrução e finalmente, a de julgamento.

O juiz ao proceder o depoimento do reclamante determina que o preposto saia da sala de audiência, a fim de que ele não tome conhecimento do que será dito pela parte adversa, cuja estratégia atende aos interesses do processo. Ocorre, que, se o preposto ouvir o depoimento do reclamante estará mais bem preparado a responder as perguntas que forem a ele formuladas pelo Juiz.

A inversão do depoimento das partes poderá ocorrer quando a matéria debatida for, por exemplo, de justa causa praticada pelo reclamante. Nesse caso, o ônus da prova é do empregador, hipótese em que o Juiz poderá, se entender conveniente, ouvir em primeiro lugar o reclamado. O reclamante, no caso, terá que sair da sala de audiência para não ouvir o depoimento do preposto.

O Código de Processo Civil de 1973, especificamente no art. 344, dispunha que

É defeso, a quem ainda não depôs, assistir o interrogatório da outra parte.

O art. 344 do CPC/1973, mantido pelo CPC/2015 (art. 385, § 2º), substituindo apenas a expressão "defeso" por "vedado", cuja aplicação subsidiária continuará ocorrendo no processo do trabalho com base no art. 769 da CLT, e agora, até com mais intensidade, em face do art. 15 do novo CPC que dispõe:

Na ausência de normas que regulem processos eleitorais, trabalhistas ou administrativos, as disposições deste Código lhes serão aplicados supletiva e subsidiariamente.

A verdade é que a CLT não tratou dessa hipótese e a aplicação subsidiária do processo comum no processo do trabalho não era pacífica, tanto que chegou a surgir decisão de Turma do Tribunal Superior do Trabalho no sentido de que as partes poderiam ouvir as razões uma da outra, pois assim tomariam ciência da realidade do caso levado a juízo e com isso propiciando uma solução de consenso, conforme se verifica pela seguinte decisão:

Cerceamento de Defesa — Saída da preposta da sala da audiência quando do interrogatório do autor. O acordo entre as partes deve ser o objetivo primordial da Justiça do Trabalho e a presença das partes e seus representantes em audiência é fato de grande relevância para se conseguir a conciliação, desde que bem conduzida, pois as partes, ouvindo as razões uma da outra, tomam ciência da realidade do caso levado a juízo, tornando-se mais propensas a uma solução de consenso. Ressalte-se, também, que não cabe na espécie a aplicação da regra da lei processual, pois esta somente tem aplicação na Justiça do Trabalho subsidiariamente, o que se verifica apenas no caso de inexistência de norma específica no processo do trabalho. In casu, *porém, a matéria está disciplinada no art. 848, § 1º, da CLT.* Revista provida. TST-RR-319.299/1996.3 — (Ac. 1ª Turma) — TRT 6ª Reg. — Rel. Min. João Mathias de Souza Filho. DJU 25.2.2000, p. 103.

Entretanto, o argumento de que esse procedimento contribuiria para a tentativa conciliatória não nos convence. Atuamos como preposto por muitos anos e não temos dúvidas em afirmar que a parte assistindo o depoimento da outra, terá mais facilidade no seu depoimento. O elemento surpresa deixa de existir e facilitará ao preposto que terá tempo de pensar na resposta a ser dada quando for depor.

Ademais, a saída de uma das partes se dá depois de feita a tentativa conciliatória, ou seja, quando ocorre o depoimento do reclamante. Também, depois de ouvidas as partes, elas permanecem na sala de audiência e a conciliação poderá ser tentada a qualquer tempo, se houver interesse na sua realização.

Há que ser salientado que, normalmente, as partes estão assistidas por seus advogados, consequentemente não existem empecilhos para a tentativa de conciliação no decorrer da audiência, ou mesmo fora dela. Aliás, as semanas de conciliação e a inserção de centros de conciliação existentes em vários fóruns da Justiça do Trabalho pelo Brasil têm demonstrado o seu êxito com inúmeros processos solucionados.

Ainda, sobre o tema é oportuna a lição de Sergio Pinto Martins para quem:

> A parte que ainda não depôs não poderá assistir ao interrogatório do *ex adverso* (§ 2º do art. 385 do CPC). É aplicável ao processo do trabalho, pois não há nenhuma incompatibilidade com os princípios deste, existindo omissão na CLT (art. 769 da CLT). Caso se deixe o reclamado na sala, enquanto está se ouvindo o empregado, provavelmente quando for perguntado certo fato ao representante da empresa, este apenas irá negá-lo, contrariando sempre o depoimento do autor. Não se permitindo a presença do reclamado na sala, o representante da empresa não saberá o que foi perguntado ao reclamante, podendo incorrer em contradições, inclusive confessando fatos que lhe são desfavoráveis, que é o objetivo do depoimento pessoal. No entanto, a regra do § 2º do art. 385 do CPC não poderá ser observada se uma das partes ou ambas exercerem pessoalmente o *jus postulandi* na Justiça do Trabalho. Caso se retire da sala a parte que está desacompanhada de advogado, para não ouvir o depoimento da parte contrária, estar-se-á impedindo-a de se defender.[63]

Na parte destinada à jurisprudência, mencionamos a existência de quatro decisões do Colendo TST sobre a matéria, as quais acolhem a tese de que a parte não pode assistir ao depoimento do *ex-adverso*.

Em face dos termos do art. 15 do CPC, que admite a aplicação subsidiária e supletiva das normas do processo comum ao processo do trabalho, e o suporte a esse entendimento no art. 769 da CLT, temos que o entendimento majoritário vem ao

63 MARTINS, Sergio Pinto. *Comentários à CLT.* 21. ed. São Paulo: Saraiva, 2018. p. 1003.

encontro dos objetivos do processo e visa, acima de tudo, dar tratamento igualitário às partes.

Por último, se uma das partes for ouvida com a presença do opoente, este por certo será privilegiado com as informações prestadas pela parte adversa e terá mais segurança para responder às perguntas que lhe forem formuladas. Daí porque não se deve admitir que o preposto funcione no processo como parte e procurador, a não ser na hipótese do *jus postulandi*, cuja questão será tratada mais adiante.

Jurisprudência

Ementa: I — Agravo de instrumento em recurso de revista. Preliminar de nulidade por cerceamento de defesa. Requerimento de retirada do preposto da sala de audiência durante o depoimento do reclamante. Indeferimento. Prejuízo à confissão do preposto. Art. 344, parágrafo único, do CPC. Aplicabilidade ao processo do trabalho. Cerceamento de defesa configurado. Demonstrada possível violação do art. 5º, LV, da Constituição Federal, impõe-se o provimento do agravo de instrumento para determinar o processamento do recurso de revista. Agravo de instrumento provido. II — RECURSO DE REVISTA. PRELIMINAR DE NULIDADE POR CERCEAMENTO DE DEFESA. REQUERIMENTO DE RETIRADA DO PREPOSTO DA SALA DE AUDIÊNCIA DURANTE O DEPOIMENTO DO RECLAMANTE. INDEFERIMENTO. PREJUÍZO À CONFISSÃO DO PREPOSTO. ART. 344, PARÁGRAFO ÚNICO, DO CPC. APLICABILIDADE AO PROCESSO DO TRABALHO. CERCEAMENTO DE DEFESA CONFIGURADO. 1 — Hipótese em que o juízo de origem indeferiu o pedido do reclamante para que a preposta, que ainda não havia prestado depoimento, se retirasse da sala de audiência, o que obstou a que se apurasse a confissão da representante da reclamada. 2 — Consoante disciplina o parágrafo único do art. 344 do CPC, "é defeso, a quem ainda não depôs, assistir ao interrogatório da outra parte". 3 — O referido dispositivo compatibiliza-se perfeitamente com o Processo do Trabalho, nos termos do que dispõe o art. 769 da CLT, principalmente pelo fato de que, no caso, a preposta se fazia acompanhar por advogado que, permanecendo no local, poderia efetuar as perguntas que considerasse pertinentes. 4 — Assim, patente o prejuízo do reclamante, obstado de viabilizar a confissão da preposta, por meio de um procedimento legal, perfeitamente aplicável no processo do Trabalho, impõe-se reconhecer a nulidade processual, por cerceamento de defesa. Precedentes. Recurso de revista conhecido e provido. TST-RR-0000398-46.2012.5.03.0024 — (Ac. 2ª T.) — Relª Min. Delaíde Miranda Arantes. DEJT/TST n. 1.915/16, 11.2.2016, p. 511.

Ementa: ***Agravo de instrumento em recurso de revista. Não retirada do preposto da sala de audiência durante o depoimento pessoal da reclamante. Posterior interrogatório do preposto. Violação ao art. 344 do CPC. Ante uma possível afronta ao art. 344 do CPC, impõe-se o provimento do agravo de instrumento para melhor análise das razões do recurso de revista. Agravo de instrumento provido.*** *RECURSO DE REVISTA. PRESENÇA DO PREPOSTO NA SALA DE AUDIÊNCIA NO MOMENTO DO DEPOIMENTO PESSOAL DA RECLAMANTE. PREPOSTO INTEGRALMENTE CIENTE DO TEOR DO DEPOIMENTO PESSOAL DA TRABALHADORA. VIOLAÇÃO AO ART. 344 DO CPC. O do artigo do estabelece que "é defeso, a quem ainda não depôs, assistir ao interrogatório da outra parte", sendo que sua aplicação subsidiária é medida que se impõe, nos termos do disposto no artigo. Dessa forma, ao não determinar a saída do preposto da sala de audiências durante a oitiva da reclamante, o Juízo de origem deixou de observar a lei, violando, inclusive, o princípio da igualdade, posto que, neste caso, o preposto, ao prestar depoimento, já sabia o teor do depoimento da reclamante e poderia pautar as suas respostas ao que a reclamante havia dito em seu depoimento, restando claro o prejuízo imposto à autora. Desta forma, deve ser declarada a nulidade, a teor do art. 794 da CLT. Recurso de revista conhecido e provido.* TST-RR-0002311-96.2011.5.02.0001 — (Ac. 2ª T.) — Rel. Desemb. Convocado Cláudio Armando Couce de Menezes. DEJT/TST n. 1.801/15, 27.8.2015, p. 1146-7.

Ementa: ***Cerceamento de Defesa — Saída da preposta da sala da audiência quando do interrogatório do autor.*** O acordo entre as partes deve ser o objetivo primordial da Justiça do Trabalho e a presença das partes e seus representantes em audiência é fato de grande relevância para se conseguir a conciliação, desde que bem conduzida, pois as partes, ouvindo as razões uma da outra, tomam ciência da realidade do caso levado a juízo, tornando-se mais propensas a uma solução de consenso. Ressalte-se, também, que não cabe na espécie a aplicação da regra da lei processual, pois esta somente tem aplicação na Justiça do Trabalho subsidiariamente, o que se verifica apenas no caso de inexistência de norma específica no processo do trabalho. *In casu*, porém, a matéria está disciplinada no art. 848, § 1º, da CLT. Revista provida. TST-RR-319.299/1996.3 — (Ac. 1ª Turma) — TRT 6ª Reg. — Rel. Min. João Mathias de Souza Filho. DJU 25.2.2000, p. 103.

Ementa: Nulidade — Oitiva pelo adversário do depoimento da parte. Ainda que se admita a aplicabilidade ao processo do trabalho da regra segundo a qual o juiz deve evitar que o adversário ouça, antes de depor, o depoimento da parte, o certo é que o próprio CPC não comina nulidade por sua inobservância. TRT 3ª Reg. RO-0000121-71.2014.5.03.0020 — (Ac. 3ª T.) — Rel. Des. Luis Felipe Lopes Boson. DEJT/TRT 3ª Reg. n. 1.869/15, 4.12.2015, p. 164.

Ementa: Nulidade processual. Ofensa ao devido processo legal. Aplicação do art. 344, parágrafo único, do CPC, no processo laboral. Constatado que houve prejuízo ao reclamante quando o Juiz de primeiro grau decidiu não aplicar o procedimento descrito no art. 344, parágrafo único, do CPC, optando por manter os prepostos das reclamadas na sala de audiência por ocasião do depoimento do autor, é necessário acolher a preliminar em tela. TRT 8ª Reg. 3ª T./RO/0001611-07.2011.5.08.0114 — (Ac. 3ª T.) — Rel. Luis Jose de Jesus Ribeiro. DJe/TRT 8ª Reg. n. 1.034/12, 2.8.2012, p. 54.

CAPÍTULO XV

PREPOSTO E A CONCILIAÇÃO, ACORDO JUDICIAL E EXTRAJUDICIAL

Quando elaboramos a primeira edição desta obra não havia tanta ênfase à tentativa conciliatória na Justiça do Trabalho com a finalidade de pôr fim ao conflito trabalhista, apesar de previsão em vários artigos da CLT, mesmo porque muito dos doutrinadores não viam com bons olhos essa solução. Essa posição, no entanto, não era unânime entre os Juízes do Trabalho.

Muitos, no entanto, fundamentavam-se em que os trabalhadores poderiam ser prejudicados com o percebimento de valores acordados que não condiziam com os seus créditos e ao mesmo tempo a pressão do poder econômico dos empregadores na redução dos seus encargos.

Conciliação ou acordo na fase de execução, pouco se falava. Na fase de execução havia crítica consistente no fato de que o trabalhador já tinha ciência dos seus direitos e a conciliação tornava-se desaconselhável em face da redução do valor da condenação. José Antônio de Oliveira, Diretor de Secretária, que comigo laborou com muita eficiência ao tempo em que fui Juiz-Presidente da 2ª Vara do Trabalho de Assis/SP, sobre o assunto escreveu que:

> *O incentivo à celebração de acordos em fase de execução, além de ferir de morte os princípios protetores, configurando extrema usurpação dos direitos dos trabalhadores, ainda premiam ao empregador, devedor inadimplente, com a diminuição indevida de sua dívida (desconto), impondo prejuízo ao empregado-credor.*[64]

Em parte, há razões nas suas afirmações, mas não se pode generalizar a questão, pois na minha experiência como responsável pelo corpo jurídico de um grupo

64 OLIVEIRA, José Antônio de. *Justiça com desconto. Uma visão crítica da conciliação na execução trabalhista.* São Paulo: Letras Jurídicas, 2016. p. 151.

econômico e como magistrado, em muitas oportunidades, a composição se tornou mais aconselhável por várias razões, tanto na fase de conhecimento como na de execução.

Na fase de conhecimento, muitas vezes o reclamante tem interesse na composição, por necessidade de receber o valor o mais rápido possível por problemas pessoais ou pela possibilidade de um bom negócio. Há que ser considerado também o risco de a causa ser julgada parcialmente procedente ou improcedente.

Na fase de execução, a conciliação é sempre aconselhável. Às vezes se está diante de um processo com condenação em que os valores chegaram a uma situação absurda. Já conhecemos casos de condenação de empregador doméstico ao pagamento de horas extras quando o trabalhador, à época, não tinha esse direito; em outro processo, a condenação se tornou impagável para o empregador em virtude de ter havido um descuido da defesa, ou seja, não foi questionada adequadamente a remuneração de um entregador de pizzas. Nos dois casos, marcamos audiência conciliatória (fase de execução) e, nela reclamantes e reclamados acabaram por conciliar contando, evidentemente, com a compreensão dos advogados das partes.

No cotidiano das relações trabalhistas existem muitos casos de condenação de valores que indicam que a solução negociada não é de todo desaconselhável.

Em relação à conciliação na fase de execução havia questionamento no Judiciário, tanto que tivemos o ajuizamento de duas correições parciais quando estávamos como juiz em uma das Varas do Trabalho (antes Junta de Conciliação e Julgamento) de Campinas (SP) em virtude da designação de duas audiências conciliatórias de processos que estavam na fase de execução. As correições parciais não foram apreciadas pelo Juiz Corregedor em virtude da composição ocorrida entre as partes no dia da audiência, de forma que o autor das duas correições desistiu das mesmas, acarretando o seu arquivamento.

Hoje, as audiências conciliatórias na Justiça do Trabalho, quer na fase de conhecimento, quer na fase de execução, são incentivadas pelo Conselho Nacional de Justiça, pelo Tribunal Superior do Trabalho e pelos Tribunais Regionais do Trabalho. A respeito, basta assinalar o incentivo à conciliação mediante a criação da "Semana destinada à composição" criada pelo Tribunal Superior do Trabalho e nos Tribunais Regionais, cujos resultados têm sido satisfatórios em face das composições alcançadas. Muitos fóruns hoje são estruturados para terem locais próprios para tentativa conciliatória com resultados significantes.

Não há dúvida de que, na atualidade, há um incentivo à solução do litígio pela via da conciliação, tanto no processo comum como no processo do trabalho, sendo que, no primeiro, houve motivação para nele (processo comum) incluir normas sobre a conciliação e mediação. Com efeito, a Lei n. 13.105, de 13.3.2015, incluiu no CPC/2015, o Capítulo V para tratar da audiência de conciliação ou de mediação, e disciplinou todas as suas regras no art. 334, que está assim disposto:

> ***Art. 334.*** *Se a petição inicial preencher os requisitos essenciais e não for o caso de improcedência liminar do pedido, o juiz designará audiência de conciliação ou de mediação com antecedência mínima de 30 (trinta) dias, devendo ser citado o réu com pelo menos 20 (vinte) dias de antecedência.*
>
> *§ 1º O conciliador ou mediador, onde houver, atuará necessariamente na audiência de conciliação ou de mediação, observando o disposto neste Código, bem como as disposições da lei de organização judiciária.*
>
> *§ 2º Poderá haver mais de uma sessão destinada à conciliação e à mediação, não podendo exceder a 2 (dois) meses da data de realização da primeira sessão, desde que necessárias à composição das partes.*
>
> *§ 3º A intimação do autor para a audiência será feita na pessoa de seu advogado.*
>
> *§ 4º A audiência não será realizada:*
>
> *I — se ambas as partes manifestarem, expressamente, desinteresse na composição consensual;*
>
> *II — quando não se admitir a autocomposição.*
>
> *§ 5º O autor deverá indicar, na petição inicial, seu desinteresse na autocomposição, e o réu deverá fazê-lo, por petição, apresentada com 10 (dez) dias de antecedência, contados da data da audiência.*
>
> *§ 6º Havendo litisconsórcio, o desinteresse na realização da audiência deve ser manifestado por todos os litisconsortes.*

§ 7º A audiência de conciliação ou de mediação pode realizar-se por meio eletrônico, nos termos da lei.

§ 8º O não comparecimento injustificado do autor ou do réu à audiência de conciliação é considerado ato atentatório à dignidade da justiça e será sancionado com multa de até dois por cento da vantagem econômica pretendida ou do valor da causa, revertida em favor da União ou do Estado.

§ 9º As partes devem estar acompanhadas por seus advogados ou defensores públicos.

§ 10. A parte poderá constituir representante, por meio de procuração específica, com poderes para negociar e transigir.

§ 11. A autocomposição obtida será reduzida a termo e homologada por sentença.

§ 12. A pauta das audiências de conciliação ou de mediação será organizada de modo a respeitar o intervalo mínimo de 20 (vinte) minutos entre o início de uma e o início da seguinte.

Acredita-se que a inclusão se deve aos bons resultados obtidos na Justiça obreira que sempre se pautou pela tentativa conciliatória em vários dispositivos da Consolidação das Leis no Trabalho — CLT que se referem ao tema (arts. 764, 846, 847, 850, 852-E, 862 e 863).

A verdade é que a conciliação é fundamental no processo do trabalho, tanto que antes da Emenda Constitucional n. 24, de 9.12.1999, a qual extinguiu a representação classista, as Varas do Trabalho tinham a denominação de Juntas de Conciliação e Julgamento.

O processo conciliatório é tão importante no processo no trabalho que o legislador estabeleceu a possibilidade de sua nulidade por ausência da tentativa conciliatória, conforme previsão no art. 846 da CLT, embora essa regra tenha sido mitigada na doutrina e jurisprudência, já que a conciliação poderá ocorrer em qualquer fase do processo.

Conciliar, no processo do trabalho, é colocar fim a um litígio pela vontade das partes, empregado e empregador. Estes fazem concessões recíprocas sobre os direitos em conflitos para se chegar a uma composição. É ato bilateral ou plurilateral, mas para a sua validade dependerá da homologação judicial, já que o respectivo ato resultará em coisa julgada, só podendo ser desconstituído mediante ação rescisória (Súmula n. 259 do TST).

Sobreleva notar que a conciliação não é criação do processo trabalhista nem é privativa dele, conforme assinala Mario Pasco:

> *[...] antes, é uma instituição de antiga solidez e de grande prosápia nos diversos processos civis e de outra natureza. No processo trabalhista, porém, ocupa lugar de maior destaque e sua necessidade é constantemente reconhecida, entre outras razões, pela importância de sua eficácia para conseguir o fim do processo em tempo razoavelmente breve, se comparada com a duração, bastante longa, da tramitação judicial.*[65]

É bem verdade que a conciliação nem sempre é vantajosa para o empregado, conforme afirmado anteriormente, já que normalmente os seus direitos serão inferiores aos que receberia se fosse julgada procedente a reclamação trabalhista. Entretanto, não se pode esquecer que numa demanda sempre haverá riscos, principalmente nos casos em que há necessidade de prova e há também riscos relacionados com a saúde financeira do empregador.

Por essa razão, é que fazemos coro às palavras da Desembargadora do TRT da 15ª Região, Tereza Asta Gemignani, para quem

> *[...] a conciliação abre caminhos não só para o recebimento mais rápido dos débitos trabalhistas, mas também para o exercício da interlocução capital/trabalho, estimulando a alteridade que amplia expectativas, criando um ambiente de confluência e diálogo, onde antes havia conflito.*[66]

Enumeramos a seguir os pontos favoráveis aos trabalhadores numa conciliação, sendo que alguns deles valem para os dois lados, empregados e empregadores.

65 PASCO, Mario. *Fundamentos do direito processual do trabalho*. Tradução de Edilson Alkmim Cunha, Revisão Técnica de Amauri Mascaro Nascimento. São Paulo: LTr, 1997. p. 129.

66 GEMIGNANI, Tereza Asta. Conciliação e a função promocional do direito: uma leitura constitucional. In: GUNTHER, Luiz Eduardo; PIMPÃO, Rosemarie Diedrichs (coords.); BUSNARDO, Juliana Cristina; SANTOS, Willians Franklin Lia dos (orgs.). *Conciliação. Um caminho para a paz social*. Curitiba: Juruá, 2013. p. 129.

a) Normalmente não há vencido e nem vencedor, já que a conciliação resulta da vontade das partes, mediante concessões recíprocas;

b) Muitas vezes, como diz Vallisney de Souza Oliveira "um bom acordo pode pôr fim a uma péssima demanda, que corrói tempo, dinheiro e nervos"[67];

c) O valor recebido por meio da conciliação poderá ser muito mais útil ao trabalhador na época da sua celebração do que ao término do processo;

d) A conciliação evita riscos, mesmo com o êxito da reclamatória. Pode acontecer de o reclamado (executado) não ter condições de cumprir a condenação ao final do processo. Não é rara a existência de empresas que no curso do processo acabam em recuperação judicial ou então em processo falimentar e com isso tornando-se difícil o recebimento, parcial ou total, dos créditos pelo reclamante (exequente).

A Justiça do Trabalho também ganha com a conciliação, ou seja, se ganha com a extinção do processo e tempo para dedicação a outros processos.

A composição não deixa de ser considerada na produtividade do Juízo, pois é resultado do seu trabalho, muitas vezes obtido com muita paciência e dedicação no trato do conflito.

A empresa ou empregador também ganha com a conciliação, pois uma boa administração no campo das relações trabalhistas se avalia, dentre outros, pelo número dos processos.

Falamos isso com experiência própria. Em 1995, como magistrado do Tribunal Regional do Trabalho da 15ª Região, participamos de uma equipe de cinco juízes com a incumbência de permanecer na 1ª Junta de Conciliação e Julgamento de Jundiaí com a preocupação de promover a conciliação em processos que se encontravam na fase de execução.

Eram muitos os processos de execução, pois a referida JCJ foi uma das primeiras instaladas fora das Capitais e que teve o privilégio de ter o saudoso jurista e professor

67 OLIVEIRA, Vallisney de Souza. *Audiência, instrução e julgamento.* São Paulo: Saraiva, 2001. p. 122.

da USP, Dr. Octavio Bueno Magano, como Juiz do Trabalho, ao qual rendo as minhas homenagens de gratidão por ter sido o incentivador na minha carreira jurídica e que sempre me apoiou, já que era um dos Consultores-Jurídicos do grupo econômico do qual fui responsável pela área jurídico-trabalhista por vários anos.

Voltando às audiências conciliatórias, na 1ª JCJ de Jundiaí, três juízes faziam a triagem dos processos, para identificar aqueles em que a probabilidade de composição era maior. As audiências conciliatórias, na sua maioria, foram por mim realizadas e os resultados exitosos.

A partir de então passamos a adotar em todas as Juntas, hoje Varas do Trabalho, por onde exercermos a nossa função, as audiências conciliatórias na fase executória e os resultados foram surpreendentes.

Havia até pedidos de advogados que se interessavam na inclusão de processos de execução na pauta de audiências conciliatórias. Tais pedidos se davam, pois, além da possibilidade de conciliação, o reclamante ou exequente ficava atualizado sobre o processo em virtude das explicações oferecidas pelo Juízo. Lembro de um episódio em que foi difícil explicar ao trabalhador que o valor da condenação era um terço do valor da condenação de outro colega na mesma situação, e que isso se deu porque no seu processo houve a defesa da empregadora que foi acolhida em parte, e na do seu colega a condenação se deu em virtude de não ter havido recurso da reclamada. A explicação do advogado a respeito, correta, não foi suficiente para esclarecer o reclamante, pois ele queria a do Juiz.

De tudo isso, é relevante assinalar que, na atualidade, as audiências conciliatórias são prestigiadas pelo Poder Judiciário, mas é preciso registrar que muitos juízes já a praticavam nos seus ofícios e com resultados satisfatórios. Aliás, na audiência o Juiz tem o instrumento mais poderoso a sua disposição que é a busca da solução dos conflitos mediante a via conciliatória e, só, quando frustrada, pela decisão judicial.

O artigo da CLT que dá mais ênfase a solução do conflito negociado está no art. 764 que dispõe que "Os dissídios individuais ou coletivos submetidos à apreciação da Justiça do Trabalho serão sempre sujeitos à conciliação". E não é só. Outros dispositivos da CLT também fazem referência à conciliação como forma de solução de conflitos: arts. 831, 846, 847, 850, 852-E, 862 e 863, o que demonstra a sua importância no contexto das relações trabalhistas.

Também o § 1º do art. 764 da CLT dispõe que os Juízes e Tribunais do Trabalho empregarão sempre os seus bons ofícios e persuasão no sentido de uma solução conciliatória dos conflitos. Essa norma nada mais é do que o prolongamento do disposto no *caput* do art. 764, só que se direciona ao juiz para evidenciar a sua importância na solução conciliatória dos conflitos. A estatística do Tribunal Superior do Trabalho demonstra que grande parte dos processos trabalhistas é resolvida por composição amigável entre as partes, qualquer que seja a fase em que se encontra o processo.

As participações dos juízes têm significava importância no processo conciliatório. O juiz desinteressado, autoritário ou omisso não contribui para a solução amigável do conflito. Mario Pasco afirma que:

> [...] seja o conciliador pessoa individual ou órgão colegiado, os atributos de que deve ser dotado e as tarefas que deve cumprir são, substancialmente, os mesmos. A OIT (1974, p. 24 e ss.) considera que o conciliador deve ter as seguintes qualidades:
>
> a) independência e imparcialidade;
>
> b) dedicação;
>
> c) experiência em relações humanas;
>
> d) trato cortês, discreto e amistoso, e faculdades de persuasão;
>
> e) conhecimento do ramo de atividades e do sistema de relações de trabalho e
>
> f) capacidade de tirar partido da experiência e da informação.[68]

Muitos desses atributos são necessários para a atividade conciliatória numa audiência trabalhista que requer ainda muita paciência do Juiz na sua condução, pois

68 PASCO, Mario. *Fundamentos do direito processual do trabalho*. Tradução de Edilson Alkmim Cunha, Revisão Técnica de Amauri Mascaro Nascimento. São Paulo: LTr, 1997. p. 201.

não deixa de existir um processo psicológico que se alia a uma atividade judiciária para a consecução de um objetivo que é a solução do conflito.

São muitos os conflitos que são levados à Justiça do Trabalho alimentados por questões pessoais que ocorrem com muita frequência no cotidiano das relações trabalhistas, seja no plano individual ou no coletivo.

Ressalte-se, no entanto, que:

> *[...] as regras previstas no art. 764 da CLT e seus parágrafos são meramente pragmáticas e ideológicas, mas não obrigam o Juiz do Trabalho a aceitar nem a homologar todo e qualquer acordo, seja por meio de petição assinada pelas partes e/ou seus advogados, seja oralmente em audiência. Antes de tudo, deve ser preservada a dignidade do trabalhador e também a dignidade da própria Justiça do Trabalho, guardiã-mor da ordem jurídica justa e tutora dos legítimos interesses daqueles que carecem de seus préstimos.*[69]

A função mais importante do Juiz é expor os riscos do processo sem se posicionar a respeito. Nada impede o seu aconselhamento sobre a melhor solução para as partes, sem coação, até porque a conciliação é ato dos litigantes e não do juízo. Há que acrescentar também que, na atualidade, dificilmente as partes comparecem à audiência sem os seus advogados.

O Juiz, por sinal, tem que ficar atento às manobras das partes visando à obtenção de chancela judicial de atos simulatórios ou lesivos não só aos trabalhadores, mas também ao interesse público (Previdência Social, Imposto de Renda etc.).

Lembra Elaine Nassif que "A simplicidade com que são praticadas as conciliações judiciais favorece a prática de fraudes. Há quem procure a Justiça do Trabalho para realizar conciliações fraudulentas e, embora não exista uma teoria geral de fraude, são inúmeras as formas sob as quais ela pode se manifestar"[70].

69 TRT-PR-00801-2004-657-09-00-8-ACO-30735-2006- (Ac. 1ª T.) — Rel. Edmilson Antonio de Lima. DJPR 27.10.2006.

70 NASSIF, Elaine. *Conciliação judicial e indisponibilidade de direitos* — paradoxos da justiça menor no processo civil e trabalhista. São Paulo: LTr, 2005. p. 187.

Também se verificam irregularidades nos acordos judiciais que visam impedir ou fraudar a aplicação de legislação trabalhista (art. 9º da CLT) ou então com vício de consentimento, citando a hipótese de coação (art. 151 do Código Civil).

A experiência nos levou, mercê de casos concretos, que todas as vezes que as partes vêm a juízo com pedido de homologação de acordo já reduzido a termo veiculando direitos que exorbitam o que ordinariamente ocorre, a probabilidade de simulação é muito grande.

A norma prevista no *caput* do art. 334 do CPC/15, menciona conciliação, mas ela pode ser desdobrada em outras modalidades de extinção das obrigações, sendo algumas raramente aceitas pela doutrina e jurisprudência trabalhistas, como ocorre com a renúncia dos direitos dos trabalhadores.

A renúncia é um ato unilateral do credor de se abster de direito tido como certo e já incorporado ao seu patrimônio, citando, como exemplo, o direito à estabilidade no emprego. A simples renúncia de direito do trabalhador não passa pelo disposto no art. 9º da CLT, ao qual nos reportamos. Quanto à transação, ela está regulada nos arts. 840 a 850 do Código Civil. Ensina Arnaldo Süssekind:

> *[...] para que haja transação, é imprescindível que: a) duas pessoas, pelos menos, estejam vinculadas entre si, por força da relação jurídica da qual decorrem direitos e obrigações; b) haja incerteza no pertinente a determinada ou determinados direitos ou obrigações; c) a dúvida se refira a direitos patrimoniais, isto é, direitos incorporados ao patrimônio de uma das partes do contrato; d) a controvérsia seja extinta mediante concessões recíprocas.*[71]

Observadas as mencionadas condições, tem-se que o principal efeito da transação, como está a indicar a sua denominação, é a extinção da obrigação e que acaba atingindo os seus acessórios.

Daí, com razão Christovão Piragibe Tostes Malta e Luiz Fernando Basto Aragão ao afirmarem que

71 SÜSSEKIND, Arnaldo. *Instituições de direito do trabalho*. 18. ed. São Paulo: LTr, 1999. p. 225.

[...] a transação estabelece um meio-termo entre a renúncia e o reconhecimento; cada interessado realiza um abandono parcial das pretensões. Na conciliação trabalhista, uma das partes pode reconhecer a totalidade da pretensão da parte adversária. A conciliação pode, evidentemente, importar em transação, mas é possível conciliar sem transigir. Na transação simples, por outro lado, atuam apenas a vontade das partes, enquanto na conciliação judiciária interfere a vontade do Estado, representada pelo Juiz que propõe o ajuste aos litigantes.[72]

Destaque-se também que, recusando-se as partes à composição, ao juízo compete julgar o feito, com a observância dos ritos necessários para a sua consecução, ou seja, a sentença prevista neste título. Não há que falar em juízo arbitral como está no texto, mas sim em atividade jurisdicional que é a continuidade do processo até a decisão final deste (§ 2º do art. 764 da CLT).

As partes podem conciliar em qualquer fase do processo já que não há nenhuma proibição a respeito, mesmo porque são elas as maiores interessadas em pôr fim ao litígio. A conciliação poderá ocorrer no meio ou no final da instrução processual, como também na fase de execução. É certo, no entanto, que se a tentativa conciliatória ocorrer na fase de execução, provavelmente as partes se valerão do valor da condenação como parâmetro para a composição (§ 3º do art. 764 da CLT).

Dois artigos da CLT, os quais se referem a tentativa conciliatória, um primeiro deles pertinente ao procedimento sumaríssimo (art. 852-E) e outro referente ao dissídio coletivo (art. 862), também tratam da tentativa conciliatória que se dá apenas em um momento pelas peculiaridades dos dois processos, sumaríssimo e de dissídio coletivo, mas não há nenhum impedimento para a formalização de acordo depois da tentativa frustrada ou em outra fase do processo, como na execução, até porque a conciliação sempre dependerá da vontade das partes em conflito.

Lembramos também que a homologação de acordo pelo juiz não pode resultar apenas de uma chancela sem averiguação da regularidade do ato. Por essa razão, exigem-se do juiz todas as cautelas no ato homologatório, e mesmo assim, se tem

72 MALTA, Christovão Piragibe Tostes; ARAGÃO, Luiz Fernando Basto. *Comentários à CLT*. 7. ed. São Paulo: LTr, 1995. p. 419-20.

notícias de casos levados ao Judiciário questionando a existência de simulação entre as partes. São afirmações feitas na inicial estabelecendo um litígio aparente, quando a realidade é outra, com fraude à lei, notadamente para lesar terceiros. Assim, o juiz constatando possível simulação na avença poderá recusar a homologação já que o art. 142 do CPC/15, estatui que:

> *Art. 142. Convencendo-se, pelas circunstâncias, de que autor e réu se serviram do processo para praticar ato simulado ou conseguir fim vedado por lei, o juiz proferirá decisão que impeça os objetivos das partes, aplicando, de ofício, as penalidades da litigância de má-fé.*

Uma vez realizado o acordo, homologado pelo juiz, valerá como decisão irrecorrível, ressalvada apenas em relação à Previdência Social, já que esta é terceira na relação processual, *ex-vi* do art. 831, parágrafo único, da CLT, com a redação da Lei n. 10.035, de 24.10.2000.

O preposto e a sua participação na conciliação trabalhista.

A jurisprudência tem admitido a conciliação celebrada exclusivamente pelo preposto, porque está na condição de representante do empregador, conforme a seguinte decisão:

> ***Conciliação celebrada exclusivamente pelo preposto da reclamada — Validade*** *— Sendo facultado ao empregador fazer-se substituir na audiência de conciliação e julgamento por gerente ou qualquer outro preposto, em contrapartida suas declarações obrigarão o proponente — o que também significa que os acordos por ele celebrados em Juízo, mesmo desacompanhado de advogado, igualmente obrigam por completo o reclamado, nos termos e para os efeitos do parágrafo único do art. 831 da CLT, sem necessidade de outorga prévia e formal de poderes especiais para tanto. É o que decorre claramente dos arts. 791,* caput, *e 843, § 1º da mesma Consolidação Laboral.* (TRT 3ª Reg. — AP 3.707/96 — (Ac 2ª T.) — Rel. Juiz José Roberto Freire Pimenta — DJMG 31.5.1997)

Ressalte-se, também, que o preposto, quando conhecedor dos fatos sobre os quais versa o litígio, sabendo também da política do seu empregador em face das suas funções, poderá auxiliar em muito o advogado que vem a patrocinar a defesa, principalmente, na sala de audiência, por ocasião da tentativa conciliatória, oportunidade em que poderá ajudar nas discussões atinentes à solução negociada do litígio.

Assim, se a empresa-reclamada manifestar interesse numa composição visando pôr fim ao litígio, o preposto deverá se dirigir à audiência, munido de todas as informações necessárias não só para o seu depoimento, mas também de elementos que lhe ajudem na defesa dos interesses do empregador, sem se esquecer da proposta de acordo.

Aliás, as considerações feitas por Aristeu de Oliveira sobre o tema merecem ser evidenciadas:

> *É necessário que o preposto tenha conhecimento do assunto em questão, devendo analisar e estudar a fundo os fatos e ficar inteirado de todo o litígio desde seu início, para que o esclareça da melhor maneira possível na audiência, pois, caso contrário, a ignorância do preposto será a causa da condenação da empresa, isto é, estará colaborando com a outra parte: o empregado.*[73]

Ademais, atualmente, com os avanços tecnológicos, bem como da informatização de dados, grande parte das empresas possui não só todo o registro do empregado, mas também a folha de pagamento informatizada e consequentemente acessada ao seu banco de dados, no qual constam todas as informações necessárias para elaboração da folha de pagamento e cálculos trabalhistas. Assim, em pouco tempo se tem toda a planilha de custo do processo numa eventual condenação.

Afora isso, há muitas empresas especializadas em fornecimento de programas para cálculos de verbas trabalhistas com assessoria permanente, envolvendo, inclusive, os cálculos concernentes aos juros e correção monetária. A própria Justiça do Trabalho tem contribuído em muito com o fornecimento de planilha de cálculos, inclusive com juros e correção monetária.

Este apoio de que falamos ajuda em muito o preposto, o qual poderá comparecer à audiência, munido de cálculos que possam contrapor aos oferecidos

73 OLIVEIRA, Aristeu de. *Manual de prática trabalhista.* 31. ed. São Paulo: Atlas, 2000. p. 474.

pelo reclamante, ou exequente, se o processo estiver na fase de execução, notadamente aos direitos relacionados com as horas extras e verbas rescisórias, parcelas estas em que gravitam a maioria das ações trabalhistas.

Acrescentamos que, na atualidade, com a pandemia do Coronavirus-19, o preposto se obriga a acompanhar as modificações ocorridas mediante Medidas Provisórias editadas pelo Poder Executivo, algumas delas convertidas em lei, outras não, principalmente aquelas que envolvem alterações contratuais que atingem o salário, condições de trabalho e medidas de segurança e medicina do trabalho para melhor desempenhar o seu papel. Daí, porque, quando responsável pelo corpo jurídico de um grupo econômico tínhamos preferência de recrutar entre os empregados das empresas do grupo os estudantes de Direito, e os resultados sempre foram satisfatórios, alguns deles se transformado em excelentes profissionais na área jurídica .

Ainda, se houver a celebração de acordo, o preposto assumirá toda a responsabilidade em nome da empresa, como se fosse concretizado pelo próprio empregador. Nesse caso, o termo do ajuste firmado entre as partes passará a vigorar como sentença definitiva, apta para ser executada, em caso de descumprimento, daí a sua importância.

O termo de acordo só poderá ser desconstituído mediante o ajuizamento de ação rescisória (Súmula n. 259 do TST), cuja ação é de cabimento restritíssimo na Justiça do Trabalho.

O preposto, ao assinar a ata de audiência com os termos nela constantes, deverá verificar juntamente com o seu advogado se as respectivas condições, objeto da conciliação estão em sintonia com o negociado, a forma de pagamento, bem como as datas estabelecidas para o devido cumprimento, atendo-se com muita atenção à multa fixada em caso de descumprimento do acordo.

Deverá também ser definida no acordo a natureza jurídica das verbas, objeto da composição, quais sejam as que possuem incidência da contribuição previdenciária e do imposto de renda, ficando ciente, inclusive, da existência de multa em caso de descumprimento do acordo, normalmente de 50% (cinquenta por cento) sobre o valor acordado.

Por outro lado, muitos Juízes só têm homologado o acordo com o comparecimento do reclamante à audiência para ratificá-lo, havendo até recomendação dos Tribunais Regionais do Trabalho nesse sentido, necessidade que se faz mais presente na atualidade, por causa da definição da natureza jurídica das verbas pagas (Lei n. 10.035/2000) já que nem sempre estão discriminadas no ajuste. A presente decisão ilustra bem a questão:

> ***Ementa: Acordo extrajudicial. Homologação. Necessidade de comparecimento do empregado à audiência em inauguração para ratificação do pactuado.*** *O Direito do Trabalho, estruturado com base no dirigismo contratual e no princípio de proteção ao empregado, impõe limites à manifestação de vontade do trabalhador, como forma de compensar sua inferioridade econômica diante do empregador. Não seria razoável que o mesmo ordenamento jurídico realizasse de maneira imperativa a tutela do trabalhador para depois deixar seus direitos à mercê da autonomia de sua vontade, já que o empregado, contratante em princípio necessitado e pressionado pela angústia econômica, muitas vezes carece de condições psicológicas e materiais para manifestar livremente a sua vontade e se submete a acordos lesivos a seus interesses. Daí se faz necessária, para a homologação do acordo celebrado extrajudicialmente e em direta aplicação do que estabelece expressamente o art. 844 da CLT, a presença do obreiro na audiência em inauguração para ratificar todos os termos do ajuste, assegurando-se, dessa forma, que a sua vontade, manifestada em Juízo, diante das ponderações e esclarecimentos feitos pela autoridade judiciária, é livre, consciente e isenta de qualquer vício de consentimento.* TRT 3ª Reg. RO 18.161/99 — (Ac. 2ª T.) — Rel. Juiz José Roberto Freire Pimenta. DJMG 13.9.2000, p. 25.

Acordo extrajudicial. Exigências

Ao se referir a decisão acima sobre acordo extrajudicial, é importante esclarecer que com a Lei n. 13.467, de 13.7.2017, denominada de reforma trabalhista, a Justiça do Trabalho passou a ser competente para a homologação de acordo extrajudicial, portanto, a jurisdição voluntária, em face da inclusão da alínea "F" no art. 652 da CLT, de forma que os acordos entabulados pelas partes, fora de provocação judicial, poderão ser homologados, desde que atendidos os requisitos previstos nos arts. 855- B a 855-E, que constam do Capítulo III-A, da CLT, como seguem:

CAPÍTULO III-A

DO PROCESSO DE JURISDIÇÃO VOLUNTÁRIA PARA HOMOLOGAÇÃO DE ACORDO EXTRAJUDICIAL

Art. 855-B. O processo de homologação de acordo extrajudicial terá início por petição conjunta, sendo obrigatória a representação das partes por advogado.

§ 1º As partes não poderão ser representadas por advogado comum.

§ 2º Faculta-se ao trabalhador ser assistido pelo advogado do sindicato de sua categoria.

Art. 855-C. O disposto neste Capítulo não prejudica o prazo estabelecido no § 6º do
art. 477 desta Consolidação e não afasta a aplicação da multa prevista no § 8º do art. 477 desta Consolidação.

Art. 855-D. No prazo de quinze dias a contar da distribuição da petição, o juiz analisará o acordo, designará audiência se entender necessário e proferirá sentença.

Art. 855-E. A petição de homologação de acordo extrajudicial suspende o prazo prescricional da ação quanto aos direitos nela especificados.

Parágrafo único. O prazo prescricional voltará a fluir no dia útil seguinte ao do trânsito em julgado da decisão que negar a homologação do acordo.

Conforme se verifica pelo art. 855-B, o processo de homologação terá início por petição conjunta, sendo obrigatória a representação das partes por advogado, sendo que o § 1º deixa bem claro que a representação não poderá ser feita por advogado comum, ou seja, para as duas partes, justamente para evitar a possibilidade de ato simulatório. Permite-se também que o trabalhador seja assistido pelo advogado do sindicato de sua categoria (§ 2º).

O art. 855-C evidencia que o acordo extrajudicial não prejudica o prazo estabelecido no § 6º do art. 477 da CLT, o qual se refere ao prazo para o pagamento das verbas rescisórias, e nem afasta a aplicação da multa prevista no§ 8º do mesmo artigo, em caso do seu descumprimento.

Já o art. 855-D estabelece que o juiz não é mero homologador de acordo extrajudicial, uma vez que ele terá, após a distribuição da petição, de analisar os termos do acordado e, se entender necessário, poderá designar audiência com o objetivo de ouvir as partes, para em seguida proferir a sua decisão ou sentença.

E, o art. 855-E prescreve que "A petição de homologação de acordo extrajudicial suspenderá o prazo prescricional da ação quanto aos direitos nela especificados, sendo que o prazo prescricional voltará a fluir no dia útil seguinte ao do trânsito em julgado da decisão que negar a homologação do acordo (parágrafo único)".

Registramos que a Lei n. 13.467, de 13.7.2017, incluiu o § 3º no art. 843 da CLT, permitindo a utilização de preposto não empregado, e que poderá acontecer de algumas empresas poderem se utilizar de prepostos contratados, principalmente em localidades distantes da sua matriz. Segundo Patrícia Esteves Jordão Giometti "Alguns profissionais do Direito do Trabalho reconhecem que a utilização do 'preposto contratado' em audiências tende ao aumento, mas indicam como um ponto negativo o enfraquecimento da conciliação nas audiências pelo fato de o preposto não ser empregado. Ouso discordar, posto que na prática forense o próprio advogado da parte já possui prévia autorização para o acordo, com limite para negociação em audiência. Se necessário ultrapassar tal alçada, comumente, tanto o patrono quanto o preposto, seja ele empregado ou terceiro, entram em contato com a empresa, ou mesmo, ainda que raramente, pedem a suspensão da audiência para tratativas. Maior agilidade a tanto, contudo, somente nos casos em que o próprio empregador, o 'dono do negócio' se faz presente, mas neste caso não há mais a figura do preposto. De todo o exposto, o que resta evidente e deve servir de alerta aos empregadores é que **o preposto, independentemente de ser empregado ou contratado, deve conhecer o caso, a realidade fática da empresa e do quanto alegado na ação**, posto que suas declarações são tomadas como se proferidas pelo 'dono do negócio' e obrigarão a empresa no processo. Insisto nesse ponto, pois, na prática, mesmo um empregado pode não conhecer a realidade fática. Por exemplo, nos casos de incorporação de empresas com muitos dispensados ou até mesmo setores específicos que não podem enviar alguém da área pela atividade desenvolvida"[74].

Evidentemente que a empresa diligente com as causas trabalhistas tomará todas as cautelas para a indicação de seu representante (preposto) quando se tratar de processos complexos a exigir pessoa qualificada para ser seu preposto e que sem dúvida deverá recair sobre empregado com fidúcia necessária para bem desempenhar a função.

Finalmente, o preposto deverá anotar, em sua agenda, as respectivas datas e o valor das parcelas a serem pagas, de forma que um dia antes do vencimento de cada parcela se inteire junto ao respectivo setor que cumprirá o acordo, a ultimação das providências para o respectivo pagamento e recolhimento das contribuições legais (Previdência Social e Imposto de Renda), para se evitar qualquer dúvida e possível descumprimento que dará ensejo a cobrança da multa pela parte adversa.

Jurisprudência

Ementa: Conciliação parcial. Responsabilidade do tomador não resolvida e expressamente ressalvada. Reabertura da instrução processual. Ausência de coisa julgada. Não há como interpretar o acordo celebrado entre empregado e empregador como quitação da obrigação reivindicada em face do tomador dos serviços. Nos termos do parágrafo único do art. 831 da CLT, o termo de conciliação valerá como decisão irrecorrível para as partes que o firmaram, mas não alcança a pretensão expressamente ressalvada. Inexiste óbice à celebração de acordo parcial entre aqueles que o desejam, sem que isso implique a exclusão dos que dele não participaram e contra os quais ainda se almeja o provimento jurisdicional. TRT 3ª Reg. AP-0011545-64.2016.5.03.0142 — (Ac. 5ª T.) — Rel. Manoel Barbosa da Silva. DEJT/TRT 3ª Reg. n. 2.710/19, 26.4.2019, p. 1120-1.

Ementa: Agravo de petição. Conciliação. Controvérsia acerca da ocorrência do pagamento de parcelas da obrigação. Ajuste de realização dos pagamentos por meio de depósito em conta bancária. Documentos da operação bancária ilegíveis. Dada a

74 GIOMETTI, Patrícia Esteves Jordão. *O preposto sob a nova ordem trabalhista*, 9.4.2018. Disponível em: <www.Migalhas.com.br>. Acesso em: 4 ago. 2019.

importância dos comprovantes dos depósitos bancários por meio dos quais a executada/agravante diz ter pago a obrigação que assumiu em razão da conciliação que aceitou nos presentes autos, caberia a ela zelar por sua conversação. É o zelo que se exige da pessoa média. Não apresentada qualquer argumentação plausível que justifique a cooperação perseguida no caminho de obter fragmento que comprove o adimplemento, nem comprovado o pagamento das 3ª e 4ª parcelas da obrigação, porque os documentários bancários acostados são manifestamente ilegíveis, outra alternativa não resta senão concluir que o devedor não se desincumbiu do seu dever de demonstrar o fato obstativo ao direito. TRT 1ª Reg. AP-0010096-10.2015.5.01.0224 — (Ac. 10ª T.) — Rel. Leonardo Dias Borges. DEJT/TRT 1ª Reg. n. 2.253/17, 21.6.2017, p. 495-6.

Ementa: Acordo em fase de execução. Princípio da conciliação. Princípio da autonomia da vontade. Renúncia da solidariedade. Art. 282 do Código Civil. Possibilidade. Em que pese haver decisão transitada em julgado sobre a responsabilidade solidária, é perfeitamente admissível e lícita a renúncia à solidariedade de um, alguns ou de todos os devedores, hipótese prevista no art. 282 do Código Civil, que encontra respaldo no princípio da autonomia da vontade das partes e no princípio da conciliação. E o art. 764 da CLT assegura às partes a possibilidade de celebrarem acordo em qualquer grau de jurisdição e fase processual, inclusive na execução. Agravo provido. TRT 2ª Reg. Proc. n. 00604007020075020028 AP — (Ac. 3ª T. 20170301863) — Rel. Luciana Carla Correa Bertocco. DOe/TRT 2ª Reg., 16.5.2017, p. 16.

Ementa: Conciliação. Proposta. Ausência. Nulidade. Adiamento da audiência. No procedimento ordinário do sistema processual trabalhista, a proposta de conciliação é feita pelo juiz laboral, necessariamente, em dois momentos distintos, a saber: na abertura da audiência, nos termos do art. 846 da CLT ao dispor que "aberta a audiência, o juiz ou presidente proporá a conciliação", e antes da sentença, depois das razões finais. Acarretará nulidade dos atos posteriores praticados no processo, na hipótese de o magistrado não formular a proposta de conciliação, o que justificou o adiamento da audiência inaugural pela d. juíza de origem. Não tendo a reclamante comparecido na nova data, impõe-se o arquivamento do feito nos termos do art. 844 da CLT. TRT 3ª Reg. RO-0002033-73.2013.5.03.0009 — (Ac. 9ª T.) — Rel. Juiz Convocado Paulo Emilio Vilhena da Silva. DEJT/TRT 3ª Reg. n. 1.640/15, 8.1.2015, p. 71.

Ementa: Recurso de revista em face de decisão publicada antes da vigência da Lei n. 13.015/2014. Nulidade processual. Ausência da segunda proposta de conciliação. Art. 850 da CLT. A ausência de nova proposta de conciliação, conforme disposição inserta no caput do art. 850 da CLT, não importa em nulidade processual, diante da previsão estabelecida no art. 794 do mesmo diploma legal, segundo o qual só haverá nulidade quando resultar dos atos inquinados manifesto prejuízo às partes (pas de nullité sans grief). *Considerando que as partes podem se conciliar a qualquer tempo, conforme previsão do art. 764, § 3º, da CLT, não se verifica prejuízo algum decorrente do fato de não ter sido renovada a proposta de conciliação. Precedentes. Recurso de revista de que se conhece e a que se nega provimento.* TST-RR-0089500-15.2007.5.02.0014 — (Ac. 7ª T.) — Rel. Min. Cláudio Mascarenhas Brandão. DEJT/TST n. 1.597/14, 6.11.2014, p. 2247-8.

Ementa: Conciliação — Conceito e Interpretação — A conciliação, que é o ato bilateral ou plurilateral, praticado em juízo, por intermédio do qual as partes, fazendo concessões recíprocas, põem termo à controvérsia de fato e/ou de direito, deve ser interpretada de forma restrita, pelo que nela se contém expressamente, mormente no que tange à cláusula de quitação outorgada pelo empregado ao seu ex-empregador. TRT 3ª Reg. RO 01387-2005-131-03-00-4 — (Ac. 4ª T.) — Rel. Juiz Luiz Otavio Linhares Renault. DJMG 28.1.2006, p. 19.

Ementa: Ausência do preposto. Propostas concliatórias não realizadas. Restando caracterizado que o preposto da reclamada não estava presente à audiência não ocorreram as propostas conciliatórias exigidas pela CLT, impondo-se assim a anulação da r. Sentença, para que sejam corretamente efetivadas as propostas conciliatórias e, se couber, colher-se o depoimento pessoal do preposto. TRT 1ª Reg. RPS 627-2005-301-01-00-9 — (Ac. 6ª T.) — Rel. Desembargador Agra Belmonte. DJRJ 21.2.2006, p. 145.

Ementa: Nulidade. Renovação da proposta conciliatória. O descumprimento da regra contida no art. 850 da CLT (que determina a renovação da proposta de conciliação, após razões finais e antes da prolação da sentença) atrai a nulidade dos atos processuais, porquanto se trata de violação de norma cogente, de ordem pública. Esse momento processual, quando já encerrada a instrução, é propício para a renovação da proposta de conciliação, porquanto as partes têm condições de considerar os elementos concretos de prova e reavaliar a postura inicial concernente à rejeição da primeira proposta conciliatória. Ora, apesar de ser possível a celebração de acordo em qualquer fase do processo (art. 764, *caput* e § 3º da CLT), não há dúvida de que a prolação da sentença, sem que seja conferida às partes a oportunidade de conciliação, dificulta ou até mesmo inviabiliza a realização de acordo, sobretudo pela parte que se viu beneficiada pelo resultado do julgamento. Nulidade que se declara, determinando-se o retorno dos autos à MM. Vara do Trabalho de origem, para que seja designada nova audiência de encerramento (com a devida notificação das partes), em que deverá ser proposta a conciliação, proferindo-se nova decisão, como se entender de direito. TRT 3ª Reg. RO 00667-2004-043-03-00-6 — (Ac. 7ª T.) — Relª Juíza Alice Monteiro de Barros. DJMG 24.1.2006, p. 11.

CAPÍTULO XVI

PREPOSTO E O CONHECIMENTO DOS FATOS

É imprescindível que o empregador compareça, pessoalmente, à audiência trabalhista ou então pelo representante (preposto) por ele designado, o qual deverá ser conhecedor dos fatos alegados pelo trabalhador, bem como o conhecimento da rotina da empresa.

Ocorre que, por força do que dispõe o parágrafo primeiro do art. 843 da CLT, poderá prestar depoimento em audiência, respondendo às perguntas formuladas pelo Juiz do Trabalho, como também terá que responder às perguntas formuladas pela parte adversa, as quais serão feitas por intermédio do Juiz que conduz à causa. Evidentemente que as perguntas terão como base os fatos articulados na reclamação trabalhista, cujas declarações obrigarão o preponente. Certo também que o preposto deverá responder às perguntas sem contradições e em sintonia com os argumentos expostos na contestação.

O preposto não precisa estar presente aos fatos litigiosos, uma vez que ele poderá se utilizar de informações junto às pessoas que trabalhavam ou que trabalham com o reclamante, ou mesmo por meio de relatório de inspeção feita pela empresa, como ocorre em caso de justa causa, principalmente nas grandes empresas. Portanto, o conhecimento dos fatos será de forma indireta e por vários meios: documentos, relatórios, informações de outros empregados etc. Nesse sentido, a seguinte decisão:

> ***Ementa: Preposto. Conhecimento indireto dos fatos. Irrelevância. Confissão inexistente.*** *Do preposto, ao contrário do que ocorre com as testemunhas, não se exige conhecimento direto dos fatos, bastando que seja capaz de prestar as informações pertinentes sobre os pontos controvertidos, corroborando a tese da defesa. Daí porque irrelevante a circunstância de haver sido admitido após a ocorrência dos fatos que gizam a controvérsia, dela não emergindo qualquer*

consequência processual, muito menos a confissão. TRT 18ª Reg. RO 0001504-59.2012.5.18.0013 — (Ac. 2ª T.) — Rel. Des. Paulo Pimenta. DEJT n. 1.126/12, 17.12.2012, p. 111.

Não há também nenhum prejuízo para o processo se o preposto foi admitido na empresa depois do desligamento do empregado reclamante, já que ele poderá ter conhecimento dos fatos, como salientado acima. A respeito, veja-se a seguinte decisão:

> ***Ementa: Preposto. Admissão em data posterior ao enceramento do vínculo de emprego objeto da ação trabalhista.*** *Exige a legislação, apenas, que o preposto seja sócio, diretor ou empregado da empresa, não havendo óbice, se aquele conhecer dos fatos, tenha sido admitido posteriormente ao encerramento do vínculo de emprego objeto da ação trabalhista ajuizada pelo empregado. Sobre a matéria, a Súmula n. 377 do TST não faz nenhuma ressalva quanto ao limite temporal do contrato de trabalho do preposto, sendo expressa, apenas, no sentido de que "...o preposto deve ser necessariamente empregado do reclamado".* TRT 12ª Reg. RO 0004583-31.2011.5.12.0051 — (Ac. 3ª T., 27.11.2012) — Rel. Juiz Gracio Ricardo Barboza Petrone. TRT-SC/DOE 6.12.2012. Data de Publ. 7.12.2012.

Saliente-se que preposto não é testemunha, mas o representante do empregador no juízo trabalhista e sua presença é imprescindível, podendo ser empregado ou não, em face do que dispõe o § 3º do art. 843 da CLT, acrescentado pela Lei n. 13.467, de 13.7.2017, que passou a permitir expressamente a representação do empregador, por empregado ou não.

Portanto, se o preposto comparece à audiência desconhecendo completamente os fatos que cercam a demanda ou respondendo com evasivas às perguntas a ele direcionadas, o que demonstra nada saber sobre o litígio, a consequência será a aplicação dos efeitos da confissão quanto à matéria de fato ao empregador, se não houver outros elementos de prova nos autos. Nesse caso, a pretensão constante da peça inicial será tida como verdadeira.

Ilustra bem a questão a decisão proferida no Processo n. 818/00, pelo Dr. Marco Antônio de Souza Branco, Juiz Titular da 1ª Vara do Trabalho de Assis/SP, na parte relacionada com o depoimento da preposta:

A preposta da reclamada não soube prestar qualquer informação ao Juízo, tais como horário de saída do reclamante, horário de funcionamento do setor de funilaria (cingindo-se a declarar que quando necessário o setor funcionava até depois de horário normal), não soube dizer se o reclamante anotava o ponto e voltava a trabalhar, e por fim, não soube informar até que horas o chefe do reclamante permanecia na oficina.

Nos termos do art. 843, § 1º, da CLT, o empregador pode fazer-se substituir em audiência por gerente ou por preposto que tenha conhecimento dos fatos, sendo que as declarações prestadas por este vincularão o preponente. Não exige a lei que esse conhecimento seja direto e pessoal e que o preposto seja contemporâneo do reclamante, pois o substituto do empregador, em audiência, não atua na qualidade de testemunha. A única exigência é de que o mesmo saiba quais são os fatos controvertidos, sob a ótica patronal. Tal ciência pode advir por meio de informações colhidas junto ao departamento do pessoal e documentos, junto a outros trabalhadores, quer por outros meios. O desconhecimento da matéria fática implica em confissão ficta do empregador...[75]

Nesse sentido a doutrina:

"Torna-se, pois, imprescindível que o preposto conheça os fatos sobre quais versa o litígio. Esse conhecimento não necessita ser direto. Não se exige que o preposto tenha conhecimento pessoal dos fatos, mas sim que tenha conhecimento dos mesmos. Assim, o fato de haver sido admitido na empresa após a dispensa do reclamante não impede que preste depoimento... Se o preposto ignora completamente os fatos relativos ao processo, impõe-se a aplicação da pena de confissão ao empregador, não obstante a presença de quem o represente na audiência...".

Observa-se em decisão que o preposto não sabia a data da admissão do reclamante, o que levou a ser reconhecida aquela que foi alegada na reclamação:

Ementa: 1. Data de admissão. Preposto sem conhecimento dos fatos. Confissão ficta. O art. 843, § 1º, da CLT, faculta ao empregador fazer-se substituir por preposto, exigindo, entretanto, que ele tenha ciência dos fatos debatidos na lide. Além disso,

75 GONÇALVES, Emílio. *O preposto do empregador no processo do trabalho.* 3. ed. São Paulo: LTr, 1995. p. 25.

a Súmula n. 377/TST esclarece que esse representante deve ser empregado da reclamada, salvo quanto à reclamação de empregado doméstico, ou contra micro ou pequeno empresário. Em suma, no processo do trabalho, o comando é claro: preposto é empregado com conhecimento dos fatos. Nesse sentido, o desrespeito a essa norma, sem motivo justificado, equivale a recusa de depor, nos termos do art. 386 do CPC. Nesse contexto, considerando o desconhecimento dos fatos litigiosos pelo preposto, tenho como correta a aplicação da confissão ficta em desfavor da reclamada, consoante regra do art. 385, § 1º, do CPC. Assim, deve ser reconhecido o vínculo de emprego no lapso anterior à anotação da CTPS, conforme alegação exordial. 2... Recurso do reclamante conhecido e parcialmente provido. TRT 10ª Reg. RO-0001953-21.2016.5.10.0103 — (Ac. 1ª T.) — Rel. Des. Grijalbo Fernandes Coutinho. DEJT/TRT 10ª Reg. n. 2.427/18, 5.3.2018, p. 1404-5.

Tais decisões nos dão conta das atribuições do preposto e a sua importância para o empregador já que o representará em juízo e suas declarações serão tidas como do próprio empregador.

Aliás, muitas vezes o empregador determina que o preposto seja pessoa que esteja na gerência ou chefia da área de pessoal ou de recursos humanos justamente pelo conhecimento que possui da empresa e com mais precisão sobre os fatos que cercam o processo. Vale dizer que:

> *O preposto que vai para a audiência sem conhecer os fatos que cercam o litígio poderá ser comparado ao ator que vai para o palco sem saber o papel que deverá desempenhar.*

Assim, não podemos deixar de reiterar que o empregador quando indica um preposto para representá-lo na audiência deverá exigir dele que faça uma análise do processo (inicial e defesa, se estiver disponível pelo advogado que patrocina a causa), bem como os documentos que instruam o feito, como também deve municiar-se de informações possíveis sobre a causa, já que prestará depoimento pessoal em audiência sobre os fatos em litígio e dos quais não poderá sair com evasivas.

Lembro-me, como Juiz, que em uma oportunidade, ao fazer perguntas à preposta do reclamado, o seu patrono de pronto informou que ela tinha sido admitida há dois dias e nada sabia da reclamação no que o advogado da parte adversa requereu a pena de confissão pelo desconhecimento dos fatos da representante do empregador.

Portanto, houve um descuido por parte do empregador e, mesmo do advogado que patrocinava a causa. É temerário comparecer com uma pessoa (preposta) desconhecendo os fatos constantes da reclamatória. Em tal situação, seria preferível uma solução negociada a levar adiante o processo.

As informações sobre o reclamante, principalmente quando se trata de pedido de horas extras ou de matéria fática, devem ser obtidas com os superiores do litigante, inclusive de possíveis testemunhas e inteirando-se de todos os detalhes que cercam o litígio.

Isso porque, nem sempre o pedido que consta da reclamação espelha a realidade, pois com a nossa experiência como preposto por vários anos muitas situações constantes da petição inicial não correspondiam à verdade. Por exemplo, o reclamante mencionava trabalho em todos os dias até às 20 horas, quando isso era esporádico. Na inicial, por exemplo, afirmava-se que laborava até às 20 horas, mas as suas aulas começavam às 19 horas e pelas informações colhidas no estabelecimento que estudava, as informações davam conta de que raramente faltava às primeiras aulas.

Também pode acontecer que o reclamante leve testemunha que nunca trabalhou com ele, e sim em setor totalmente diverso e, nesse caso, o preposto deverá informar esse fato ao advogado.

Concluindo, podemos dizer que o desconhecimento dos fatos pelo preposto acarreta ao empregador a pena de confissão quanto à matéria de fato se não houver outros elementos nos autos que os elidam.

Lembramos que o Tribunal Superior do Trabalho já decidiu que “Se o preposto indicado não tem conhecimento do fato, tal circunstância equivale a não comparecer a Juízo para depor ou a recusar-se a depor, o que autoriza a aplicação da sanção processual de confissão, conforme previsto no artigo 345 do CPC/1973, vigente na data em que o preposto prestou seu depoimento pessoal, e no artigo 386 do CPC/2015. Com efeito, esses preceitos autorizam que o juiz da causa declare na sentença ter havido recusa de depor pela parte que, sem motivo justificado, deixar de responder o que lhe foi perguntado, ou empregar evasivas". Configurada a recusa de depor, a consequência será necessariamente considerar a parte fictamente confessa, nos precisos termos dos §§ 2º e 3º do artigo 343 do CPC/1973 e nos §§ 1º e 2º do artigo 385 do CPC/2015" (RR-384-37.2013.5.04.0303, 2ª Turma, Relator Ministro Jose Roberto Freire Pimenta, DEJT 14/10/2016).

A doutrina e jurisprudência trabalhistas são majoritárias nesse sentido, conforme se vê na parte destinada à jurisprudência dos nossos Tribunais.

Jurisprudência

Ementa: Confissão ficta da reclamada. Desconhecimento dos fatos pelo preposto. Ausência de prova em contrário. Presunção de veracidade dos fatos alegados pela autora. "(...) De acordo com o art. 843, § 1º, da CLT, 'é facultado ao empregador fazer-se substituir pelo gerente, ou qualquer outro preposto que tenha conhecimento do fato, e cujas declarações obrigarão o proponente'. Da referida norma extrai-se que o desconhecimento dos fatos pelo preposto da reclamada, imprescindíveis para o deslinde da questão posta em Juízo, importa em confissão *ficta* da reclamada, presumindo-se verdadeiros os fatos articulados pela autora na inicial, sobre os quais não haja prova em contrário já produzida nos autos. (...)." (RR 384-37.2013.5.04.0303, Relator Ministro: José Roberto Freire Pimenta, Data de julgamento: 5.10.2016, Data de publicação: 7.10.2016). TRT 18ª Reg. AIRO-0011187-31.2017.5.18.0083 — (Ac. 3ª T.) — Relª Desª Rosa Nair da Silva Nogueira Reis. DEJT/TRT 18ª Reg. n. 2.648/19, 23.1.2019, p. 116.

Ementa: confissão ficta. Desconhecimento dos fatos pelo preposto. Presunção relativa. Sucessão trabalhista. Nos termos do art. 843, § 1º, da CLT, com a redação vigente na data da propositura da ação, e da Súmula n. 377 do C. TST, exige-se que o preposto seja empregado da empresa e que tenha conhecimento dos fatos discutidos. Por isso, o desconhecimento de fatos relevantes implica confissão ficta, com consequente presunção relativa de veracidade das alegações iniciais, passível de ser infirmada por outros elementos probatórios. Contudo, em um contexto de sucessão trabalhista, onde há alteração de empregadores e o reclamante sequer conhece o sócio da empresa, a aplicação desta regra deve ser cautelosa e requer a análise de todo o conjunto probatório capaz de elidir a confissão ficta. TRT 3ª Reg.

RO-0011171-97.2015.5.03.0040 — (Ac. 10ª T.) — Rel. Leonardo Passos Ferreira. DEJT/TRT 3ª Reg. n. 2.615/18, 5.12.2018, p. 1299.

Ementa: Anotação em CTPS. Presunção relativa de veracidade. Alegação de labor em período diverso. Confissão ficta do preposto. Ônus da prova. Pedido acolhido. O preposto tem por obrigação conhecer os fatos da lide, conforme expressamente prescreve o art. 843, § 1º, da CLT. A aplicação da pena de confissão ficta decorre, portanto, do descumprimento de exigência legal. Alegado, na inicial, labor além do período registrado em CTPS, a situação processual, como posta, apresenta um conflito, em tese, de presunções, ambas relativas. Por um lado, registro documental presumivelmente verdadeiro, nos termos da Súmula n. 12 do TST), e, por outro lado, a confissão ficta do preposto, ao não ter conhecimento sobre o ponto, conforme lhe incumbia, por força de lei. Nesse cenário, o resultado é desfavorável ao réu. A presunção decorrente das anotações da CTPS sucumbe à presunção de veracidade das alegações iniciais, justamente porque é o registro em CTPS que é o objeto da controvérsia instaurada e que foi objeto de posterior meio de prova — confissão ficta —, sem que o réu tenha produzido qualquer outro elemento de convicção sobre a questão, ônus que passou a ser seu a partir da confissão em que incorreu o preposto. Sentença mantida. TRT 9ª Reg. RO-0000455-42.2014.5.09.0666 — (Ac. 6ª T.) — Relª Sueli Gil El Rafihi. DEJT/TRT 9ª Reg. n. 2.513/18, 9.7.2018, p. 248.

Ementa: Confissão ficta. Desconhecimento dos fatos pelo preposto. Encerramento da instrução processual. Enviar preposta(o) que nada sabe, equivale à ausência do empregador (art. 844 da CLT) ou à recusa para depor (art. 343, § 1º, do CPC), importando confissão ficta (art. 844 da CLT e art. 343, § 2º, do CPC). Afinal, não seria justo que os reclamantes, acusados de ato de improbidade, tivessem subtraída a possibilidade de obter confissão de qualquer fato prejudicial à reclamada, ante a ignorância completa da preposta. Incensurável, assim, a conduta do juiz que, diante do desconhecimento dos fatos pelo preposto, encerra a instrução processual, conforme entendimento já pacificado na Súmula n. 74, II, do C. TST, uma vez que, se mesmo aplicada a confissão, fosse dada continuidade à instrução probatória, qual então seria o efeito daquela? — Por que motivo respeitariam os empregadores a determinação para depor se, de antemão, soubessem que em caso de descumprimento o resultado seria nenhum? — O art. 400 do CPC (aqui de aplicação supletiva, por força do que dispõe o art. 769 da CLT), diz que o Juiz deve indeferir, dentre outras hipóteses, prova sobre fatos confessados. Deste modo, o encerramento da instrução processual e a decretação da confissão ficta da empregadora preservam a credibilidade da sanção processual, não se cogitando de eventual cerceamento do direito de prova/defesa. Recurso Ordinário conhecido e não provido. TRT 15ª Reg. (Campinas/SP) Proc. RO-61500-09.2009.5.15.0067 — (Ac. n. 17621/2013-PATR, 10ª C.) — Rel. José Roberto Dantas Oliva. DJe/TRT 15ª Reg. n. 1.185/13, 14.3.2013, p. 780.

Ementa: Preposto. Conhecimento Indireto dos Fatos. Irrelevância. Confissão Inexistente. Do preposto, ao contrário do que ocorre com as testemunhas, não se exige conhecimento direto dos fatos, bastando que seja capaz de prestar as informações pertinentes sobre os pontos controvertidos, corroborando a tese da defesa. Daí porque irrelevante a circunstância de haver sido admitido após a ocorrência dos fatos que gizam a controvérsia, dela não emergindo qualquer consequência processual, muito menos a confissão. TRT 18ª Reg. RO 0001504-59.2012.5.18.0013 — (Ac. 2ª T.) — Rel. Des. Paulo Pimenta. DEJT n. 1.126/12, 17.12.2012, p. 111.

Ementa: Depoimento pessoal — Preposta — Desconhecimento dos horários de escala do ônibus — Pena de confesso — Impossibilidade. O fato da preposta, em depoimento pessoal, afirmar que desconhece os horários de escala do ônibus em que a reclamante trabalhava não pode ser tido como confissão a respeito das horas extras, porquanto a mesma soube informar os fatos relevantes ao deslinde da controvérsia, além de que, nos autos, existem outros elementos capazes de formar o convencimento do juiz. TRT 3ª Reg. RO-599-94.2010.5.03.0028 (RO-599/2010-028-03-00.0) — (Ac. 2ª T.) — Rel. Des. Sebastião Geraldo de Oliveira. DJe/TRT 3ª Reg. n. 665/11, 8.2.2011, p. 69.

Ementa: Desconhecimento de fato pelo preposto. Confissão ficta. Confronto com outras provas constantes nos autos. O reino do Direito do Trabalho é o da materialidade, que toma as presunções por relativas. Neste rumo, não há como ter por absoluta a verdade presumida ante confissão ficta, declarada ante resposta do preposto sem conhecimento sobre determinado fato. Em não se tratando de confissão real, mas de simples presunção, outros elementos de prova, revestidos de materialidade, melhor servem à formação do convencimento judicial. Aplicação tópica do princípio da persuasão racional e da livre apreciação da prova, positivado no art. 131 do CPC; e analógica do disposto na Súmula n. 72, II, do C. TST. RO não provido. TRT 18ª Reg. RO-0000141-97.2013.5.18.0111 — (Ac. 1ª T.) — Rel. Juiz Eugênio José Cesário Rosa. DEJT n. 1.270/13, 18.7.2013, p. 42.

CAPÍTULO XVII

PREPOSTO E CONHECIMENTO PARCIAL DOS FATOS OU ALHEIOS AO CONTRATO DO TRABALHO

O parágrafo 1º do art. 843 da CLT confere a faculdade ao empregador de ser substituído na audiência trabalhista pelo gerente ou, então, por outra pessoa, que poderá ser empregado ou não do empregador. Isso se dá pela Lei n. 13.467, de 13.7.2017, que acrescentou o § 3º ao mencionado artigo, para permitir a possibilidade de o empregador ser representado por pessoa que não seja seu empregado.

De qualquer forma, o empregador deve ser precavido e diligente na indicação de seu representante legal, inclusive com a determinação para que ele se inteire de todos os fatos sobre os quais versa o litígio, mesmo porque a doutrina e jurisprudência trabalhistas são no sentido de que o preposto pode ter conhecimento dos fatos de forma indireta, ou seja, mediante informações obtidas em relatórios ou junto aos superiores do reclamante ou por outras fontes.

Poderá acontecer de o preposto não ter conhecimento das atividades do reclamante de forma minuciosa e com isso ser surpreendido com as perguntas formuladas pelo Juiz ou pelo advogado da parte adversa. Muitas vezes existem detalhes técnicos da função do trabalhador ou de outras questões de que, na sua profundeza, o preposto não tem conhecimento para dar o seu depoimento.

Há casos, também, em que o preposto possui conhecimento apenas dos fatos que ensejaram a justa causa, na sua essência, não sabendo, no entanto, de outros detalhes que podem ser relevantes para o deslinde da causa. Vale dizer que o seu conhecimento não é absoluto, mas parcial.

Em tais circunstâncias, a jurisprudência tem deixado antever que o julgador não poderá aplicar os efeitos da confissão ao empregador só porque o seu representante desconhecia os fatos em seus detalhes. É de ressaltar, conforme ensina Ferreira Prunes que:

> *Impõe-se que se esclareça que são fatos absolutamente distintos o ato de contestar e o de depor. Poderá o empregador credenciar preposto para representá-lo em juízo trabalhista, contestando e prestando depoimento em nome do reclamado. Interessa agora apenas e tão somente a participação do preposto no ato de depor. Se o preposto comparece, o empresário não é revel, pois revel é a pessoa que não atende ao chamamento judicial. Poderá, isto sim, ser confesso, por confissão real, quando admite os fatos articulados pela parte contrária, ou por ficção, quando silencia. Poderá ainda não esclarecer os fatos, por ignorá-los. Sobre isto é de boa memória ementa da lavra do ilustre Campos Batalha (TRT da 2ª Região, Proc. 8.966/74, proferida em 7.4.1975, Calheiros Bomfim, Dicionário, 1976, Ementa n. 3127):*
>
> > *Declarando o preposto conhecer os fatos genéricos, embora desconhecendo detalhes, era o* quantum satis *para não se ter o empregador como revel. Mesmo que assim não fora, não poderia o juiz ter acolhido sumariamente o pedido, como ocorreu. Torna-se indispensável uma sentença, com os requisitos do art. 832 da CLT, o que não se verificou.*[76]

É certo, no entanto, que há uma subjetividade na avaliação do que seja conhecimento parcial dos fatos, cabendo, no caso, ao julgador a sua valoração, em conjunto com os demais elementos probatórios dos autos. Na parte destinada à jurisprudência destacamos algumas decisões que tratam do assunto.

Reiteramos, no entanto, que o preposto deve se inteirar de todas as questões que envolvem o litígio a fim de melhor desempenhar o seu mister. O empregador não deve correr o risco de designar uma pessoa que esteja alheia aos fatos sobre os quais versa o litígio, bem como desconhecer a empresa, sob pena de sofrer as consequências de uma condenação, a qual dificilmente poderá ser modificada em face das sanções impostas pela lei.

76 PRUNES, José Luiz Ferreira. *Absenteísmo, revelia e confissão no direito brasileiro do trabalho*. 2. ed. São Paulo: LTr, 1999. p. 176.

Ementa: 1... 2 — Preposto — Desconhecimento parcial dos fatos ensejadores da justa causa do empregado — Inaplicação da pena de confissão. A aplicação da pena de confissão a preposto de empresa, em juízo, requer o desconhecimento absoluto dos fatos deduzidos em juízo ou ignorância tal deles que não permita elidir as alegações do obreiro. Estando patenteado que o representante da empresa desconhecia apenas circunstâncias que passavam a "*latere*" dos fatos ensejadores da justa causa praticada pelo Empregado, mas não as essenciais, não cabe falar em aplicação da pena de confissão. Recurso de revista não conhecido integralmente. (TST — RR 499533 — 4ª T. — Rel. Min. Ives Gandra Martins Filho — DJU 1º.9.2000 — p. 438)

Ementa: preposto. Confissão ficta. § 1º do art. 843 da CLT. Fato alheio aos domínios da empresa. Inocorrência. Diferentemente das questões relacionadas diretamente ao contrato de trabalho, o acidente de percurso, por se tratar de episódio alheio ao local da prestação dos serviços e, portanto, estranho às possibilidades de controle e fiscalização patronal, refoge ao ônus contido no § 1º do art. 843 da CLT. Isso porquanto não é possível exigir do preposto — representante do empregador — conhecimento acerca de fatos ocorridos fora dos domínios da empresa, sobre os quais apenas poderá saber se assim lhe for noticiado. TRT 12ª Reg. RO 0007046-62.2012.5.12.0001 — (Ac. 3ª T. 29.10.2013) — Relª Juíza Ligia Maria Teixeira Gouvêa. TRT-SC/DOE 14.11.2013. Data de Publ. 18.11.2013. (*LTr Sup. Jurisp.* 2/2014, p. 14).

1. [...]

Ementa: Confissão — Preposto. O preposto deve conhecer, em linhas gerais, as atividades desempenhadas pelo reclamante, mas não tem a menor obrigação de conhecer as minúcias técnicas destas atividades ou a natureza dos produtos manuseados, melhor aferíveis pelo perito, donde não tem cabimento aplicar à empresa a pena de confissão ficta se ignora ele estes detalhes. (TRT — 12ª R. — 2ª T. — Ac. n. 1.1026/96 — Rel. Juiz Garcia Neto — DJSC 5.12.1996 — p. 68) *Revista do Direito Trabalhista*, Brasília: Consulex.

Ementa: Confissão ficta. Desconhecimento de detalhes irrelevantes pelo preposto. A circunstância de o preposto não se lembrar de pequenos e irrelevantes detalhes não autoriza a aplicação da penalidade em destaque à empresa, notadamente em se tratando de período contratual relativamente longo. Há que se interpretar com razoabilidade o art. 843, § 1º da CLT, pois não se pode exigir que o representante do empregador tenha conhecimento de cada passo do reclamante ou de absolutamente tudo o que se passa na empresa, até porque ele não pode estar em mais de um lugar ao mesmo tempo, sendo, outrossim, limitada a memória do ser humano. TRT 3ª Reg. RO-20386/99 (Ac. 4ª T.) — Rel. Juiz João Bosco Pinto Lara. DJMG 3.6.2000, p. 11.

Ementa: Confissão ficta. Desconhecimento dos fatos pelo preposto. Prova documental. Prevalência. Não está o preposto da empresa obrigado a conhecer todas as minúcias das atividades de cada um dos empregados. Se lisamente admite ele desconhecer determinado detalhe, este fato não equivale à confissão ficta e, muito menos, serve, por si só, para infirmar prova documental em contrária à tese do reclamante. TRT 12ª Reg. — RO-V-5804/96 — (Ac. 2ª T. 05415/97) — Rel. Juiz Luiz Garcia Neto. DJSC 2.6.1997, p. 230.

CAPÍTULO XVIII

PREPOSTO E AS DECLARAÇÕES CONTRÁRIAS AOS INTERESSES DO EMPREGADOR

O preposto, como já reiteramos em diversas oportunidades nesta obra, tem um papel relevante na defesa dos interesses do seu empregador, seja de ente privado ou público, já que estará na condição de representante do empregador, pois em seu nome falará.

É recomendável que a indicação do preposto recaia em empregado de confiança do empregador, embora pela jurisprudência trabalhista essa representação não leva o ocupante ao cargo de confiança a que alude o item II do art. 62 da CLT, mas é possível que pessoa de renomada função na empresa venha a exercer essa representação, ainda que em situação esporádica.

A verdade é que encontramos na jurisprudência trabalhista a existência de casos em que o preposto faz declarações ou então a sua participação não se harmoniza com os interesses do empregador, ou, seja, é omisso deliberadamente embora ciente dos fatos sobre os quais versam o litígio. Pode até inadvertidamente ajudar a parte contrária, o trabalhador, justamente por não ter sido preparado adequadamente para a representação ou também por desconhecimento dos fatos.

A respeito do afirmado, dois casos apreciados pelo Tribunal Superior do Trabalho em ações rescisórias, as quais foram ajuizadas com a finalidade de desconstituição de demanda transitada em julgado, ou seja, aquela em que foram esgotados todos os recursos cabíveis, já que de recurso não se trata a ação rescisória por ser uma via muito estreita, em face dos limites impostos pelo art. 966 do CPC/2015.

Uma das mencionadas ações tinha por argumento que o preposto admitiu a relação de emprego com o demandante — reclamante, em virtude de ter ocorrido um erro da identificação da pessoa do autor da reclamatória, dada a existência de homônimo. O autor da ação rescisória não teve sucesso, porque não conseguiu provar as suas alegações, conforme se verifica pela ementa do Acórdão:

> *Ação rescisória. Fundamento para invalidar a confissão. Comprovação. Ausência. Ação rescisória com fulcro no arts. 585, inciso VIII, inciso II e 352, inciso II, ambos do CPC, contra sentença que condena a então Reclamada com base em confissão de preposto, que teria admitido o vínculo de emprego com o então Reclamante. Alegação de erro de identificação da pessoa do Reclamante, dada a existência de homônimo. Para invalidar a confissão e rescindir a decisão que nela se baseia, mister a comprovação de alguma causa que haja viciado a livre manifestação de vontade do confitente. Não basta a simples alegação de que o preposto cometeu um engano quanto à identidade do Reclamante. Recurso ordinário a que se nega provimento.*TST-ROAR-538.435/1999.6 — (AC. SBDI 2) — 18ª Reg. — Rel. Min. João Oreste Dalazen. DJU 15.12.2000, p. 880.

Na segunda delas foi acolhida alegação de que o preposto bem como o advogado da reclamada fazia parte da reclamatória (ação de cumprimento) e, com isso ficou patente que houve não só desinteresse, mas também omissão do preposto na defesa dos interesses do seu empregador, cuja ementa está assim posta:

> *Ação rescisória. Desconstituição da confissão ficta. Bem andou o egrégio TRT ao rescindir a sentença originária por considerar inválida a confissão ficta reconhecida. Como se pode verificar na relação de substituídos apresentada pelo Sindicato-Autor, constam os nomes do preposto e do advogado da reclamada. O fato de que o preposto, suposto representante da Reclamada, afirmou em juízo nada conhecer da reclamação trabalhista, aduzindo não ter nada a contestar, já acena com séria suspeição de seu comportamento. Ainda que desconhecesse os fatos narrados na exordial, seria de esperar que aos menos esboçasse qualquer sinal de contrariedade ao requerimento do sindicato, ou até mesmo tentasse justificar a ausência do advogado a fim de ganhar tempo para contestar a ação, a bem dos interesses do empregador, que naquele momento representava. É claro o enquadramento na hipótese prevista no art. 485, VIII, do CPC.* TST-ROAR-584.726/1999.2 — (Ac. SBDI 2) — 21ª Reg. — Rel. Min. Francisco Fausto. DJU 2.2.2001, p. 880.

É importante assinalar que, diante de tais fatos, pode ter ocorrido de o preposto comparecer à audiência sem qualquer orientação sobre a sua condição de representante do empregador, portanto, sem conhecimento dos fatos expostos na reclamação. Nesta situação, a responsabilidade é do empregador que se descurou de indicar uma pessoa preparada para a árdua função de preposto.

O acórdão n. 11.433/96, da 8ª Turma, prolatado pela Juíza Wilma Nogueira de Araújo Vaz da Silva, do Egrégio TRT da Segunda Região, demonstra que o preposto, portando a contestação da empresa e, mesmo assim, recusou-se a fazer a defesa oral. Evidentemente, que, em situação como esta, o preposto não estava preparado para agir como tal, porquanto na Justiça do Trabalho ainda predomina o *jus postulandi*, que permite a atuação da representante da empresa sem a presença do advogado. Veja-se a fundamentação do citado acórdão:

> A decretação de revelia e a imposição da pena de confissão ficta quanto à matéria de fato era de rigor, no caso, face à ausência da empresa, que portava a contestação, à audiência de 9.2.1994, foi dada ao preposto a oportunidade de manifestação, recusando-se o mesmo, contudo, a aduzir defesa oral. A 21.2.1994 manifestou-se a ora recorrente por meio de razões finais, requerendo a juntada de documentos, cuja devolução a parte foi, acertadamente, determinada pela r. Juízo de origem, face ao encerramento da instrução processual. E agiu com acerto porque o princípio da concentração, de plena vigência nesta Justiça Especializada, impõe que toda a prova seja oferecida na audiência de instrução e julgamento, devendo a documentação que embasa as razões de defesa necessariamente acompanhar a contestação, vedada a apresentação em momento posterior, a não ser que se trate de documento referente a fato superveniente ou a que a parte teve acesso apenas após a audiência.

Aliás, tivemos caso em que, ouvindo o preposto, este estava dando declarações contrárias ao que constava da defesa, quando o patrono da reclamada se insurgiu contra a continuidade do seu depoimento, com a afirmação de que o preposto teria sido admitido na empresa há poucos dias e, por essa razão, o seu depoimento em nada contribuiria para o deslinde da causa, além de comprometer a reclamada. Nessa hipótese, é evidente que o empregador não se acautelou na indicação do seu representante. Acredita-se até que a indicação foi feita com a presunção de que o preposto não seria ouvido em audiência, que pode acontecer, ou não foi alertado de que a audiência seria una (as partes e testemunhas ouvidas na mesma audiência). Evidentemente, que em situação como esta, de logo a parte contrária requereu os efeitos da confissão porque o preposto desconhecia todos os fatos que cercavam o litígio.

O preposto, por outro lado, não pode ser contraditado e muito menos por quem está representando, conforme se infere da seguinte decisão:

> ***Preposto que desconhece os fatos litigiosos. Confissão ficta. Impossibilidade de sua contradita por parte da própria empresa.*** *O art. 843, § 1º, da CLT, faculta "ao empregador fazer-se substituir pelo gerente, ou qualquer outro preposto que tenha conhecimento do fato, e cujas declarações obrigarão o proponente". Quando o preposto desconhece os fatos objetivados pela demanda, torna irregular a representação patronal, frustrando o intuito do depoimento pessoal. Em tal hipótese, o empregador sofrerá as consequências de sua incúria, inclusive com a incidência da pena de confissão ficta, nos limites da matéria ignorada. Fosse cabível e obtida a "contradita do preposto", o reclamado, em verdade não teria comparecido, regularmente, à audiência, em prosseguimento, merecendo, aí, ampla confissão ficta, nos termos do art. 844,* in fine, *da CLT. A "contradita" do preposto, no entanto, não encontra proteção legal, sendo, efetivamente, impossível. Eventual desacordo entre as intenções patronais e o que relata o seu representante, em sessão judicial, merecerão discussão em esfera outra, escapando dos limites do litígio trabalhista, sob pena de violência e subversão da boa ordem processual. Recurso desprovido* (TRT 10 Reg. — RO-5567/97; Ac. 2ª T.; Rel. Juiz Alberto Luiz Bresciani de Fontam Pereira, DJU 12.6.1998). *Revista do TRT da 10ª Reg.*, v. 8, n. 8, jan./dez. 1998.

Ressaltamos que se for comprovado que o preposto agiu em desconformidade com a orientação recebida pela empresa, como a realização de acordo sem autorização, ou em valor superior ao autorizado, sem qualquer justificativa para o seu ato, ou então, agindo deliberadamente contrário à realidade fática para favorecer o reclamante, o empregador poderá dispensá-lo por justa causa, sob o fundamento da perda da confiança, que é uma das características mais importante que marca e justifica a continuidade do vínculo empregatício. Entretanto, a prova nesse caso deverá ser muito robusta porque se trata de desqualificar um empregado que até então era de confiança do empregador.

Como recomendação, o empregador deve indicar como preposto empregado de sua inteira confiança, dado o fato de que a representação envolve riscos em função das declarações que forem feitas em audiência, pois serão como as do próprio empregador. Da mesma forma, caso o preposto não seja empregado, o empregador deverá ter o mesmo cuidado na designação da pessoa que vai fazer a representação. Recomenda-se que o preposto se apresente a Justiça do Trabalho com a carta de preposição.

Jurisprudência

***Ementa: Ação rescisória. Vício de consentimento no acordo celebrado no processo matriz. Advogados do reclamante que agiram em suposto conluio com o preposto da reclamada. Ilegitimidade passiva* ad causam.** Advogados não possuem legitimidade *ad causam* para figurar no polo passivo de ação rescisória em que se discute vício de consentimento no acordo celebrado no processo matriz. No caso, os advogados da parte reclamante na ação originária, atuando com procuração com assinatura falsa, teriam praticado ato simulado em colusão com o preposto da empresa reclamada, consistente na celebração de acordo. Entendeu-se, entretanto, que os aludidos profissionais não são terceiros juridicamente interessados, para fins do art. 487, II, do CPC de 1973, porque a eventual desconstituição da sentença homologatória não alcançaria a relação jurídica desses causídicos com as partes no processo. Sob esses fundamentos, a SBDI-II decidiu, por unanimidade, conhecer dos recursos ordinários dos réus e, no mérito, por maioria, dar-lhes parcial provimento para, reconhecendo a ilegitimidade passiva *ad causam*, extinguir o processo sem resolução de mérito, em relação aos advogados réus, na forma do art. 267, VI, do CPC de 1973. Vencidos os Ministros Douglas Alencar Rodrigues, relator, Renato de Lacerda Paiva, Emmanoel Pereira e Ives Gandra Martins Filho, que conheciam e não proviam o recurso ordinário dos réus, por considerarem irrecusável a presença no polo passivo da ação dos advogados que conluiaram. TST-RO-10022-

22.2013.5.08.0000, SBDI-II, rel. Min. Douglas Alencar Rodrigues, red. p/ acórdão Min. Alberto Luiz Bresciani de Fontan Pereira, 4.4.2017

Ementa: Nulidade por cerceamento de defesa. Depoimento pessoal contrário à tese da inicial. Indeferimento da prova testemunhal. O indeferimento de prova desnecessária constitui prerrogativa do magistrado, em virtude dos princípios do livre convencimento e da celeridade processual, previstos nos arts. 5º, LXXVIII, da Constituição Federal, e 139 do Código de Processo Civil de 2015, bem como da ampla liberdade na condução do processo, prevista no art. 765 da Consolidação das Leis do Trabalho. No caso, nenhuma irregularidade se vislumbra no decorrer da instrução processual e do indeferimento da oitiva da testemunha do autor, haja vista o teor do depoimento pessoal da parte, que não ratificou as alegações da inicial, não havendo qualquer nulidade a ser declarada. TRT 2ª Reg. (SP) Proc. 00025904720145020011 RO — (Ac. 11ª T. 20160632565) — Relª Wilma Gomes da Silva Hernandes. DOe/TRT 2ª Reg., 6.9.2016, p. 31.

Confissão de preposto — Sem efeito. Não surte efeito confissão de preposto, que visivelmente tenta beneficiar colega de trabalho, contrariando farta prova material não impugnada nos autos e os próprios termos da defesa realizada pelo empregador, entidade pública, que tinha por obrigação conhecer para o desempenho de sua missão judicial, como sua representante. (TRT — 2ª R. — 3ª T. — Ac. n. 2970284639 — Rel. Décio Daidone — DJSP 1º.7.1997 — p. 26) *Revista do Direito Trabalhista*, Brasília: Consulex.

CAPÍTULO XIX

EMPREGADOR DOMÉSTICO E SUA REPRESENTAÇÃO EM JUÍZO

A Lei Complementar n. 150, de 1º de junho de 2015, que dispõe sobre o contrato de trabalho doméstico e veio em substituição à Lei n. 5.859, de 11.12.1972, define no art. 1º que "Ao empregado doméstico, assim considerado aquele que presta serviços de forma contínua, subordinada, onerosa e pessoal e de finalidade não lucrativa à pessoa ou à família, no âmbito residencial destas, por mais de 2 (dois) dias por semana, aplica-se o disposto nesta Lei".

Portanto, a partir da mencionada lei, só se considerará empregado doméstico quando o trabalho for por mais de 2 dias por semana. Quando não, será considerada diarista, sem vínculo empregatício.

Incluem-se, no conceito de empregado doméstico, a faxineira, a copeira, a arrumadeira, a cozinheira, a enfermeira, o motorista particular, o porteiro, o guarda, o cuidador, o jardineiro da residência particular e outras atividades sem fins lucrativos.

O conceito de âmbito residencial comporta uma interpretação ampliativa, de forma a alcançar os trabalhadores em casas, chácaras de lazer, de recreio ou de veraneio já que constituem em prolongamento da residência.

Logo, o que caracteriza o empregado doméstico não é a natureza do serviço que ele presta, mas o contexto em que é realizado. Se a pessoa trabalha no âmbito residencial de uma pessoa ou da família, é doméstico, não importando a tarefa por ele desempenhada.

Se as atividades do trabalhador estiverem relacionadas com atividade econômica do empregador a situação muda. Explica Emílio Gonçalves que se "houver exploração de atividade com fins lucrativos, quer na residência urbana, quer no sítio ou chácara de recreio, e desde que o empregado doméstico concorra com o seu trabalho para essa atividade, descaracteriza-se a natureza do trabalho doméstico, — passando o serviçal à condição de empregado comum, não doméstico e, em consequência, aplicando-se-lhe a legislação trabalhista na íntegra"[77].

Por outro lado, o trabalho do doméstico é prestado no âmbito da família e normalmente é registrado em nome de uma pessoa que faz parte da família, no caso, o marido, mulher ou filhos.

Há casos em que o contratante é o filho do empregador doméstico, inclusive quem faz o pagamento do salário, mas sempre em nome do pai, beneficiário dos serviços. No entanto, o registro do contrato de trabalho é feito em nome do pai, sendo que nesse caso, o trabalhador deverá fazer a reclamação contra as duas pessoas, pai e filho, para evitar questionamento sobre a parte legítima para responder à ação, porque pode acontecer de o filho questionar com a alegação de que o responsável pela contratação é o pai, beneficiário dos serviços, e não ele.

Aliás, em razão da peculiaridade que cerca o trabalho doméstico, há presunção de que todos os membros da família, mesmo parentes, em algumas situações, são conhecedores dos fatos que se relacionam com a empregada e o seu trabalho no âmbito da residência ou no seu prolongamento (sítios de lazer, casa de praia etc.).

Nesse contexto, o entendimento jurisprudencial é no sentido de que qualquer membro da família poderá funcionar como preposto em caso de reclamação trabalhista e, na realidade, é isso que acaba acontecendo.

Há, inclusive entendimento de que empregador doméstico poderá ser representado por outra pessoa que trabalha na casa, citando, como exemplo, o mordomo ou governanta.

Justificam tal posicionamento Valentim Carrion e Rita Maria Silvestre ao dizer que "sendo a Justiça do Trabalho competente para solucionar o litígio entre empregado e empregador regidos por legislação social, é inquestionável se lhe estenda,

77 GONÇALVES, Emílio. *O preposto do empregador no processo do trabalho.* 3. ed. São Paulo: LTr, 1995. p. 113.

por aplicação analógica, o disposto no art. 843 consolidado, não obstante o art. 7º, *a*, da CLT"[78].

Desde o momento em que se exigia que o preposto fosse empregado, essa regra não se aplicava ao empregador doméstico, conforme se verifica pelos termos da antiga Orientação Jurisprudencial n. 99 da SDI do TST:

> *Preposto. Exigência da condição de empregado, exceto quanto à reclamação de empregado doméstico. O preposto deve ser necessariamente empregado do reclamado. Inteligência do art. 843, § 1º, da CLT.*

Essa Orientação Jurisprudencial com o tempo foi transformada na Súmula n. 377 do TST, que tem a seguinte redação:

> *Ementa: PREPOSTO — EXIGÊNCIA DA CONDIÇÃO DE EMPREGADO — (NOVA REDAÇÃO. RESOL. N. 146, DE 24.4.2008, DJ 5.5.2008) Exceto quanto à reclamação de empregado doméstico, ou contra micro ou pequeno empresário, o preposto deve ser necessariamente empregado do reclamado. Inteligência do art. 843, § 1º, da CLT e do art. 54 da Lei Complementar n. 123, de 14 de dezembro de 2006. (ex-OJ n. 99 — Inserida em 30.5.1997)*

Como se vê pela citada Súmula não houve modificação no que concerne à representação do empregador doméstico em juízo trabalhista já que a permissão para que seja feita por outra pessoa, mesmo que não seja a empregadora, continua vigorando.

Aliás, a Lei n. 13.467, de 13.7.2017, denominada de "reforma trabalhista" também não trouxe nenhuma modificação em relação à situação do empregador doméstico. Ao contrário, essa nova Lei acrescentou o § 3º ao art. 843 da CLT, o qual permite que a representação do empregador seja feita por não empregado, o que vale dizer que, desde 11.11.2017, data da vigência da Lei n. 13.467/17, não prevalece a regra da Súmula n. 377, do TST, que vigorou até 10.11.2017.

78 CARRION, Valentin; SILVESTRE, Rita Maria. Os empregados domésticos. In: PINTO, José Augusto Rodrigues (coord.). *Noções atuais de direito do trabalho. Estudos em homenagem ao professor Élson Gottschalk.* São Paulo: LTr, 1995. p. 356.

Assim, o empregador doméstico poderá ser representado em audiência trabalhista por qualquer pessoa que resida na mesma casa em que o empregado doméstico trabalhe ou tenha trabalhado, ou por outra pessoa, mesmo que seja parente, mas que tenha condições de fazer a devida representação.

Esse procedimento é coerente em relação ao empregador doméstico, pois poderá acontecer de haver pessoa que resida com a família empregadora sem fazer parte dela, considerando-se também outras situações que acontecem no cotidiano da vida familiar.

De notar-se que o Tribunal Superior do Trabalho admitiu como preposta secretária do reclamado. A defesa alegou que o reclamado era estrangeiro, residente no Brasil, em razão de mandato de presidente de uma empresa, hoje, de capital estrangeiro; ter, em virtude da demanda ajuizada pela reclamante, sua ex-empregada doméstica, sido obrigado a constituir preposto para representa-lo em audiência, pois suas obrigações funcionais o impediam de comparecer naquelas ocasiões. A decisão tem a seguinte ementa:

> *Ementa: Recurso de revista. Nulidade da decisão por negativa de prestação jurisdicional. Deixa-se de analisar a preliminar em epígrafe, nos termos do art. 249, § 2º, do CPC, pois se vislumbra desfecho favorável à recorrente. Nulidade da decisão por cerceamento de defesa. Representação do empregador doméstico em audiência. Preposto. Condição de empregado não exigida, desde que tenha conhecimento do fato. Possibilidade. O cerne da discussão posta em debate é saber se é exigido que o preposto do empregador doméstico seja empregado do reclamado. A jurisprudência desta Corte tem entendido não se exigir do empregador doméstico que o preposto seja obrigatoriamente seu empregado, podendo ele nomear pessoa a qual tenha conhecimento dos fatos envolvendo a relação mantida entre as partes. Nesse sentido a Súmula n. 377 do TST, com o seguinte teor: "exceto quanto à reclamação de empregado doméstico, ou contra micro ou pequeno empresário, o preposto deve ser necessariamente empregado do reclamado. Inteligência do art. 843, § 1º, da CLT e do art. 54 da Lei Complementar n. 123, de 14 de dezembro de 2006". No caso em debate, a preposta indicada pelo reclamado, conforme registrado pelo Regional, era sua secretária na empresa onde era o presidente. Assim sendo, se o juízo de 1º grau não reconheceu a regularidade da condição da preposta*

indicada pelo reclamado, não permitindo que ela nem mesmo fosse ouvida, até para avaliar se tinha ou não conhecimento dos fatos os quais envolviam a lide, não poderia o Regional ter consignado não ser crível ou presumível que a preposta, na condição de secretária do reclamado, não tivesse conhecimento dos fatos envolvendo a relação mantida entre ele e a reclamante, visto que não fazia parte da família do empregador ou não integrava o ambiente residencial dele. A condição de desconhecimento dos fatos da lide, a qual invalidaria o desempenho do papel de preposto no caso em tela, deve ser constatada, e não simplesmente presumida. Há precedentes. Recurso de revista conhecido e provido. TST-RR-0001293-33.2010.5.01.0056 — (Ac. 6ª T.) — Rel. Min. Augusto César Leite de Carvalho. DEJT/TST n. 1.878/15, 17.12.2015. *Tribunal Superior do Trabalho, n.* 5571/2.

Essa decisão nada mais fez do que confirmar o posicionamento do TST em outro processo (RR-28100-31.2005.5.05.0161 da 6ª Turma, Rel. Min. Aloysio Corrêa da Veiga, data da publicação: DJ 11.5.2007) em que foi admitida a representação por terceiro no caso de reclamação de doméstico, encontrando-se a seguinte afirmação no corpo da respectiva ementa:

> *[...] nas relações domésticas pode-se admitir que os amigos ou as pessoas que frequentam o ambiente familiar tenham conhecimento dos fatos que envolvem a relação de emprego entre o empregado doméstico e o empregador, e não apenas os familiares. Por envolver aspectos tão íntimos da vida privada do empregador é que a jurisprudência interpretou a lei de modo mais abrangente, a permitir que o preposto seja uma pessoa próxima ao empregador, independentemente de ser parente.*

Mas, de qualquer forma, o representante deverá estar munido de carta de preposição que o identifique e conste nela autorização para eventual composição, já que responderá em nome do preponente.

O importante a ser salientado é que o representante do empregador doméstico tenha conhecimento dos fatos, ainda que não os tenha presenciando, pois é consabido que o preposto não precisa estar presente aos fatos para a devida representação.

Aqui, não podemos deixar de consignar as observações valiosas feitas por Rodolfo Pamplona Filho e Marco Antônio César Villatore ao dizerem que "o empregador doméstico, quando possuidor de mais de um empregado em sua residência, não deve desperdiçar uma testemunha em potencial, ao determinar que o substitua em audiência trabalhista, pois nesse tipo de trabalho a maior dificuldade é a de se fazer prova dos fatos"[79].

Lembramos também que os riscos de reclamatória trabalhista de empregado doméstico tende a aumentar em função da Lei Complementar n. 150, de 1º.6.2015, que além de acrescentar outros direitos a essa categoria de trabalhadores exigiu também a obrigatoriedade de controle de ponto e regulamentou outras situações especiais que são encontradas nessa atividade. Citamos, apenas, alguns direitos como o limite da jornada em 44 horas semanais, intervalos, jornada 12 x 36, jornada em regime de tempo parcial, prorrogação da jornada de trabalho, trabalho noturno, banco de horas, serviços em viagens etc.

Recomendação:

1. A pessoa indicada para ser representante ou preposta do empregador doméstico deve conhecer todos os fatos que foram objeto de reclamação justamente para não incidir em confissão, caso não responda às perguntas que lhe forem feitas. Expressões como "não sei", "não vi", "desconheço" e respostas evasivas também podem levar ao reconhecimento da confissão.

2. Quando se tratar de pedido de salário ou verbas rescisórias a prova deverá ser documental, salvo se o reclamante confirmar o seu pagamento.

3. Alerta-se ao empregador doméstico que é importantíssimo o controle da jornada de trabalho do empregado doméstico, pois é exigência da Lei Complementar n. 150, de 1.6.2015 (Art. 12. É obrigatório o registro do horário de trabalho do empregado doméstico por qualquer meio manual, mecânico ou eletrônico, desde que idôneo.) sendo certo que juntado aos autos os controles de ponto idôneos, o ônus da prova é do trabalhador, e a não

79 PAMPLONA FILHO, Rodolfo; VILLATORE, Marco Antônio César. *Direto do trabalho doméstico.* 2. ed. São Paulo: LTr, 2001. p. 138.

apresentação caberá ao empregador produzir a prova a seu favor. Essa prova é muito difícil, uma vez que as testemunhas, se forem membros da casa, poderão ser consideradas suspeitas, e as próximas, parentes e outras, precisam ser consistentes para afastar as pretensões contidas na inicial.

Jurisprudência

Ementa: Trabalho doméstico — Entidade familiar — Legitimidade passiva ad causam — Membros da entidade — Reconhecimento. O art. 3º, inciso II, do Decreto n. 71.885/73, define o empregador doméstico como sendo a pessoa ou família que admita a seu serviço empregado doméstico. Sendo assim, diante de prestação laboral de natureza doméstica, em benefício de entidade familiar, os membros desta, em razão de comporem a entidade familiar, e por serem credores diretamente da prestação laboral, empregadores potenciais, são partes legítimas passivas ad causam, na relação processual, podendo ser responsabilizados pelas obrigações trabalhistas daí decorrentes. Acaso existente o líder ou cabeça da entidade, ou coletividade familiar, suas atribuições não devem interferir na obrigação que onera a entidade como um todo. A realidade trabalhista deve imperar sobre a norma civil. Em sede de processo do trabalho, a morte do líder ou chefe da entidade familiar não deve requerer a aplicação das normas pertinentes à sucessão. (TRT — 18ª R — Pleno — Ac. n. 8292/98 — Rel. Juiz Luiz Francisco G. de Amorim — DJGO 1º.12.1998 — p. 91) (RDT 1/99, p. 57).

Ementa: O vínculo empregatício se estabelece com os cônjuges, podendo qualquer deles figurar no polo passivo ou ativo da ação. A presença em juízo de um deles, ainda que a ação tenha sido proposta contra o outro, afasta a revelia e a confissão, porque caracterizada a legitimidade de parte. (Juiz Paulo Mascarenhas Borges). (TRT 10ª R. 1ª T. RO n. 2.563/95. Rel. Juiz V. Damasceno DJDF 10.5.1996, p. 7038). *Revista de Direito Trabalhista*, Brasília: Consulex.

Ementa: Preposição em reclamatória trabalhista de empregado doméstico. Admissibilidade dela recair em qualquer dos membros da família. Em se tratando de reclamatória trabalhista intentada por pretenso empregado doméstico, é lícito ao marido ou à mulher, dependendo de quem for o demandado, indicar, como preposto, qualquer outro membro da família, por ser essa, e não o casal, o verdadeiro destinatário dos serviços prestados. (TRT 15ª R., 1ª T. Ac. n. 7.650/96 Rel. Barros Levenhagen. DJSP 22.4.1996 p. 81).

Ementa: O conjunto familiar, preserva a característica de empregador doméstico, podendo, destarte, ser demandado o companheiro responsável pela manutenção da casa. Legitimidade de parte que se reconhece. (TRT — 12ª R. — 2ª T. — Ac. n. 000528/95 — Rel. Juiz Godoy Ilha — DJSC 15.3.1995 — p. 120) *Revista de Direito Trabalhista*, Brasília: Consulex.

CAPÍTULO XX

PREPOSTO E O GRUPO ECONÔMICO

As normas que tratam do grupo econômico estão disciplinadas nos §§ 2º e 3º do art. 2º da CLT, assim dispostos:

> Art. 2º Considera-se empregador a empresa, individual ou coletiva, que, assumindo os riscos da atividade econômica, admite, assalaria e dirige a prestação pessoal de serviço.
>
> § 1º Equiparam-se ao empregador, para os efeitos exclusivos da relação de emprego, os profissionais liberais, as instituições de beneficência, as associações recreativas ou outras instituições sem fins lucrativos, que admitirem trabalhadores como empregados.
>
> § 2º Sempre que uma ou mais empresas, tendo, embora, cada uma delas, personalidade jurídica própria, estiverem sob a direção, controle ou administração de outra, ou ainda quando, mesmo guardando cada uma sua autonomia, integrem grupo econômico, serão responsáveis solidariamente pelas obrigações decorrentes da relação de emprego (Redação dada pela Lei n. 13.467, de 13.7.2017, DOU 14.7.2017).
>
> § 3º Não caracteriza grupo econômico a mera identidade de sócios, sendo necessárias, para a configuração do grupo, a demonstração do interesse integrado, a efetiva comunhão de interesses e a atuação conjunta das empresas dele integrantes (NR) (Inclusão pela Lei n. 13.467, de 13.7.2017, DOU 14.7.2017).

Modernamente, pode-se dizer que os grupos econômicos se tornaram diversificados, em razão do progresso natural de avançadas técnicas de produção e do respectivo consumo que ultrapassaram as fronteiras de sua origem com projeção internacional, de forma que, além dos dois modelos clássicos de concentração de empresas, passou-se a ter outro, o da diversidade de atuação empresarial, também denominado de conglomerado.

Edilton Meirelles explica muito bem os três modelos. Assim, pelo mencionado autor tem-se que a expansão da forma vertical ocorre quando o empreendedor "procura aplicar seu capital em áreas vinculadas à cadeia produtiva de sua atividade principal. Ele procura, assim, dominar o mercado de uma ponta à outra; da extração da matéria-prima à venda ao consumidor final". Na forma horizontal se verifica quando o capitalista "passa a atuar em áreas que sejam afins ou conexas com a sua atividade principal". E, por último, em não sendo as expansões horizontais e verticais aptas a atender a seus anseios de empresário, este "parte, então, para sua expansão generalizada. Começa, então, a atuar nas mais diversas áreas da atividade econômica. Surgem, então, os denominados conglomerados, isto é, grupos econômicos que atuam em diversas áreas da atividade econômica, não havendo entre elas, necessariamente, qualquer nexo de ligação"[80].

No campo das relações trabalhistas tem sido dada uma amplitude maior ao fenômeno da concentração de empresas para efeito do Direito do Trabalho, justamente para dar mais proteção aos créditos dos trabalhadores, tanto que em algumas espécies de grupo, a exemplo do *pool de empresas*, que antes não atraía a solidariedade trabalhista, hoje ela tem sido acolhida pela jurisprudência, conforme se nota na parte a ela destinada.

Aliás, Evaristo de Morais Filho já sintetizava os elementos necessários à formação de um grupo empresarial: a) pluralidade de empresas; b) não importa que possuam elas personalidade jurídica própria ou não; c) relação hierárquica entre a empresa dominante e a(s) dominada(s), em termos de controle, administração e direção; d) a atividade deverá ser econômica; e) somente para fim de relação de emprego haverá solidariedade entre componentes do grupo[81]. Sobre a relação hierárquica aventada (empresa dominante e dominada) como um dos elementos necessários para configuração do grupo econômico, há que ser feita uma ressalva, pois

80 MEIRELLES, Edilton. *Grupo econômico trabalhista.* São Paulo: LTr, 2002. p. 396.

81 MORAIS FILHO, Evaristo de. *Apud* DUARTE NETO, Bento Herculano. *Temas modernos de processo e direito do trabalho.* São Paulo: LTr, 1994. p. 172.

em determinadas circunstâncias essa situação não aparece clara na sua formação, tanto que afirma Sergio Pinto Martins que "O grupo não precisa ser formalizado. Pode ser informal. Não é preciso ter empresa mãe"[82]. No mesmo sentido, a lição de José Augusto Rodrigues Pinto ao assinalar que "A formação do grupo econômico, em qualquer área de atividade econômica ou financeira, pode ser *expressa* (por contrato) ou *tácita* (por presunção), valendo para identificação desta última, cuja prova se faz por indícios e presunções, o caráter de direito-realidade do Direito do Trabalho"[83].

A nova redação do § 2º do art. 2º da CLT, que foi dado pela Lei n. 13.467, de 13.7.2017, praticamente reproduz o texto do art. 3º, § 2º, da Lei n. 5.889/73, que trata do grupo econômico rural, já que foi suprimido apenas o grupo financeiro rural, portanto, não houve uma modificação substancial. É o denominado "grupo composto por coordenação em que as empresas atuam horizontalmente, no mesmo plano, participando todas do mesmo empreendimento", conforme se visualiza em decisão que consta da parte da jurisprudência.

Mas, de qualquer forma, para o reconhecimento de grupo econômico terá que haver a necessária demonstração do interesse integrado, a efetiva comunhão de interesses e a atuação conjunta das empresas dele integrantes, de forma a atrair a responsabilidade solidária, cuja exigência está definida no § 3º do art. 2º acima destacado.

O fenômeno da concentração das empresas fez com a que maioria delas passasse a ter um departamento para atender a todas as empresas que compunham o grupo econômico. Com isso, a administração de recursos humanos, inclusive a da área jurídico-trabalhista, ficava concentrado numa mesma unidade para facilitar o controle e a administração do empreendimento, como também a tomada de decisões que serviam para todas as empresas, observadas as peculiaridades de cada uma delas.

Nesse panorama, normalmente os empregados (prepostos) trabalham no departamento que controla todos os empregados da empresa-mãe e das coligadas. Ele

82 MARTINS, Sergio Pinto. *Comentários à CLT*. 20. ed. São Paulo: Saraiva, 2016. p. 27.

83 PINTO, José Augusto Rodrigues. *Anais da Academia Nacional de Direito do Trabalho*. Atualidades de Direito do Trabalho, Coordenadores Nelson Mannrich, Gustavo Vogel, Valdir Florindo e Yone Frediani. São Paulo: LTr, 2011. p. 85.

assume a incumbência de representar individualmente as empresas, mesmo porque, além de estarem todos os documentos dos empregados no departamento, dali também saem todas as instruções e informações para elaboração do relatório a ser encaminhado ao advogado que patrocina a defesa.

A jurisprudência trabalhista majoritária tem admitido a tese do empregador único, quando as empresas são do mesmo grupo econômico, tanto que o Colendo TST editou o Enunciado n. 129, depois transformado na Súmula com o mesmo número, sem alteração da sua redação:

> *A prestação de serviço a mais de uma empresa do mesmo grupo econômico, durante a mesma jornada de trabalho, não caracteriza a coexistência de mais de um contrato de trabalho, salvo ajuste em contrário.*

Entretanto, sempre é aconselhável que fique consignado no contrato de trabalho, e mesmo na Carteira de Trabalho e Previdência Social — CTPS, a condição destacada, a fim de ficar entendido que o trabalhador foi contratado nessas condições e, também, para demonstrar perante o juízo, no caso de haver oposição da parte contrária, que a empresa reclamada é participante efetiva do grupo econômico.

Francisco Antonio de Oliveira[84] admite estar legitimado para representar as empresas do grupo, o preposto que é "empregado de todas as empresas do grupo, mediante registro em carteira. É o caso, por exemplo, daquele contador que faz a contabilidade para todas as empresas, na qualidade de empregado, percebendo salário proporcional ao tempo despendido em cada empresa".

O citado autor, no entanto, não aceita como preposto o empregado contratado por determinada empresa que, embora no seu horário normal, faça a contabilidade de todas as empresas (Enunciado n. 129 do TST). Nessa situação, esse empregado só poderá representar na qualidade de preposto a empresa à qual está vinculado como empregado[85].

84 OLIVEIRA, Francisco Antonio de. *Manual de audiência trabalhista.* 2. ed. São Paulo: Revista dos Tribunais, 1999. p. 40.

85 *Ibidem*, p. 40.

Entendemos que se constar do contrato de trabalho do empregado a condição da prestação de serviços para as empresas do grupo econômico, na forma do Enunciado n. 129 do TST, e verificando-se, na prática, a sua ocorrência, sem discussão sobre a existência do próprio grupo, não há como impedir a representação ventilada.

Tal entendimento é também manifestado por Sergio Pinto Martins[86], quando afirma que "O empregado de uma das empresas pode ser preposto das demais pertencentes ao grupo, pois o empregador é o grupo, como declara o § 2º do art. 2º da CLT. Entretanto, é de se ressaltar, esse entendimento não é unânime, sendo recomendável que o preposto seja empregado da empresa que está sendo processada, para evitar a aplicação da pena de confissão".

Há situações em que se exige a presença do representante de cada empresa, notadamente quando está em discussão a própria existência de grupo econômico, porque se comparecer um representante para todas as empresas haverá a presunção de que se trata realmente de um grupo econômico. A situação se agrava também se o mesmo advogado for o defensor de todas as empresas, com a apresentação de defesa única. A presente decisão é ilustrativa a respeito:

> *Responsabilidade solidária* — Os sócios da primeira demandada figuram como acionistas e integrantes do Conselho de Administração da segunda reclamada. Ademais, ambas as reclamadas foram representadas por um único preposto na audiência inaugural, o que perdurou na audiência de prosseguimento. Da mesma forma, as demandadas constituíram os mesmos advogados, ofertando contestação única. Pelo exposto, reitera-se que as reclamadas não se desincumbiram de elidir o valor probante dos citados documentos, impondo-se considerar estas como integrantes do mesmo grupo econômico, na forma do art. 2º, § 2º, da CLT. (TRT 4ª R — RO 00887.028/97-7 — 5ª T. — Rel. Juiz José Carlos de Miranda — J. 16.11.2000)

86 MARTINS, Sergio Pinto. *Estudos de direito*. São Paulo: LTr, 1998. p. 79.

Nessa conformidade, o preposto da empresa-mãe, nela registrado, estará legitimado a representar todas as empresas do grupo, dada a existência de solidariedade entre elas.

Lembramos que, na doutrina e na jurisprudência, há entendimento no sentido de se colocar as empresas do grupo, se o caso comportar, como responsáveis solidárias sob a ótica da teoria da despersonalização da pessoa jurídica, de forma a atingir os sócios das empresas, inclusive do grupo econômico, com respaldo no art. 50 do Código Civil, art. 28 do CDC e art. 34 da Lei n. 12.529, de 30.11.2011.

Entretanto, sempre é recomendável que o preposto seja da própria empresa reclamada a fim de se evitar controvérsia sobre a questão, embora pelo disposto no § 3º do art. 843 da CLT, acrescentado pela Lei n. 13.467, de 13.7.2017, o preposto agora poderá ser empregado ou não, bastando haver a carta de preposição para comprovação da sua condição de preposto.

Jurisprudência

Ementa: Preposto. Grupo econômico. Revelia. Em face do liame empregatício do preposto com uma das reclamadas integrante do mesmo grupo econômico da outra ré, não cabe decretação da revelia (art. 843 da CLT e Súmula n. 377 do TST), pois a responsabilidade solidária entre os membros do conglomerado empresarial (CLT, art. 2º, § 2º) caracteriza a figura do empregador único, o que legitima a representação tal como ocorreu nos presentes autos. TRT 3ª Reg. RO-0011326-95.2014.5.03.0150 — (Ac. 2ª T.) — Rel. Sebastião Geraldo de Oliveira. DEJT/TRT 3ª Reg. 1700/15, 6.4.2015, p. 297-8.

Ementa: Preposto. Empregado de qualquer uma das empresas do grupo econômico. Grupo econômico. Súmula n. 377 do TST. Inaplicável. Em razão da solidariedade consagrada no § 2º do art. 2º da CLT e do disposto no art. 843, § 1º da CLT, as empresas de um mesmo grupo econômico podem ser representadas em juízo por preposto que seja empregado de qualquer uma delas, desde que tenha conhecimento dos fatos controvertidos. Ademais, não há falar em contrariedade à Súmula n. 377 do TST, pois a exigência de que o preposto seja, necessariamente, empregado da reclamada, tem como fundamento impedir a configuração do chamado "preposto profissional", hipótese diversa da tratada no caso concreto. Com esse entendimento, a SBDI-I, por unanimidade, conheceu dos embargos interpostos pelo reclamante, por divergência jurisprudencial, e, no mérito, negou-lhes provimento. TST-E-ED-RR-25600-66.2007.5.10.0004, SBDI-I, rel. Min. Lelio Bentes Corrêa, 29.5.2014.

Ementa: Empresas que pertencem ao mesmo grupo econômico. Representação pelo mesmo preposto. Possibilidade. Prova da condição de empregado do preposto. Ausência de insurgência oportuna. Matéria que se sujeita à preclusão. O Reclamante requereu a aplicação dos efeitos da revelia por terem os Reclamados se feito representar pela mesma preposta, questionando sua condição de empregada das empresas, nos termos da Súmula n. 377 do C. TST. Todavia, em nenhuma das audiências a que compareceu insurgiu-se contra a nomeação conjunta da preposta, tendo-o feito apenas na impugnação aos documentos, e ainda, sem reiterar a matéria nas razões finais ou de fazer consignar protestos. O C. TST admite a representação comum de empresas integrantes do mesmo grupo econômico, não se cogitando de incidência dos efeitos da revelia sob este viés. O art. 843, § 1º, da CLT não trata diretamente da condição de empregado do preposto, exigindo, apenas, que tenha conhecimento dos fatos, ao contrário do que sucede com o gerente, em que este "*status*" é implícito. Todavia esta interpretação flexível desembocou, em momento anterior a 30.5.1997, quando editada a Orientação Jurisprudencial n. 99 da SBD-I I do C. TST (posteriormente convertida na Súmula n. 377 do mesmo Tribunal), na chamada "indústria da preposição". Atento a esta realidade, o C. TST, no sentido de que exige a condição de empregado do preposto, por presumir que alguém, tal qual o gerente, inserido na dinâmica empresarial, teria mais condições de depor sobre a realidade dos fatos do que pessoa contratada especialmente para prestar depoimento pessoal. Mesmo não demonstrada sua condição de empregada, não se pode afirmar que houve descumprimento da finalidade social da norma (art. 6º da LINDB), tal como interpretada pelo C. TST, pois o intuito de assegurar que a preposta ofertasse depoimento fidedigno, narrando fatos que conhece em razão da profissão, ficou totalmente esvaziada quando o Reclamante (maior interessado em lhe extrair a confissão) desistiu de seu depoimento. Logo, não pode alegar prejuízo. Nesta trilha, por não se tratar de regra expressa na lei, mas inferida pelo C. TST em interpretação sistemática e teleológica, não se pode vinculá-la a questão de ordem pública, afeta à representação processual, sujeitando-se, portanto, à preclusão. Recurso do Reclamante a que se nega provimento. TRT 9ª Reg. RO-37729/2011-007-09-00.8 — (Ac. 7ª T.) — Rel. Ubirajara Carlos Mendes. DJe/TRT 9ª Reg. n. 1.290/13, 15.8.2013, p. 197.

Ementa: Preposto único. Grupo econômico. Empregador único. Possibilidade. O grupo econômico pode ser representado por preposto único, porquanto é considerado empregador único para todos os efeitos jurídicos trabalhistas, mormente quando o preposto comprova ser empregado de uma das empresas do Grupo. Por outro lado, ainda que necessário formalmente, é inócuo reconhecer a confissão de um dos litisconsortes passivos facultativos, quando o outro não é confesso, porque eles são considerados litigantes distintos, sendo que a confissão de um não prejudica o outro, o que implica reconhecer que, desde que, um e apenas um dos litisconsortes conteste e impugne especificamente os fatos, restam preservados os ônus probatórios originários. A confissão assim, será válida, porém ineficaz. TRT 12ª Reg. Proc. RO 0000708-60.2012.5.12.0005 — Ac. 3ª T., 16.10.2012) — Rel. Juiz José Ernesto Manzi. TRT-SC/DOE 26.10.2012. Data de Publ. 29.10.2012.

CAPÍTULO XXI

PREPOSTO E O EXERCÍCIO DE FUNÇÃO DE CONFIANÇA (ENQUADRAMENTO NO DISPOSTO NO ART. 62, II, DA CLT)

Afirmamos em capítulos anteriores que o preposto deve ser pessoa de inteira confiança do empregador, mesmo porque em seu nome falará em juízo.

Normalmente o empregador se vale de empregado ligado à área de recursos humanos, já que está mais familiarizado com as questões trabalhistas que emergem da relação de emprego.

Entretanto, só pelo exercício da função de preposto não o coloca como exercente da função de confiança no amplo sentido doutrinário (art. 62, II, da CLT), de forma a afastar pedido de horas extras quando houver excesso da jornada legal.

O contrato de trabalho, conforme ensina Bernardo da Gama Lobo Xavier, "é de carácter pessoal (*intuitu personae*) e pressupõe uma relação de *confiança* e de colaboração estreita, estando nele subjacente o *acreditarem* as partes em qualidades de honestidade, lealdade e confidencialidade fundamentais para a consecução da finalidade contratual"[87].

Portanto, toda relação de emprego está sustentada num laço de confiança recíproca entre empregador e empregado e que se renova continuamente, uma vez que a perda do caráter fiduciário, dependendo da gravidade dos fatos, poderá acarretar o rompimento do contrato de trabalho, tanto pelo empregado como pelo empregador (arts. 482 e 483 da CLT).

Lembra também Lobo Xavier que "O contacto íntimo e permanente que existe entre um trabalhador e o empregador envolve consideráveis riscos de lesão recíproca: o trabalhador vê-se inserido numa organização dominada pela entidade patronal e,

87 LOBO XAVIER, Bernardo da Gama. *Curso de direito do trabalho*. Lisboa: Verbo, 1992. p. 296.

portanto, encontra-se exposto à violação dos seus direitos e da sua própria personalidade; a entidade patronal insere na organização produtiva alguém que pode causar prejuízos consideráveis"[88].

A verdade é que a confiança pode ser traduzida de várias formas, a saber: a normal, existente em todo contrato de trabalho, a especial, que alcança certa categoria de trabalhador, citando, como exemplo, o caso dos bancários (art. 224, § 2º, da CLT) e a última, a excepcional, que tem como referencial o disposto no inciso II do art. 62 da CLT, que pode ser considerada aquela que exclui o trabalhador de alguns direitos trabalhistas.

Na legislação pátria não há nenhuma definição do que seja cargo de confiança e ao que saiba nem no direito comparado. No entanto, no Brasil há um referencial que é utilizado pelos operadores do Direito, no caso, o disposto no inciso II do art. 62 da CLT, que fala dos gerentes, assim considerados os exercentes de cargos de gestão, aos quais se equiparam os diretores e chefes de departamento e/ou filial. Outro requisito que norteia os cargos de gestão está na sua remuneração que deve ser superior em 40% do salário do cargo efetivo (parágrafo único do art. 62).

Ademais, "por possuírem um padrão mais elevado de retribuição e um conjunto de atribuições muito mais complexas dentro da estrutura empresarial, os exercentes de *cargo de confiança,* embora não deixando de ser empregados, estão, tanto do ponto de vista jurídico quanto sociológico, muito mais próximos dos empregadores do que dos seus demais colegas de trabalho"[89].

A jurisprudência trabalhista tem admitido que o empregado ocupante da função de confiança deve possuir poderes de gestão, estar numa hierarquia importante, além de uma remuneração condizente com o cargo, na forma do parágrafo único do art. 62 da CLT. A respeito, a seguinte decisão:

> HORAS EXTRAS. Cargo de confiança — Gerência — Art. 62, inc. II, da CLT — Chefia de um grupo definido de trabalhadores — Ausência de tipificação legal — *Mens legis.* As normas excepcionais ou mesmo especiais devem ser

88 LOBO XAVIER, Bernardo da Gama. *Curso de direito do trabalho.* Lisboa: Verbo, 1992. p. 296.

89 PINTO, José Augusto Rodrigues; PAMPLONA FILHO, Rodolfo. *Direitos individuais.* São Paulo: LTr, 2001. v. I, p. 112.

interpretadas restritivamente, donde resulta indene de dúvida a impossibilidade de alargar o conceito de gerência ou chefia para compreendê-lo no exercício de uma função de comando interno de um grupo de trabalhadores dentro do contexto empresarial. A gerência, com cargo de confiança, além dos poderes de gestão, deve exercer cargo de hierarquia importante, tanto que a lei o equipara ao cargo de diretor ou chefe de departamento ou filial. Não atendem, à evidência, o desiderato legal, doutrinário e jurisprudencial extraída do art. 62 da CLT a conceituação e a classificação como de confiança do cargo interno de chefia de um número definido de trabalhadores com qualificação específica. TRT 12ª Reg. — (Ac. 1ª T. — 3526/2001) — Rel. Juiz Antônio Carlos F. Chedid — DJSC 20.4.2001, p. 215.

Dentro desse contexto, se o preposto, além da representação do empregador em juízo, possuir poderes de gestão, remuneração na forma prevista no art. 62 da CLT, distinguindo-se sobremaneira dos demais empregados poderá ser considerado exercente de função de confiança no amplo sentido doutrinário e consequentemente não tendo direito às horas extras. Caso contrário, será apenas um empregado de confiança relativa, conforme a presente decisão:

CARGO DE CONFIANÇA — PREPOSTA. A prerrogativa da reclamante ter representado o reclamado na condição de preposto, por si só, não implica no exercício do cargo de confiança previsto no parágrafo segundo do art. 224 da CLT, mormente quando não houve prova de que a obreira tinha autonomia para fazer acordos ou qualquer outro tipo de negociação durante as audiências. O art. 843 da CLT dispõe que o empregador será representado por gerente ou qualquer outro preposto que tenha conhecimento dos fatos, sob pena de ser considerado revel e confesso quanto à matéria de fato. Portanto, para ser preposto, basta que qualquer funcionário do reclamado saiba acerca dos fatos relacionados com a lide, e não que usufruía de confiança além daquela normalmente existente na relação de emprego. TRT 3ª Reg. RO 21828/99 — (Ac. 4ª T.) — Rel. Juiz Márcio Flávio Salem Vidigal. DJMG 10.6.2000, p. 11.

Conclui-se, assim, que o empregado que exerce a função de preposto, por si só, não é ocupante do cargo de confiança a que alude o art. 62, II, da CLT, sendo necessário para o seu enquadramento que tenha poderes de gestão e de mando e os demais requisitos exigidos pela doutrina e jurisprudência para o mencionado cargo.

Jurisprudência

Ementa: Cerceamento de defesa. Testemunha recusada pelo juízo, por ter funcionado como preposta, anteriormente, em outra ação. Cerceamento caracterizado. As hipóteses de impedimento ou suspeição de testemunhas, no processo trabalhista, encontram-se previstas no art. 829 da CLT, entre as quais não se acha a de ter a testemunha recusada representado o reclamado, como preposta, em outra reclamação trabalhista. Nada impede, no meu entender, seja ouvido como testemunha simples empregado, sequer ocupante de cargo de confiança, que tenha servido como preposto do reclamado em outra ação. O preposto não precisa ser, necessariamente, gerente ou ocupante de cargo de confiança, bastando que tenha conhecimento dos fatos discutidos na ação para a qual foi credenciado como representante da empresa. Seu credenciamento esgota-se naquela ação. TRT 15ª Reg. (Campinas/SP) — RO 020406/1998 — (Ac. 3ª T. — 029368/1999) — Rel. Juiz Luiz Carlos de Araujo.

CAPÍTULO XXII

PREPOSTO E O CONTADOR AUTÔNOMO

O tema relacionado com a situação de o preposto ser ou não empregado, que é tratado no Capítulo III, ficou superado com a inclusão do § 3º no art. 843 da CLT, o qual permite que a representação do empregador seja feita por não empregado.

Agora, o contador ou outra pessoa que não seja empregado poderá representar o empregador sem que com isso leve à aplicação da revelia ou da confissão quanto à matéria de fato, salvo a existência de outros elementos nos autos que elidam os respectivos efeitos.

Muitas vezes, o contador de pequenas empresas (microempresa, empresa de pequena porte e microempreendedor), ou de empregador individual, além de fazer a contabilidade da empresa também faz serviços ligados ao pagamento de empregados, recolhimento da previdência social, do FGTS e outros serviços administrativos.

Assim, o contador, em função de tais atribuições, passa a tomar conhecimentos de fatos que envolvem a empresa, quer no seu aspecto contábil, quer no administrativo, estando, portanto, apto a representar o empregador em audiência trabalhista.

A verdade é que ainda se vê essa prática, mas de forma esporádica e que comporta uma análise dentro do princípio do contraditório e da ampla defesa assegurada pela Carta Magna (art. 5º, LV).

Imaginemos uma situação em que se discutam apenas questões salariais e, na audiência inaugural se faça presente a pessoa que executa toda a contabilidade da pequena empresa, inclusive fazendo a elaboração de folha de pagamento de salário e outras verbas pertinentes, recolhimento da Previdência Social e do FGTS e outros serviços afetos à área de pagamento e tributária. É evidente que em tais situações não há como de não permitir a sua representação como preposto do empregador.

Aliás, o prof. Amauri Mascaro Nascimento já prelecionava que "Os titulares da empresa nem sempre podem comparecer às audiências e em muitos casos conhecerão os fatos menos que os próprios contadores autônomos, aos quais confiam inclusive serviços atribuídos aos denominados departamentos de pessoal"[90].

Nesse caso, a referida pessoa, como contadora, comparece à audiência, portando carta de preposição assinada pelo sócio proprietário da empresa. O juiz, em audiência, ouvindo o reclamante para esclarecer sobre a questão do preposto, vem a receber a informação de que era ele quem elaborava a folha de pagamento e os documentos relacionados com a rescisão contratual e que comparecia com frequência à sede da empresa para apanhar os documentos relacionados com a sua prestação de serviços.

Respeitadas as opiniões em contrário, o juiz jamais poderia recusar a representação, porque, caso contrário, estaria diante de um formalismo por demais exagerado, dando-se muito mais valor ao processo do que ao próprio direito à defesa da parte, o que não se coaduna com o bom direito.

Se fosse deferida a aplicação dos efeitos da revelia e da confissão quanto à matéria de fato em situação como a relatada, estar-se-ia violando manifestamente o direito ao contraditório e da ampla defesa, direitos esses assegurados constitucionalmente pelo art. 5º, LV, da Carta Magna. A presente decisão realça bem a posição aqui expendida:

> *O empregador pode se fazer representar por quem não seja seu empregado, conquanto seja necessário o conhecimento dos fatos controvertidos, ainda que a assimilação respectiva não se opere in loco. Tal circunstância, todavia, não desqualifica o depoimento, vez que a apreensão de informações pode se efetuar por meio de análise de documentos ou diálogo com o empregador, entre tantos meios. Outra não pode ser a inteligência da regra contida no parágrafo primeiro do art. 843 da CLT sob pena de se obstar a eficácia da regra constitucional da defesa facultada à parte, cuja amplitude não pode ser postergada ou sequer restringida. Se o texto da lei ordinária é ambíguo, sua exegese deve se harmonizar com a ampla*

90 NASCIMENTO, Amauri Mascaro. *Elementos de direito processual do trabalho*. São Paulo: LTr, 1973. p. 115.

defesa constitucionalmente assegurada. (TRT 3ª Reg. RO-16341/95 (Ac. 2ª T.) — Relª Juíza Mônica S. Lopes — DJMG 29.3.1996, p. 39)

Com a entrada em vigor da Lei n. 13.467, de 13.7.2017, que se deu em 11.11.2017, não há mais proibição de o contador ser o representante do empregador em processo trabalhista.

O que deve ser salientado é que o preposto deverá ir preparado à audiência, **ainda mais quando não participa do quadro de funcionários do empregador**. É certo que o preposto precisa ter conhecimento dos fatos, pouco importando se esteve presente aos acontecimentos que deram ensejo ao pedido do reclamante.

Esclarecemos que o preposto poderá ter conhecimento dos fatos que cercam a reclamatória mediante informações constantes de relatório feito pela empresa, que tenha um resumo dos fatos que deram origem à causa, por exemplo a dispensa por justa causa, a transferência de um setor para outro, jornada de trabalho e, quando possível, obter as informações junto ao superior hierárquico do empregado reclamante.

Alertamos, no entanto, que se a reclamatória trabalhista não envolver verbas trabalhistas e outras similares, **o comparecimento de contador ou de outra pessoa estranha à empresa, sempre haverá riscos dada a possibilidade de a parte adversa explorar essa situação**, pois dependendo das respostas às perguntas a ele formuladas haverá a possibilidade da aplicação dos efeitos da confissão ou então do enfraquecimento da defesa pelo desconhecimento de fatos, principalmente quando não houver testemunhas que possam contrariar as do reclamante.

Finalmente, quando se tratar de pessoa estranha ao quadro de funcionários da empresa, entendemos que a exigência da carta de preposição se torna necessária por envolver questão de responsabilidade do representante, já que agirá em nome do empregador ou reclamado, cuja questão foi tratada no Capítulo V, ao qual nos reportamos.

Jurisprudência

Ementa: Recurso de revista. Preposto. Condição de administrador de fato da reclamada. Conforme indicou o acórdão regional, o preposto presente à audiência era sócio de fato da reclamada, tendo inclusive as testemunhas se referido a ele como administrador da empresa. Nesse sentido, reputa-se que, mesmo não formalizada sua condição de administrador da reclamada, reconheceu-se ser o preposto efetivamente legitimado a representá-la, na forma do art. 12, VI, do CPC, não havendo a necessidade de que seja, portanto, empregado. Recurso de revista não conhecido. TST-RR-198000-36.2007.5.02.0028 — (Ac. 6ª T.) — Rel. Min. Augusto César Leite de Carvalho. DJe/TST n. 1.202/13, 11.4.2013, p. 2413-4.

Ementa: Preposto — Contador. Estabelece o art. 843, § 1º, da CLT que é facultado ao empregador fazer-se substituir pelo gerente ou por qualquer outro preposto que tenha conhecimento dos fatos, cujas declarações obrigarão o proponente. Logo, nada impede que contador autônomo venha a desempenhar a função de preposto para representar a empresa. (TRT — 12ª R. — 1ª T. — Ac. n. 8.630/96 — Rel. Juiz Dilnei A. Biléssimo — DJSC 24.10.1996 — p. 64). *Revista do Direito Trabalhista.* Brasília: Consulex.

CAPÍTULO XXIII

PREPOSTO QUE SE TORNA RECLAMANTE

Pode acontecer que o preposto, ao deixar a empresa por qualquer motivo, venha a reclamar na Justiça do Trabalho possíveis direitos que no seu entender foram sonegados na vigência do contrato de trabalho.

Evidentemente que, na condição de preposto, o seu depoimento sempre esteve em harmonia com a defesa do então empregador.

A indagação que se faz é se o depoimento dado como preposto poderá ser utilizado na defesa do empregador em seu favor para contrapor a pretensão obreira?

Em primeiro lugar, é preciso ressaltar que o empregado atuando como preposto não tinha compromisso de dizer a verdade, diferente do que ocorre na situação de testemunha.

Se, por exemplo, afirmou em seu depoimento, como preposto, que no setor onde trabalhava todos os empregados cumpriam uma determinada jornada, mas a prova produzida em audiência levou a outra conclusão, é certo que na sua reclamatória, o reclamante juntará documentos que comprovarão que, na condição de preposto, estava subordinado ao seu empregador e o seu depoimento não poderia ser contrário aos interesses deste. Nessa situação, o seu depoimento, como preposto, foi feito em consonância com a defesa apresentada pelo empregador.

Por outro lado, não nos parece correto a empresa utilizar-se de depoimento de empregado que agiu como preposto em processo em que ele é reclamante, para afastar as alegações constantes da petição inicial, a não ser que haja prova manifesta no sentido de que o retratado no seu depoimento como preposto estaria em harmonia com a realidade praticada pela empresa.

Na prática, raramente se vê caso em que a empresa adota o depoimento do preposto, como prova, em reclamação por ele promovida. Como magistrado, tivemos a oportunidade de julgar caso de reclamante que, antes, era preposto, e que no seu depoimento retratou várias irregularidades praticadas pela reclamada e, que diante dos fatos, ao final da nossa decisão, relacionamos alguns dos processos também julgados contra a empresa e notificamos o Ministério Público do Trabalho para a tomada de providências que o caso requeria. A empresa, no caso, firmou, com o Ministério Público do Trabalho, três termos de ajustamento de conduta e pediu prazo para resolver outra questão mediante negociação com o Sindicato que representava a categoria dos trabalhadores.

Portanto, caso o preposto venha a ser reclamante e essa situação levada aos autos, o Juiz enfrentando a hipótese aventada deverá levar em conta todas as circunstâncias que o caso requer, a fim de não se cometer injustiça com o trabalhador, pois como representante do empregador por certo o seu depoimento está em sintonia com os interesses do empregador.

Na parte destinada à jurisprudência encontra-se decisão recente do TST em que está evidenciado que a reclamada contratava uma pessoa para ser preposta em diferentes localidades e Estados da Federação. A preposta juntou aos autos as suas atuações como preposta nas Varas do Trabalho para definir o seu enquadramento sindical e o instrumento normativo aplicável.

Jurisprudência

2 — ENQUADRAMENTO SINDICAL. ATIVIDADE PREPONDERANTE DO EMPREGADOR E BASE TERRITORIAL DA PRESTAÇÃO DOS SERVIÇOS DA RECLAMANTE. INSTRUMENTO NORMATIVO APLICÁVEL. No caso dos autos, o Tribunal Regional, a quem compete exclusivamente a análise dos fatos e provas, registrou que "é incontroverso que a reclamante pertence à categoria dos securitários, segundo a atividade preponderante de seu empregador, fato ratificado pelo estatuto social da demandada (*vide* art. 1º, fl. 218). Desta feita, a controvérsia cinge-se à base territorial de prestação de serviços da reclamante para definição do instrumento normativo aplicável.

Inobstante a recorrente alegue que a reclamante foi contratada para exercer a 'função específica de atuar como preposta em processos administrativos e judiciais', prestando serviços 'em diferentes localidades e Estados da Federação', 'lotada na sede da empresa, Brasília/DF', a prova testemunhal provou que a autora prestava serviços em Belo Horizonte e em outras cidades brasileiras, mas não em Brasília (fl. 529). (...) Observe-se que a testemunha esclarece que a reclamante comparecia, na condição de preposta, às audiências de Belo Horizonte, ressaltando que 'a reclamante era a única preposta para o Brasil inteiro, com exceção de Brasília'. Como se vê, a autora prestava serviços em todo país, salvo Brasília. Note-se que a própria reclamada junta, com a contestação, atas de audiências, nas quais a reclamante a representa, como preposta, em audiências trabalhistas, em Varas do Trabalho situadas nas cidades de Salvador--BA, Natal-RN, Rio de Janeiro-RJ e Macaé-RJ, porém, não apresenta nenhuma ata de audiência que provasse a atuação da reclamante em Brasília-DF. De igual modo, as atas de audiência de fls. 12-24, colacionadas com a peça de ingresso, evidenciam a prestação de serviços da recorrida, como preposta da reclamada, em audiências em Varas do Trabalho de Belo Horizonte. Dessa maneira, não são aplicáveis à autora os ACT juntados com a defesa, pois estes têm aplicação restrita aos empregados da SISTEL na base territorial de atuação do Distrito Federal (*vide*, por exemplo, cláusula primeira, ACT 2009/2010, fl. 258). Considerado que a autora era securitária e se ativava em todo Brasil, com exceção de Brasília, a ela são aplicáveis os instrumentos normativos firmados entre a Federação Nacional do Securitários e a Federação Nacional das Empresas de Seguros Privados e Capitalização (fls. 107-186), em atendimento aos critérios retro mencionados (arts. 511 e 611 da CLT). Destarte, mantém-se a condenação aos benefícios convencionais previstos nessas CCT (fls. 107-186)". Assim, para se chegar à conclusão exposta pela reclamada, necessário o reexame de fatos e provas, vedado nesta Instância Extraordinária, nos termos da Súmula n. 126 do TST. Recurso de revista não conhecido... TST-RR-0000588-69.2013.5.03.0025 — (Ac. 2ª T.) — Relª Min. Delaíde Miranda Arantes. DEJT/TST n. 2.674/19, 28.2.2019, p. 1141-2.

CAPÍTULO XXIV

PREPOSTO E A CONDIÇÃO DE TESTEMUNHA NO MESMO PROCESSO

Há uma distinção entre a função de preposto e a de testemunha. Na primeira, acontece a representação do empregador em juízo, valendo as suas declarações como se fossem do próprio representado, conforme se infere do art. 843, § 1º, da CLT.

Já a testemunha comparece espontaneamente, intimada ou coercitivamente, para depor na condição de colaborador da Justiça, uma vez que o seu depoimento servirá como prova para a convicção do juiz. Ademais, o seu depoimento é feito com o compromisso de dizer a verdade, sujeitando-se, caso contrário, à instauração de possível crime de falso testemunho (art. 342 do Código Penal).

Dessa maneira, o preposto jamais poderá participar, no mesmo processo, representando o empregador e depondo como testemunha. Tal procedimento não se coaduna com o princípio da razoabilidade, porque não seria lógico que o seu depoimento fosse diferente daquele dado na condição de preposto, aliado ao fato de que ninguém vem a juízo confessar as irregularidades praticadas, ou então, confessar a sua própria torpeza.

Ocorre com frequência, no juízo trabalhista, principalmente nas grandes empresas em que existem várias reclamatórias, a praxe de se ter vários prepostos, porque cada um deles, graças às suas funções, conhece melhor os fatos controvertidos. Logo, o preposto num processo, não está impedido nem é suspeito como testemunha em outro processo em que a preposição se confiou a empregado diferente.

Contudo, não é recomendável que a empresa coloque o seu preposto como testemunha em outro processo, a não ser em caso que efetivamente seja necessário e cumpra efetivamente o papel de testemunha. Se não for assim, dependendo do seu depoimento, a parte adversa poderá utilizar-se do que foi dito na condição de preposto e trará prejuízos à defesa da empresa, quando na condição de preposto o seu depoimento foi contrário ao do processo que depôs como testemunha.

Ademais, nunca se sabe o que poderá acontecer numa sala de audiência. Lembremo-nos da hipótese de acareação entre as testemunhas, que pode acontecer de forma direta ou indireta, em face de depoimentos por demais contraditórios, desbordando-se os conflitos em possível crime por falso testemunho.

Dessa maneira, repita-se, o preposto deve ser utilizado como testemunha tão somente em caso em que não haja outra solução para a defesa do reclamado. Frise-se, também, que o juiz sabendo que a testemunha é o preposto do reclamado em quase todos os processos em que ele figura no polo passivo saberá valorar o seu depoimento em confronto com os demais elementos dos autos.

Também não há nenhuma nulidade, se antes da audiência por qualquer motivo houver a mudança de testemunha para preposto, desde que o procurador tenha essa prerrogativa. A decisão que segue, do TST, embora não seja recente, ainda espelha esse entendimento, até porque não é descartável que o patrono da empresa, antes de iniciar a audiência entenda que o preposto terá melhor desempenho como testemunha do que como preposto, ou vice--versa.

> *30035031 — **Preposto — Designação em audiência — Mudança de testemunha para preposto — Inexiste qualquer incompatibilidade entre a situação de testemunha e de preposto**. Ambos devem ter conhecimento dos fatos com a particularidade de que as declarações do segundo obrigam o preponente. Não há no ordenamento jurídico vigente qualquer impedimento de que o preposto seja nomeado pelo procurador da empresa, em audiência, desde que o advogado possua tal prerrogativa. Assim, na ausência do preposto, podia o procurador da ré nomear uma testemunha da empresa para exercer a representação de que trata o § 1º do art. 843 da CLT — Revista conhecida e provida.* (TST — RR 13448/1990 — 2ª T. — Rel. Min. Francisco Leocadio — DJU 14.2.1992 — p. 1262) — *Júris Síntese, Millennium,* Porto Alegre: Síntese Publicações.

Outra decisão, mais recente, admitiu que o empregado arrolado como testemunha na primeira sessão poderá ser preposto na segunda, desde que renuncie ao testemunho, conforme a seguinte ementa:

Ementa: Nulidade processual — Configuração. Não há impedimento em que o empregado arrolado como testemunha na primeira sessão de audiência figure como preposto da reclamada em audiência subsequente, implicando apenas a renúncia ao testemunho. TRT 5ª Reg. Proc. 0001229-32.2011.5.05.0038 RecOrd. — (Ac. 1ª T. 132714/13) — Relª Des. Ivana Mércia Nilo de Magaldi. DJ 6.2.2013.

Há que ressaltar também que, a jurisprudência tem repelida a cumulação da função de preposto com a de testemunha no mesmo processo sob o fundamento de que "quando o preposto se apresenta em uma audiência, substitui o reclamado e este se obriga por tudo que o preposto declarar. Existe assim, uma verdadeira simbiose entre ambos, que torna impraticável a sua investidura como testemunha" (TRT-AL-RO 754/93, julgado em 16.11.1993, Relª Juíza Grace Cavendish Lima. *Gênesis*, Curitiba, dez. 1994, p. 476).

O preposto poderá ser testemunha em outro processo no qual não tenha funcionado como representante do empregador, principalmente quando sabedor dos fatos que versam o litígio, podendo com o seu depoimento contribuir para o deslinde do feito. Citamos, como exemplo, a hipótese de ter presenciado o ato configurador de uma justa causa por parte de determinado empregado da empresa. Nesse caso, nos parece que o indeferimento do depoimento seria caso de cerceamento de defesa, sobretudo quanto for demonstrado pela reclamada que a testemunha indicada, embora tenha sido preposta em outros processos, presenciou os fatos, o que poderia ser confirmado com o depoimento de testemunhas que seriam ouvidas. Aliás, o próprio juiz, em audiência, poderá ter a confirmação de que a testemunha indicada presenciou os fatos, quer por intermédio do reclamante (a) ou testemunha.

Jurisprudência

Ementa:... Nulidade por cerceamento de defesa não configurada. Empregado inicialmente indicado como preposto. Substituição antes mesmo da audiência inaugural. Admissão como testemunha. Peculiaridade do caso concreto. 1 — O TRT afastou a nulidade processual alegada pelo reclamante, pelos seguintes fundamentos: a empresa indicou um empregado como preposto; logo em seguida, antes mesmo da audiência inaugural, a empresa fez a substituição, indicando outro empregado como preposto, o qual compareceu em juízo representando a reclamada; o primeiro empregado foi ouvido como testemunha e não atuou nestes autos como preposto; assim, não é o caso de aplicação do art. 405, § 2º, III, do CPC/1973 (art. 447, § 2º, III, do CPC/2015), segundo o qual o representante da parte não pode ser testemunha. 2 — Não há nulidade processual no caso concreto. 3 — No Processo do Trabalho, o empregado pode ser tanto preposto quanto testemunha, não havendo nenhum impedimento para que a empresa indique o empregado como preposto ou como testemunha — desde que nos mesmos autos, evidentemente, o mesmo empregado não atue nas duas funções. Contudo, no caso concreto, não se trata de empregado que tenha atuado nestes autos, ao mesmo tempo, como testemunha e preposto. Também não há notícia de que o empregado atuasse como preposto em outros processos. 4 — Embora tenha sido inicialmente indicado como preposto, o empregado foi substituído por outro, como preposto, logo em seguida, antes mesmo da audiência inaugural, não havendo delimitação no trecho do acórdão recorrido, transcrito no recurso de revista, sobre o motivo dessa substituição. Também não há delimitação de nenhum outro elemento e de nenhuma outra circunstância que levem a se concluir pelo impedimento do empregado para atuar como testemunha. 5 — A situação verificada no caso concreto não leva à conclusão de que o empregado estaria impedido de ser ouvido como testemunha, mas, sim, leva ao campo da valoração do testemunho admitido, cabendo às instâncias ordinárias dar o peso e o grau de credibilidade que entenderam pertinentes na fase de instrução do processo (incidência da Súmula n. 126 do TST nesse particular). 6 — Agravo regimental a que se nega provimento. TST-AgR-AIRR-0000535-38.2010.5.02.0020 — (Ac. 6ª T.) — Relª Min. Kátia Magalhães Arruda. DEJT/TST n. 2.364/17, 30.11.2017, p. 3025-6.

Ementa: Recurso de revista. Cerceamento do direito de defesa. Indeferimento de depoimento de testemunha. Participação como preposto em ações anteriores. Suspeição não configurada. I. O Tribunal Regional manteve a sentença que indeferiu a oitiva de testemunha apresentada pela Reclamada, presumindo a ausência de isenção de ânimo para depor, apenas por exercer cargo de confiança na Recorrente e já ter atuado como preposto da empresa em ações anteriores. II. A jurisprudência desta Corte é no sentido que o simples fato de a testemunha já ter participado como preposto da empresa em ações anteriores não a enquadra em nenhuma das hipóteses legais de suspeição ou impedimento. III. Recurso de revista de que se conhece e a que se dá provimento. TST-RR-0000807-42.2010.5.03.0137 — (Ac. 4ª T.) — Relª Desemb. Convocada Cilene Ferreira Amaro Santos. DEJT/TST n. 1.991/16, 2.6.2016, p. 2016-7.

Ementa: Agravo de instrumento em recurso de revista — confissão ficta — preposto — Condição cumulativa com a de testemunha no mesmo processo — Impossibilidade. Revela-se incompatível o exercício concomitante das funções de testemunha e de preposto, pois a testemunha deve ser imparcial e se apresentará ao processo para esclarecer fatos sobre os quais tenha conhecimento; já o preposto atua como representante dos interesses da empresa A irregularidade de representação da reclamada equivale ao não comparecimento e atrai a incidência do art. 844 da CLT. Agravo de instrumento desprovido. TST-AIRR-0218000-94.2008.5.20.0004 — (Ac. 7ª T.) — Rel. Min. Luiz Philippe Vieira de Mello Filho. DEJT/TST n. 1.473/14, 15.5.2014, p. 1933-4.

Ementa: Recurso de revista. Cerceamento do direito de defesa. Indeferimento de depoimento de testemunha. Participação como preposto em ações anteriores. Suspeição não configurada. I. O Tribunal Regional manteve a sentença que indeferiu a oitiva de testemunha apresentada pela Reclamada, presumindo a ausência de isenção de ânimo para depor, apenas por exercer cargo de confiança na Recorrente e já ter atuado como preposto da empresa em ações anteriores. II. A jurisprudência desta Corte é no sentido que o simples fato de a testemunha já ter participado como preposto da empresa em ações anteriores não a enquadra em nenhuma das hipóteses legais de suspeição ou impedimento. III. Recurso de revista de que se conhece e a que se dá provimento. TST-RR-0000807-42.2010.5.03.0137 — (Ac. 4ª T.) — Relª Desemb. Convocada Cilene Ferreira Amaro Santos. DEJT/TST n. 1.991/16, 2.6.2016, p. 2016-7.

Ementa: Cerceamento de defesa. Recusa da oitiva de testemunha que já atuou como preposto em outras demandas. Circunstância que por si só não obsta o compromisso. Preliminar acolhida. Obstar à parte a possibilidade de produção de todas as provas admitidas em direito, implica retirar-lhe a garantia da ampla defesa constitucionalmente assegurada art. 5º, LV, CF. *In casu,* o Juízo a quo acolheu a contradita ofertada à oitiva da primeira testemunha patronal sob o fundamento de que ela já atuou como preposto da reclamada em outros feitos, o que lhe retiraria a necessária isenção nas informações a serem prestadas. É até compreensível a cautela do magistrado já que a atuação como preposto, mormente em se tratando de reclamatória semelhante, além de traduzir um comprometimento especial com o empregador e com a tese da defesa, leva o representante patronal a ter acesso prévio e dirigido a informações privilegiadas, construindo uma ciência que não é própria e sim, do empregador, a respeito dos fatos da causa. Diferentemente da testemunha, que vem colaborar com o Juízo dizendo o que sabe, sob compromisso, o preposto vem a Juízo representar o interesse da empresa, e para tanto, lê os autos do processo, reúne com departamento de pessoal e jurídico, e decora um papel a ser representado na sala de audiência, como se fosse ele próprio o empregador. E tem que agir assim, bem ensaiado, já que não presta compromisso com a verdade, fala como parte e no caso dos autos, é a voz do condomínio, e não está obrigado a fazer prova contra a preponente. Embora assim não entendamos, não falta quem sustente que o preposto, porque depõe sem compromisso, pode até mentir, pois não corre o risco de ter que responder criminalmente por crime de falso testemunho. Neste caso, não se trata de testemunha que, no mesmo feito, já tivesse atuado como preposto, hipótese em que imperiosamente o compromisso deveria ser indeferido. Na verdade, é testemunha que já serviu como preposto, em outras ocasiões e processos diversos, o que poderia afetar a isenção de ânimo, pondo em risco o trabalho instrutório na busca da verdade real. Isto porque, atuando ora como preposto ora como testemunha, o empregado acaba se comprometendo com a versão patronal sustentada em Juízo, o que pode estimular até mesmo a figura indesejável da testemunha profissional. Ocorre que não está claro, nos autos, se a matéria dos processos foi ou não a mesma. E este dado seria relevante para avaliar o grau de independência e isenção da testemunha para depor no presente processo. Com efeito, se as teses fossem idênticas, a testemunha daqui, e preposto acolá, em algum momento já teria acessado os dados internos, teria sido devidamente industriada sobre a controvérsia, e reunido com advogados da Ré, o que a meu sentir, aí sim, poderia comprometer a indispensável imparcialidade e isenção de ânimo para depor. Mas, como dito alhures, não há evidência de que fossem idênticas as demandas em que serviram como prepostas e o presente caso. E se havia fundado receio do magistrado, de que a testemunha não teria isenção por ter sido selecionada pela ciência prévia e orientada dos fatos, estando assim, comprometida com tese defensiva, ainda assim tenho que seria prudente ouvi-la como informante art. 447, § 3º, NCPC, atribuindo o magistrado a seu depoimento, o valor que entender devido. Caracterizado o cerceamento ao direito de defesa, com manifesto prejuízo processual, é de se acolher a nulidade oportunamente suscitada arts. 794 e 795, TRT 2ª Reg. (SP) RO-0001774-77.2014.5.02.0201 — (Ac. 4ª T. 20170682441) — Rel. Ricardo Artur Costa e Trigueiros. DEJT/TRT 2ª Reg. n. 2.354/17, 16.11.2017, p. 1591-2.

Ementa: Cerceamento ao direito de defesa. Ocorrência. Testemunha que atuou como preposto em outras ações. Não há presumir impedimento ou suspeição da testemunha pelo mero fato de ter atuado como preposto da empresa em outras ações. Deixando o Juízo de oportunizar à parte a produção de prova testemunhal, prejudicando-lhe o direito de comprovar a matéria fática, deve ser reconhecido o cerceamento ao direito de defesa e determinada a reabertura da fase instrutória. TRT 12ª Reg. RO 0001290-76.2012.5.12.0032 — (Ac. 2ª T., 14.8.13) — Relª Juíza Lourdes Dreyer. Disp. TRT-SC/DOE 27.8.2013. Data de Publ. 28.8.2013.

Ementa: Nulidade processual. Preposto do réu em outras demandas. Oitiva como testemunha ou informante indeferida. Cerceamento do direito de defesa. Configuração. Nulidade declarada. A pessoa indicada pelo réu como testemunha nos autos, ainda que tenha atuado em outras demandas na qualidade de preposto, pode ser inquirida na instrução, também como informante, se assim pretende a parte interessada, por inexistir previsão legal obstativa a tal propósito probatório. O indeferimento da sua respectiva inquirição, ao fundamento da falta isenção de ânimo, configura inequívoco cerceamento do direito de defesa, em prejuízo do litigante, que autoriza o reconhecimento da nulidade processual alegada. TRT 12ª Reg._Proc. 0000454-55.2015.5.12.0014 — (Ac. 6ª Câmara) — Relª Ligia Maria Teixeira Gouvêa. Data de Assinatura: 28.10.2016.

Ementa: Nulidade da instrução processual — Testemunha que atuou como preposto do réu em outra ação — Inexistência de suspeição/impedimento — Negativa da oitiva — Cerceamento de defesa — Configurado — Retorno à origem. O fato de a testemunha ter informado que, em outra ação, atuou como preposta do réu, não a torna suspeita ou impedida de depor. Tendo a parte apresentado insurgência expressa ao indeferimento da produção de prova oral — oitiva da testemunha do réu que já teria atuado como preposto em outra reclamação -, nos termos do que dispõe o artigo 795, da CLT, mesmo diante de eventual formação de convencimento por parte do órgão julgador, impõe-se a reabertura da instrução processual. TRT 9ª Reg. RO-2048-69.2011.5.09.0195 (RO-6032/2011-195-09-00.6) — (Ac. 6ª T.) — Rel. Sérgio Murilo Rodrigues Lemos. DJe/TRT 9ª Reg. n. 1.084/12, 15.10.2012, p. 91

Ementa: Testemunha. Preposto em outro processo. Impedimento. Inexistência. Ocorre cerceamento de defesa caso a oitiva da testemunha da reclamada seja indeferida apenas pelo fato de ter atuado como preposto em outro processo. TRT 2ª Reg. (SP). Proc. 00003206120115020203 RO — (Ac. 8ª T. 20121041659) — Rel. Sidnei Alves Teixeira. DOe/TRT 2ª Reg., 11.9.2012, p. 182.

CAPÍTULO XXV

O ADVOGADO E A FUNÇÃO DE PREPOSTO SIMULTANEAMENTE

A função de preposto não se confunde com a de advogado. O primeiro é o representante do empregador na audiência trabalhista e responderá pelas suas declarações, a teor do art. 843, parágrafo primeiro. da CLT.

O segundo, é o procurador do empregador que o defenderá em juízo e será por mandato, segundo a modalidade que surja na sua atuação, já que poderá decorrer de mandato tácito, por procuração etc.

Nada impede de o empregador utilizar na função de preposto empregado que detenha o título de advogado, já que ele pode optar por não exercer a função.

Aliás, muitas pessoas que trabalham na área de recursos humanos fazem opção também pelo curso de Direito por haver muita ligação com a disciplina do Direito do Trabalho. A pessoa que administra a mencionada área deve ter também noções básicas sobre a legislação trabalhista e a dinamicidade que envolve o Direito do Trabalho, para bem desempenhar sua função.

Portanto, não se pode impedir que o advogado exerça a função de preposto, sendo até natural que isso ocorra, pois existem muitas pessoas com título de advogado e que exercem outras atividades.

O que não pode acontecer é o exercício simultâneo da advocacia com a condição de preposto no mesmo processo, cuja questão ainda tem motivado muita controvérsia e merece reflexão.

Ocorre, no nosso entender, que o advogado não poderá funcionar no mesmo processo, como preposto e procurador da reclamada, por várias razões.

Em primeiro lugar, tornaria letra morta o disposto no § 2º do art. 385 do CPC, segundo o qual "É vedado a quem ainda não depôs assistir ao interrogatório da outra parte" e com isso ferindo de morte o princípio de igualdade no tratamento das partes".

Em segundo lugar, jamais se poderia obter a confissão da parte ou do seu representante legal, que é um dos pilares que alimentam o processo, já que o advogado que atua na função de preposto não se predisporá a confessar sobre matéria que faz parte de sua defesa. O advogado da parte adversa também se sentirá constrangido em fazer pergunta ao seu colega, mesmo porque dificilmente ele se desviará da sua defesa posta em juízo. Nesse caso está se ferindo o princípio da lealdade processual.

Não se pode esquecer também que o Estatuto da Advocacia e da OAB (Lei n. 8.906, de 4.7.1994, preceitua: "Art. 33. O advogado obriga-se a cumprir rigorosamente os deveres consignados no Código de Ética e Disciplina. Parágrafo único. O Código de Ética e Disciplina regula os deveres do advogado para com a comunidade, o cliente, o outro profissional e, ainda, a publicidade, a recusa do patrocínio, o dever de assistência jurídica, o dever geral de urbanidade e os respectivos procedimentos disciplinares".

Em terceiro lugar, o Conselho Federal da Ordem dos Advogados do Brasil, ao regulamentar a Lei n. 8.906, de 4.7.1994, no seu art. 3º dispõe que "é defeso ao advogado funcionar no mesmo processo, simultaneamente, como patrono e preposto do empregador ou cliente". No mesmo sentido o disposto no art. 25 do Código de Ética e Disciplina da OAB. Tal proibição visa a que o advogado não seja desvirtuado da sua função nobre que é a defesa do seu cliente, ainda que empregador.

Em quarto lugar, de acordo com o art. 133 da Carta Magna, o advogado é imprescindível para a administração da Justiça e, nesse contexto, exercendo a função de preposto e de advogado no mesmo processo estaria impedindo a aplicação da Justiça. A respeito, basta imaginar a situação em que o advogado da empresa e o preposto combinem de se encontrarem na sala da espera da audiência e o segundo não aparece, por qualquer razão. Em tal situação o advogado, ao suprir a ausência do preposto, estaria, no mínimo, usurpando--se do direito da parte adversa de obter a possível confissão do verdadeiro empregador ou do preposto por ele indicado, cujo procedimento é totalmente contrário aos desígnios do processo.

Em quinto lugar, o argumento de que o preposto e o advogado estão irmanados nos mesmos interesses do empregador, daí a possibilidade da sua atuação simultânea, *data maxima venia*, não convence. Se for assim, poderemos admitir que o advogado represente também o reclamante na audiência em prosseguimento a fim de se evitar a confissão, porque, a exemplo do argumento posto, tanto o reclamante quanto o seu advogado possuem interesse no processo.

Em sexto lugar, o argumento de que ouvindo, em primeiro lugar, o preposto-advogado estaria resolvido o impasse também não convence, porquanto, como enfatizamos, não se estaria ouvindo propriamente a parte como objetivo maior de justiça, mas o advogado com a roupagem de preposto e com isso ferindo também o princípio da igualdade de tratamento dispensado às partes.

Apesar de todas essas considerações, a doutrina, e mesmo o TST, em mais de uma decisão foi pela possibilidade de o advogado acumular também a função de preposto, conforme se verifica pela seguinte decisão:

> ***Advogado-preposto. Atuação concomitante. Possibilidade.*** É possível a atuação concomitante de advogado e preposto da reclamada, por não haver norma proibitiva dessa atuação e por não serem incompatíveis os interesses da reclamada, representada pelo preposto, e os do advogado constituído para defendê-la. Recurso de Revista conhecido e provido. TST-RR-370159/1997.0 (Ac. 5ª Turma) — Rel. Min. João Batista Brito Pereira.

Decisão bem mais recente da 4ª Turma do TST da lavra do Ministro Caputo Bastos é no mesmo sentido, conforme a seguinte ementa:

> *Ementa: RECURSO DE REVISTA. 1. PRELIMINAR DE NULIDADE. NEGATIVA DE PRESTAÇÃO JURISDICIONAL. POSSIBILIDADE DE DECIDIR O MÉRITO FAVORAVELMENTE À PARTE RECORRENTE. APLICAÇÃO DO ART. 282, § 2º, DO CPC NÃO CONHECIMENTO. A preliminar suscitada não enseja análise no presente apelo, uma vez que, mesmo que se reconhecesse a existência da nulidade apontada, ela não seria objeto de pronunciamento, ante a possibilidade de decidir o mérito do recurso favoravelmente à parte recorrente, na forma autorizada pelo art. 282, § 2º, do CPC. 2. ADVOGADO E PREPOSTO. ATUAÇÃO SIMULTÂNEA. PROVIMENTO.*

Este Tribunal tem se orientado no sentido de que é possível a atuação simultânea nas funções de advogado e preposto, ainda que no mesmo processo, desde que regularmente constituído. Recurso de revista de que se conhece e a que se dá provimento. TST-RR-0000185-78.2014.5.12.0037 — (Ac. 4ª T.) — Rel. Min. Guilherme Augusto Caputo Bastos. DEJT/TST n. 2.687/19, 21.3.2019, p. 2174.

Do voto do Ministro Relator, extraímos a seguinte fundamentação:

2.1. ADVOGADO E PREPOSTO. ATUAÇÃO SIMULTÂNEA. Este Tribunal tem se orientado no sentido de que, exceto quanto à reclamação trabalhista de empregado doméstico, ou contra micro ou pequeno empresário, o preposto deve ser necessariamente empregado do reclamado, não existindo norma legal da qual se possa inferir a incompatibilidade entre as funções de advogado e preposto, ainda que no mesmo processo.

Nesse sentido:

Súmula n. 377

PREPOSTO. EXIGÊNCIA DA CONDIÇÃO DE EMPREGADO

Exceto quanto à reclamação de empregado doméstico, ou contra micro ou pequeno empresário, o preposto deve ser necessariamente empregado do reclamado. Inteligência do art. 843, § 1º, da CLT e do art. 54 da Lei Complementar n. 123, de 14 de dezembro de 2006.

No mesmo sentido, os seguintes julgados desta Corte:

RECURSO DE REVISTA. 1. ADVOGADO E PREPOSTO. ATUAÇÃO SIMULTÂNEA. EXIGÊNCIA DA CONDIÇÃO DE EMPREGADO. Não há impedimento legal à acumulação das figuras de preposto e advogado, desde que se trate de empregado da empresa reclamada, nos termos da Súmula n. 377 do TST. Rememore-se que, a teor do art. 791 da CLT, o empregador pode exercitar o *jus postulandi*, aí comparecendo solitário à audiência. Imaculado o art. 843, § 1º, do mesmo texto. Recurso de revista não conhecido. (...). (TST-RR-23100-71.2008.5.09.0666. Data de Julgamento: 29.9.2010, Relator

Ministro: Alberto Luiz Bresciani de Fontan Pereira, 3ª Turma, Data de Publicação: DEJT 8.10.2010).

AGRAVO DE INSTRUMENTO DO RECLAMANTE. REVELIA. ADVOGADO. ATUAÇÃO COMO PREPOSTO. Não há vedação legal a que o preposto do empregador em audiência seja advogado, ainda que ele tenha atuado ou venha atuar nessa condição no mesmo feito. Precedentes. (...). (TST-AIRR e RR — 1093806-53.2003.5.04.0900 Data de Julgamento: 5.8.2009, Relatora Ministra: Maria de Assis Calsing, 4ª Turma, Data de Publicação: DEJT 14.8.2009).

RECURSO DE REVISTA — REVELIA — ADVOGADO — ATUAÇÃO COMO PREPOSTO Não há vedação legal a que o preposto do empregador em audiência seja advogado, ainda que ele tenha atuado ou venha atuar nessa condição no mesmo feito. Precedentes. Não (...) Recurso de Revista não conhecido (TST-RR — 139000-76.2004.5.15.0084 Data de Julgamento: 20.5.2009, Relatora Ministra: Maria Cristina Irigoyen Peduzzi, 8ª Turma, Data de Publicação: DEJT 29.5.2009).

RECURSO ORDINÁRIO — PREPOSTO E ADVOGADO — ACUMULAÇÃO DE FUNÇÕES — REPRESENTAÇÃO PROCESSUAL. Não se vislumbra nenhuma incompatibilidade legal de o preposto atuar igualmente como advogado no processo do trabalho, inteligência que se extrai do art. 843, § 1º, da CLT. Quando a reclamada faz-se representar em audiência por preposto, regularmente constituído, que afirma atuar também como seu advogado, não há como afastar o mandato tácito que o legitima a recorrer. Recurso de revista provido. (RR-451458/1998.0, 4ª Turma, Ministro Moura França, DJ 8.2.2002).

No caso, restou consignado no v. acórdão regional que a ré se trata de microempresa, motivo por que não se exige do preposto a condição de empregado. Sendo assim, **dou provimento** ao recurso para, afastada a premissa de que a atuação como preposto não pode ocorrer simultaneamente com aquela de advogado, determinar o retorno dos autos ao Tribunal de origem para análise do recurso ordinário, como entender de direito.

Registre-se que ao conhecer o recurso da recorrente, o Ministro Relator diz que "o aresto de fls. 163/164, proveniente do TRT da 7ª Região, contempla tese diametralmente oposta à adotada pela egrégia Corte Regional na hipótese vertente, consignando que ex vi *do art. 843, § 1º, da CLT, cabe ao empregador fazer-se representar pelo gerente ou qualquer outro preposto que tenha conhecimento dos fatos. Ali não restou estabelecida nenhuma proibição quanto à possibilidade de o advogado atuar como preposto da reclamada. Tal vedação restringe-se ao art. 23 do Código de Ética e Disciplina da OAB, não vinculando o Poder Judiciário*".

Verifica-se pela referida decisão que ela se deu antes da vigência da Lei n. 13.467, de 13.7.2017, a qual vigora desde 11.11.2017, com a inclusão do § 3º do art. 843 da CLT, permitindo que o empregador seja representado por preposto, empregado ou não, o que reforça ainda mais a tese esposada no acórdão da mais Alta Corte Trabalhista do país.

Acreditamos que, se antes da audiência, por qualquer hipótese o preposto indicado não compareça no momento aprazado, o advogado, sendo empregado da empresa, poderá atuar como preposto para evitar a revelia e os efeitos da confissão em relação ao seu empregador.

Poderá também ocorrer de o advogado já estar com procuração nos autos e nesse caso, havendo arguição da parte contrária com fundamento na no Estatuto da OAB e Código de Ética e Disciplina da OAB referido alhures, normalmente os juízes acolhem a impossibilidade de cumulação de funções, pois, como vimos, há embasamento legal para tanto.

Sobre essa questão, Gustavo Cisneiros afirma que "O advogado do empregador, ao formular o requerimento, não deve 'renunciar' ao mandato para assumir a função de preposto. O pedido deve ser de cumulação das funções e não de renúncia de uma para assumir a outra".

O requerimento de renúncia é arriscado, pois esta, em regra, não tem efeito imediato — inteligência do art. 112, *caput* e § 1º, do CPC e do art. 5º, § 3º, da Lei n. 8.906/1994 (Estatuto da Advocacia):

Art. 112 do CPC. O advogado poderá renunciar ao mandato a qualquer tempo, provando, na forma prevista neste Código, que comunicou a renúncia ao mandante, a fim de que este nomeie sucessor.

§ 1º Durante os 10 (dez) dias seguintes, o advogado continuará a representar o mandante, desde que necessário para lhe evitar prejuízo.

Art. 5º, § 3º da Lei n. 8.906/1994. § 3º O advogado que renunciar ao mandato continuará, durante os dez dias seguintes à notificação da renúncia, a representar o mandante, salvo se for substituído antes do término desse prazo.

Se o advogado fizer esse tipo de requerimento (renúncia ao mandato), o juiz terá outra fundamentação para o indeferimento: "*A renúncia, doutor, não tem efeito imediato, mas apenas depois de 10 dias, a contar da ciência do seu cliente, fato que impossibilita o deferimento do requerimento*".

Há uma exceção. A renúncia ao mandato poderá ter eficácia imediata, nos termos do § 2º do art. 112 do CPC sem necessidade, inclusive, de comunicação ao cliente 'quando a procuração tiver sido outorgada a vários advogados e a parte continuar representada por outro, apesar da renúncia'. Neste caso, o juiz não poderia indeferir o requerimento. Essa situação especial pode ser útil se à audiência comparecerem dois ou mais advogados representando o empregador, possibilitando, então, a imediata renúncia de um deles para atuar como preposto.

Não existindo mais de um advogado na procuração e na sessão, a única opção seria a da cumulatividade (atuação simultânea), mesmo contrariando o Regulamento Geral do Estatuto da OAB.[91]

Entretanto, na Segunda Jornada de Direito e Processo do Trabalho, patrocinada pela Associação Nacional dos Magistrados do Trabalho — Anamatra, realizada em Brasília, DF, nos dias 9 e 10.10.2017 foi aprovado o Enunciado n. 107, o qual não tem força normativa, mas retrata o entendimento majoritário dos participantes do evento, que tem a seguinte redação:

91 CISNEIROS, Gustavo. *Manual de audiência e prática trabalhista.* 4. ed. São Paulo: Gen/ Método, 2017. p. 66-67.

Enunciado n. 107. ACESSO À JUSTIÇA. ISONOMIA. JUS POSTULANDI. *1. Não sendo representante legal da pessoa jurídica ou empregado do réu, o preposto poderá apenas prestar depoimento pessoal na audiência, sendo-lhe vedada a prática de atos processuais privativos do advogado 2. Não sendo empregado do réu, é vedado ao advogado funcionar como seu preposto. 3. É defeso ao advogado funcionar no mesmo processo, simultaneamente, como patrono e preposto do empregador não (Código de Ética e Disciplina da OAB, art. 23*).

A relevância desse Enunciado está no disposto no item 1, que trata do preposto não empregado. Os seus termos reforçam ainda mais a necessidade de o representante do empregador ter a carta de preposição, mesmo que seja empregado, contendo a sua identificação e poderes concernentes a sua atuação como preposto, conforme expusemos no Capítulo V, que trata sobre o preposto e carta da preposição.

Os termos dos itens 2 e 3 do referido Enunciado foram aqui tratados, com a demonstração de que há controvérsia em face do acórdão TST-RR-0000185-78.2014.5.12.0037 — (Ac. 4ª T.) — Rel. Min. Guilherme Augusto Caputo Bastos. DEJT/TST n. 2687/19, 21.3.2019, p. 2174, e precedentes que constam no corpo da fundamentação no sentido da possibilidade da atuação simultânea de advogado e preposto.

A atuação simultânea de advogado e preposto vai ser objeto de muito questionamento a partir da vigência da Lei n. 13.467, de 13.7.2017, o que está demonstrado com a aprovação do Enunciado n. 107, na mencionada Jornada patrocinada pela Anamatra. Entendemos que nada impede de o advogado funcionar no processo como preposto, mas de forma simultânea, estaria, no mínimo, usurpando-se do direito da parte adversa de obter a possível confissão do empregador ou do preposto por ele indicado, cujo procedimento é totalmente contrário aos princípios norteadores do processo.

Finalmente, o empregador, para evitar qualquer controvérsia a respeito, deve indicar um representante que seja seu empregado, bem como constituir um advogado, de forma a não enfrentar riscos processuais desnecessários.

Súmula n. 425. Jus postulandi *na Justiça do Trabalho. Alcance.* Res. n. 165/2010, DEJT divulgado em 30.4.2010 e 3 e 4.5.2010. O *jus postulandi* das partes, estabelecido no art. 791 da CLT, limita-se às Varas do Trabalho e aos Tribunais Regionais do Trabalho, não alcançando a ação rescisória, a ação cautelar, o mandado de segurança e os recursos de competência do Tribunal Superior do Trabalho.

Ementa: Preposto — Atuação simultânea como advogado — Legitimação para subscrever recurso. Inexiste norma legal que inviabilize o conhecimento de recurso ordinário assinado por advogado que tenha atuado como preposto nos autos, tendo em vista que tanto o art. 3º do Regulamento Geral do Estatuto da Advocacia e da OAB, como o art. 23 do Código de Ética e Disciplina da OAB, tem pertinência no âmbito ético regulamentar do exercício da advocacia e seu desrespeito pode gerar, apenas, consequências próprias do poder regulamentar de que dispõe o estado quanto ao exercício da profissão de advogado. Embargos conhecidos e providos. (TST —E-RR-133975/1994.1— (Ac. SBDI 1, Rel. Min. Vantuil Abdala. DJU 8.10.1999, p. 63)

Ementa: Advogado preposto. Impossibilidade. Confissão ficta. Ao contrário do pretendido pela Recorrente, *in casu* não se confundem as pessoas do advogado e do administrador. Poderia, quando muito, o administrador da Massa Insolvente, mitigando-se o rigor da previsão estampada na Súmula n. 377 da SBDI-I do C. TST, fazer-se representar por qualquer preposto não empregado, em face das inúmeras atribuições do Administrador e a provável ausência de empregados em uma empresa insolvente. Porém, jamais poderia, como pretende a Recorrente, se fazer pela própria procuradora. A uma, por vedação expressa do Código de Ética e Disciplina da OAB (art. 23), mas, principalmente, pela impossibilidade de atuação simultânea como parte e procuradora, impossibilitando-se o acompanhamento do depoimento pessoal da Reclamante. Recurso da Reclamada a que se nega provimento, neste particular. TRT 9ª Reg. Proc. 00244-2008-658-09-00-5 — (Ac. 1ª T.) — Relª Janete do Amarante. DJTe/TRT 9ª Reg. n. 012, 20.1.2009, p. 102.

CAPÍTULO XXVI

CONDOMÍNIO E SUA REPRESENTAÇÃO EM JUÍZO TRABALHISTA

Sobre condomínio, temos a Lei n. 4.591, de 16.12.1964, que dispõe sobre o ordenamento jurídico do condomínio em edificações de um ou mais pavimentos, construídos sob a forma de unidades isoladas, destinadas a fins residenciais ou não, pertencentes a proprietários diversos.

Explicam Jônatas Milhomens e Geraldo Magela Alves que

> Condomínio ou copropriedade é o direito real exercido conjuntamente por mais de uma pessoa sobre a mesma coisa. Na propriedade indivisa cada um dos sujeitos ativos tem direito a uma parte ideal, uma cota-parte do bem comum.
>
> Cada partícipe — condômino, coproprietário, comunheiro, consorte — tem direitos sobre os bem e deveres, decorrentes da situação de indivisão, da propriedade. Assemelha-se à sociedade, mas não se confunde com ela. A sociedade é uma pessoa jurídica, proprietária dos bens sociais. No condomínio, são donas de um mesmo bem.[92]

Como normalmente o condomínio é composto por vários condôminos, seria praticamente impossível a tomada de decisões individuais, principalmente quando existem interesses em comum e muitas vezes conflitantes. Assim, para sua administração surge a figura do síndico, pessoa que defende os direitos e interesses comuns dos condomínios, que os representa, que admite e demite empregados, que arrecada contribuições deliberadas pela assembleia.

92 MILHOMENS, Jônatas; ALVES, Geraldo Magela. *Vocabulário prático de direito.* Rio de Janeiro: Forense, 2001. p. 243.

Nesse sentido, afirma Lucas Roberto de Sá que o "Síndico é apenas o representante formal de todos os integrantes do condomínio, ou seja, de todos os proprietários, e em certa medida, até mesmo dos inquilinos, pois de suas decisões decorrem mudanças na vida de todos, algumas mais importantes, outras nem tanto, mas certamente as atividades da administração inferem na rotina do condomínio"[93].

Ainda, de acordo com os estatutos do condomínio, este poderá ter conselho consultivo e órgão deliberativo, este constituído pela Assembleia Geral, que conta com a participação de todos os consortes.

Dentro desse contexto, afirma Emílio Gonçalves[94] que "o condomínio adquire materiais e mercadorias para limpeza e conservação do edifício em seu nome, contrata serviço com terceiros, celebra contratos de trabalho, mantém e movimenta contas bancárias, pode agir e ser acionado em juízo no que respeita às coisas comuns do edifício, praticando esse e outros atos em seu próprio nome".

Em síntese, o condomínio pode ter empregados e isso está regulado na Lei n. 2.757, de 23.4.1956, sendo que, nessa mesma lei, especificamente no art. 2º, estabelece que o síndico, eleito entre os condôminos, será o representante do condomínio perante a Justiça do Trabalho. Fundado no referido dispositivo, surgiram duas correntes de interpretação: uma entendendo que tão somente o síndico estaria autorizado a representar o condomínio e outra no sentido de que o art. 75, XI, do CPC teria ampliado a representatividade, cujo entendimento se afigura-nos como o mais correto.

Isso porque existe condomínio onde a administração não pode ser feita por apenas uma pessoa, mas por várias delas, podendo ocorrer casos de, no mesmo dia e horário existirem duas audiências trabalhistas. Em tais situações, haveria a necessidade de se pedir o adiamento da audiência porque o síndico não poderia estar em dois lugares ao mesmo tempo, cujo impasse seria facilmente contornável com a sua substituição por preposto, empregado do condomínio, conhecedor dos fatos ou que se inteirasse a respeito e que se obrigaria pelo que dissesse em juízo.

93 ROBERTO DE SÁ, Lucas. *Condomínio. A responsabilidade do síndico.* São Paulo: LTr, 2001. p. 29.

94 GONÇALVES, Emílio. *O preposto do empregador no processo do trabalho.* 3. ed. São Paulo: LTr, 1995. p. 106.

Afirma também Ovídio A. Baptista da Silva que "O inc. IX do art. 12 (art. 75, XI, CPC/2015) declara que o condomínio será representado pelo administrador ou pelo síndico".

Lembramos que o art. 1.348 do Código Civil vigente estabelece no inciso II que "Compete ao Síndico: ... II — representar, ativa e passivamente, o condomínio, praticando em juízo ou fora dele, os atos necessários à defesa dos interesses comuns".

Verifica-se que não há nos citados dispositivos qualquer indicação que possa limitar o alcance da norma, de modo que se deve interpretá-la como abrangendo tanto os condomínios urbanos e os de prédios de apartamento quanto outras formas condominiais, desde que disciplinadas em atos constitutivos que lhe regulem a gestão e disponham sobre a figura de seu respectivo administrador ou síndico, ou, na hipótese do art. 640 do Código Civil, desde que um dos condôminos o administre sem oposição dos outros, caso em que será ele tido como mandatário dos demais condôminos[95]. O artigo correspondente do art. 640 do Código Civil de 1916 é o vigente art. 1.324 que dispõe que "O condômino que administrar sem oposição dos outros presume-se representante comum".

Aliás, a jurisprudência predominante caminha no sentido de se aplicar à representação do condomínio a regra do art. 75, XI, do CPC em harmonia com o disposto no art. 843, § 1º, da CLT, conforme se verifica pela seguinte decisão:

> *Condomínio — Representação. Estabelece o inc. IX do art. 12 do CPC, que o condomínio se faz representar em juízo pelo síndico, o que, transplantado para a sistemática do processo do trabalho, significa que o síndico representa o empregador. Esta regra não afasta a incidência do disposto no § 1º do art. 843 consolidado, que permite ao síndico fazer-se substituir por outro integrante da administração ou ainda por empregado, devidamente credenciado.* (TRT — 1ª R. — 6ª T. — RO n. 16131/96 — Relª Juíza Dóris Castro Neves — DJRJ 6.11.1998 — p. 231) (RDT 12/98, p. 53).

Finalmente, com a inclusão do § 3º no art. 843, da CLT, que possibilita a representação do empregador por empregado ou não, é certo que ao condomínio será

95 BAPTISTA DA SILVA, Ovídio A. *Comentários ao Código de Processo Civil, do processo de conhecimento, arts. 1º a 100.* São Paulo: Revista dos Tribunais, 2000. p. 96.

facultado ser representado por empregado do condomínio ou por outra pessoa, citando, como exemplo, um dos condôminos, desde que tenha carta de preposição, com os respectivos poderes de representação.

Jurisprudência

Ementa: Recurso de embargos regido pela Lei n. 11.496/07. Condomínio. Revelia e confissão. Empregada da administradora na condição de preposta. Inaplicável. Súmula n. 377 do TST. A representação em juízo do condomínio, consoante estabelece o § 1º do art. 843 da CLT, combinado com o art. 12, IX, do CPC, deve realizar-se mediante a figura do síndico ou administrador, podendo ainda fazer-se por meio de preposto por algum deles indicado. De acordo com a Súmula n. 377 do TST, alterada pela Resolução n. 146/2008, exceto quanto à reclamação de empregado doméstico, ou contra micro ou pequeno empresário, o preposto deve ser necessariamente empregado do reclamado. Assim, não cabe a adoção da *ficta confessio* em caso como o dos autos, em que se impugna a representação em juízo por empregada da empresa administradora do condomínio. Recurso de embargos conhecido e provido. TST-E-RR-101200-96.2006.5.15.0131 (E-RR-1012/2006-131-15-00.0) — (Ac. SBDI-1) — Rel. Min. Augusto César Leite de Carvalho. DJe/TST n. 747/11, 9.6.2011, p. 534.

Ementa: Recurso de revista. Condomínio. Preposto. Gerente da empresa administradora do condomínio. A representação em juízo do condomínio, consoante estabelece o § 1º do art. 843 da CLT, combinado com o art. 12, IX, do CPC, deve realizar-se mediante a figura do síndico ou administrador, podendo, ainda, fazer-se por meio de preposto, sendo ao empregador facultada essa substituição. Com efeito, a exegese do primeiro dispositivo permite inferir que ao preposto é apenas necessário o conhecimento dos fatos relevantes ao deslinde da questão. Esta Corte Superior tem entendido que a representação em juízo do condomínio não necessariamente se dá por preposto empregado, mitigando a orientação da Súmula n. 377 do TST em tais casos. Assim, não cabe a adoção da *ficta confessio* em caso como o dos autos, em que se impugna a representação em juízo pela gerente da empresa administradora do condomínio. Não há violação do art. 843, § 1º, da CLT, tampouco contrariedade à Súmula n. 377 do TST. Recurso de revista não conhecido. HORAS EXTRAS.

JORNADA DE TRABALHO. A pretensão recursal está amparada em premissa fática não consignada no acórdão regional, qual seja, a de que os cartões de ponto juntados pela reclamada demonstram horários de entrada e saída uniformes. Óbice da Súmula n. 126 do TST. Recurso de revista não conhecido. TST-RR-0000499-90.2010.5.02.0021 — (Ac. 6ª T.) — Rel. Min. Augusto César Leite de Carvalho. DEJT/TST n. 1.810/15, 10.9.2015, p. 1474.

Ementa: Representação processual do condomínio, em audiência. Tal representação deve obedecer os preceitos consolidados e, como o art. 843 da CLT não distingue entre este ou aquele tipo de empregador, não excepciona os condomínios, pelo que não há exigência de que sejam necessariamente representados, em audiência, por seu síndico, sendo válida a representação por preposto, mormente se se trata do zelador do prédio, conhecedor dos fatos e nomeado pelo próprio síndico. Apelo provido para anulação da r. sentença de origem. (TRT 2ª R. 7ª T. Ac. n. 2970064752. Relª Anélia Li Chum DJSP 10.4.1997 p. 85)

CAPÍTULO XXVII

O CONSÓRCIO DE EMPREGADORES RURAIS E URBANOS E SUA REPRESENTAÇÃO EM JUÍZO TRABALHISTA

O consórcio de empregadores rurais[96] surgiu normatizado administrativamente por meio de uma Portaria do Ministério do Trabalho e Emprego no ano de 1999, embora se reconheça a sua existência muito antes da mencionada Portaria, conforme se infere pela seguinte decisão:

> *Ementa: CONDOMÍNIO RURAL — CAPACIDADE DE SER PARTE. A certas massas patrimoniais, como é o caso do condomínio, da massa falida, e do espólio, a despeito de não terem personalidade jurídica, a lei lhes confere a capacidade de ser parte. Verificando-se que o trabalhador é empregado do condomínio, deverá o Juízo considerá-lo como parte, sendo impossível atribuir aos*

96 Também tem sido utilizada a denominação de condomínio de empregadores rurais, conforme decisão a seguir: CONDOMÍNIO DE EMPREGADORES. FORMAÇÃO DE CONTRATO DE TRABALHO DE SAFRA. INVALIDADE. A formação dos condomínios de produtores, como entidade empregadora, tem a finalidade de possibilitar a contratação de trabalhadores fora dos limites fixados na lei, possibilitando-os a utilização de empregados, que são comuns a cada um dos condôminos, durante um período determinado de tempo, sem a necessidade da formal cessação do vínculo, com os consequentes custos da dispensa, passando o trabalhador a prestar serviços em outra unidade do condomínio, e assim por diante. Deste modo, é incompatível com o condomínio a elaboração de contratos por prazo determinado, principalmente com vinculação ao evento safra. Destaque-se que o condomínio deve ser visto como um benefício aos empregadores, para se verem livres da rigidez para a utilização da mão de obra, mas ao mesmo tempo um benefício aos trabalhadores que, por tal instituto, passam a ter a oportunidade de se vincularem de forma mais permanente a um contrato de trabalho com duração indeterminada. Dada a característica básica do condomínio, que é a formação de uma solidariedade passiva e ativa de diversos empregadores, que podem se utilizar indistintamente de cada um dos empregados contratados pelo condomínio, o qual aparece no mundo jurídico como o real empregador, a exemplo do que ocorre com o grupo de empresas, fica impossível a fixação de um prazo final para a safra, eis que as diversidades de cada uma das fazendas que integram o condomínio fazem com que em uma os trabalhos terminem enquanto que em outra prosseguem, valendo repetir que a verdadeira intenção é que se forneça ocupação aos trabalhadores de forma indefinida no tempo. TRT 15ª Reg. (Campinas) — ROS-2 041037/2000 — Rel. Juiz Jorge Luiz Souto Maior.

coproprietários, individualmente considerados, tal qualidade. Nula é a sentença que, admitindo a existência do condomínio não lhe reconhece a capacidade postulatória e condena individualmente os coproprietários. (TRT-24ª Reg. — AC. TP n. 01971/93 — RO- 03256/93 — Rel. Juiz Amaury Rodrigues Pinto Júnior — DJ-MS 16.12.1993).

A Portaria GM/MTe n. 1.964, de 1º.12.1999, do Ministério do Trabalho e Emprego (extinto pela Lei n. 13.844, de 18.6.2019), já que o Ministério do Trabalho passou para o Ministério da Economia, e em seu lugar foi criada a Secretaria Especial de Previdência e Trabalho).

A iniciativa do Poder Executivo foi transformada em lei pelo Poder Legislativo, porém, no âmbito da previdência social. Isso se deu por meio da Lei n. 10.256, de 9.7.2001, a qual introduziu na Lei Orgânica da Previdência Social (Lei n. 8.212/1991), o art. 25-A e seus parágrafos:

Art. 25-A. Equipara-se ao empregador rural pessoa física o consórcio simplificado de produtores rurais, formado pela união de produtores rurais pessoas físicas, que outorgar a um deles poderes para contratar, gerir e demitir trabalhadores para prestação de serviços, exclusivamente, aos seus integrantes, mediante documento registrado em cartório de títulos e documentos.

§ 1º O documento de que trata o caput *deverá conter a identificação de cada produtor, seu endereço pessoal e o de sua propriedade rural, bem como o respectivo registro no Instituto Nacional de Colonização e Reforma Agrária — INCRA ou informações relativas a parceria, arrendamento ou equivalente e a matrícula no Instituto Nacional do Seguro Social — INSS de cada um dos produtores rurais.*

§ 2º O consórcio deverá ser matriculado no INSS em nome do empregador a quem hajam sido outorgados os poderes, na forma do regulamento.

§ 3º Os produtores rurais integrantes do consórcio de que trata o caput *serão responsáveis solidários em relação às obrigações previdenciárias.*

§ 4º (VETADO).

Evidentemente que os dispositivos legais, a Portaria n. 1.964, de 1º.12.1999 e a Lei n. 10.256, de 9.7.2001 têm em vista a situação do consórcio simplificado de empregadores rurais perante a Previdência Social e no âmbito da fiscalização trabalhista, mas de qualquer forma são normas que trazem reflexos nas relações trabalhistas.

Nesse sentido, Otávio Brito Lopes ao afirmar que: "A Lei n. 10.256/2001 faz alusão apenas à solidariedade para fins previdenciários, pois se trata, obviamente, de lei tipicamente previdenciária, que não teve escopo de regular as relações trabalhistas decorrentes dessa forma de união e contratação de trabalhadores rurais. Não obstante, parece certo que a regra de solidariedade aplica-se para fins trabalhistas, mesmo porque tais consórcios foram criados para possibilitar um vínculo jurídico onde o tomador de serviços não é uma única pessoa natural, mas um grupo de pessoas, com poderes próprios de qualquer empregador, exercidos, entretanto, por um deles em nome e em benefício de todos os consorciados".[97]

Por outro lado, o parágrafo segundo da Portaria Ministerial dispõe que: "No pacto da solidariedade, onde os produtores rurais se responsabilizarão solidariamente pelas obrigações trabalhistas e previdenciárias decorrentes de trabalhadores comuns, deverá constar a identificação de todos os consorciados com o nome completo, CPF, documento de identidade, matrícula CEI individual, endereço e domicílio, além do endereço das propriedades rurais onde os trabalhadores exercerão atividades".

Observa-se que, tanto a Portaria do Ministério do Trabalho e Emprego (atualmente Ministério da Economia, Lei n. 13.844, de 18.6.19. art. 32, V) quanto a Lei n. 10.256, de 9.7.2001, exigem que a constituição do consórcio seja feita mediante documento registrado em cartório de títulos e documentos, justamente para evitar qualquer discussão sobre a sua formação, definindo-se um dos consorciados para representá-los nos atos pertinentes.

Uma das questões que poderá motivar muita controvérsia trabalhista é a da representação do consórcio em audiência trabalhista, se atentarmos para algumas situações.

97 LOPES, Otávio Brito. Consórcio de empregadores rurais. *Revista Jurídica Consulex*, ano V, n. 111, p. 11, 31.8.2001.

Acontece que poderá ser encontrado trabalhador contratado diretamente pelo produtor e outros comuns ao grupo consorciado, mesmo porque a finalidade da lei foi aproveitar a mão de obra do trabalhador que ficaria à disposição de cada um dos consorciados para ser aproveitada na medida em que surgisse trabalho. Dado a este fato haverá situação em que o empregador responsável pela contratação do empregado terá dele se utilizado por um mês de serviço e trabalhado para outro consorciado por período bem maior.

Entre os empregadores rurais poderá também ocorrer pessoas que arrendaram terra, ou que estariam na condição de parceiro, meeiro ou outras situações próprias do meio rural. O consórcio, por outro lado, como já vimos, tem por finalidade exclusiva a contratação de pessoal, para adequação da situação do trabalhador rural no campo, como querem entender as duas normas referidas, de forma que a continuidade do consórcio não é uma segurança para os trabalhadores.

Portanto, o trabalhador ao reclamar por certo colocará no polo passivo da demanda as pessoas físicas que fazem parte do consórcio (na condição de litisconsortes), particularizando-se as que utilizaram seu serviço e que descumpriram às obrigações contratuais. Isso porque, sobre a constituição do consórcio, o trabalhador quando muito, terá em suas mãos a CTPS com as anotações pertinentes ao consórcio, insuficiente para a sua garantia no processo de execução, já que, como vimos, inexiste lei disciplinando a questão no âmbito trabalhista.

Observado o quadro posto, os empregadores apresentarão a defesa alegando a ilegitimidade de parte com o argumento de que quem deverá figurar no polo passivo é aquele à frente do consórcio, a teor do que dispõe a Portaria do Ministério do Trabalho e Emprego e a Lei n. 10.256/2001.

Ao que tudo indica o reclamante admitirá a participação do consórcio dos empregadores no polo passivo, mas não abdicará das pessoas físicas para quem trabalhou. Normalmente, para resguardar os interesses do trabalhador na fase de execução, o Juiz não excluíra do polo passivo os consorciados justamente para evitar maiores discussões na fase executória em detrimento do trabalhador. Como diz Irany

Ferrari "Apenas a solidariedade, como já dissemos, estará presente para a segurança daqueles que lhes prestem serviços"[98].

É que, como informa Otávio Brito Lopes "A solidariedade para fins trabalhistas é ativa e passiva, já que todos os membros do consórcio são credores da prestação laboral devida pelo empregado e ao mesmo tempo devedores da contraprestação patronal"[99].

A solidariedade ativa reside no fato de que o empregado poderá trabalhar para qualquer uma das pessoas físicas que façam parte do consórcio em um sistema de coordenação entre elas para o fim de estabelecer o período de trabalho e a quem os serviços serão prestados. Vale dizer que o trabalhador poderá receber ordens de qualquer uma das pessoas que compõem o consórcio quando estiver utilizando os seus serviços.

No que concerne à solidariedade passiva, todos os que compõem o consórcio serão responsáveis solidários pelo descumprimento das obrigações trabalhistas, cuja solidariedade se coaduna com o objetivo tutelar do direito do trabalho, para evitar que o trabalhador fique à mercê de eventual discussão, de natureza material ou interpretativa, sobre quem deve responder pelos créditos trabalhistas.

Assim, neste diapasão, quer nos parecer que em face da solidariedade entre os consorciados, o trabalhador, sendo credor, poderá exigir, por inteiro, o cumprimento da obrigação de um só codevedor, evidentemente direcionando a execução para aquele réu mais próximo ou então para aquele com maior patrimônio, ou ainda para aquele que mais se utilizou do serviço do trabalhador.

Na audiência trabalhista, face às peculiaridades que mencionamos, entendemos que o consórcio trabalhista poderá ser representado pela pessoa que administra o consórcio na forma preconizada pela Portaria Ministerial n. 1.964/99 e Lei n. 10.256/2001. A referida pessoa poderá designar preposto, no caso, seu empregado,

98 FERRARI, Irany. A legislação trabalhista e o consórcio de empregadores. In: SILVESTRE, Rita Maria; NASCIMENTO, Amauri Mascaro (coords.). *Os novos paradigmas do direito do trabalho. Homenagem a Valentin Carrion.* São Paulo: Saraiva, 2001. p. 371.

99 LOPES, Otávio Brito. Consórcio de empregadores rurais. *Revista Jurídica Consulex*, ano V, n. 111, p. 11, 31.8.2001.

para representar o consórcio em juízo ou então uma das pessoas que compõem o consórcio.

Ainda, pela solidariedade existente entre os empregadores que compõem o mencionado consórcio não pode considerar ilegal ato do seu administrador em nomear, como representante do consórcio, aquele que mais se utilizou do trabalhador. Acreditamos que, no caso, haverá até interesse dos consorciados no sentido de que aquele que foi mais favorecido pelo trabalho do reclamante seja o representante do consórcio em audiência, ou então, aquele em que a pretensão obreira seja mais abrangente, pois estará mais habilitado a fazer a sua defesa, bem como a prova das suas alegações.

Pensamos até que tal condição poderia ser definida no estatuto da criação do consórcio, uma vez que poderá acontecer de o trabalhador ter prestado serviços para cinco empregadores consorciados e sua reivindicação na Justiça do Trabalho se referir apenas ao período de trabalho para dois deles.

Nada mais justo, portanto, que os dois empregadores consorciados que deram causa à reclamação venham a juízo responder pela reclamação em nome do consórcio, este, sim, sem sombra de dúvida, o devedor em caso de condenação, dada a solidariedade inerente a sua constituição. Aliás, com propriedade enfatiza Irany Ferrari ao tratar do consórcio de empregadores que "Apenas a solidariedade, como já dissemos, estará presente para a segurança daqueles que lhes prestem serviços"[100].

Ademais, esclarece Humberto Theodoro Júnior, a efetividade do processo poderá estar no meio-termo ao dizer que "A virtude, todavia, como sempre ocorre nas obras humanas, não está nos extremos, mas no meio-termo. Nem se pode anular a garantia do contraditório, em benefício total da economia processual, nem se deve, sempre, agigantar o contraditório, de modo a desprezar por inteiro a necessidade de agilizar a prestação jurisdicional"[101]

100 FERRARI, Irany. A legislação trabalhista e o consórcio de empregadores. In: SILVESTRE, Rita Maria; NASCIMENTO, Amauri Mascaro (coords.). *Os novos paradigmas do direito do trabalho. Homenagem a Valentin Carrion.* São Paulo: Saraiva, 2001. p. 371.

101 THEODORO JUNIOR, Humberto. *Direito e processo* – direito processual civil ao vivo. Rio de Janeiro: Aide, 1997. v. 5, p. 63.

Lembramos também que se houver discussão a respeito da constituição do consórcio, citando, como exemplo, a sua formação sem os requisitos da lei, todos os empregadores que utilizaram a mão de obra do trabalhador deverão figurar no polo passivo.

Por último, como se trata de uma matéria nova a ser enfrentada pelo Judiciário Trabalhista por certo haverá questionamento a respeito, não só quanto à representação do consórcio em juízo, mas também em relação a outras situações emergentes da referida Portaria e da Lei n. 10.256, de 9.7.2001.

Jurisprudência

Ementa: Contratação rural — Consórcio de empregadores — Formalidades — Proteção legal assegurada ao empregado. O novo modelo de contratação rural chamado "Consórcio, ou Condomínio, de Empregadores" está definido na Portaria GM/MTE n. 1.964, de 1º.12.1999 como "a união de produtores rurais, pessoas físicas, com a finalidade única de contratar empregados rurais". Nesse modelo admite-se que, além dos empregados diretos do produtor rural, outros possam ser contratados para prestar serviços ao grupo consorciado. A adoção do modelo, no entanto, exige o cumprimento de certas formalidades, dentre as quais a matrícula no Cadastro Eletrônico do INSS (CEI) e o registro cartorial de um pacto de solidariedade firmado pelos produtores nos termos da lei civil, mediante o qual reconhecem sua responsabilidade pelas obrigações trabalhistas, previdenciárias e fiscais decorrentes da prestação de serviços. O Direito do Trabalho não permite se deixe o empregado ao desamparo; consequentemente, se o exame da situação concreta revela que a prestação de serviços se desenvolveu em violação das normas trabalhistas, não pode o produtor, que usufruiu daquele benefício, eximir-se de sua responsabilidade para com o empregado. A irregularidade do consórcio não obsta a responsabilização dos consorciados, atraindo a solidariedade, aliás prevista como requisito para a regularização do consórcio; o credor pode demandar de qualquer deles o total da dívida (cf. art. 904 do Código Civil Brasileiro). INDENIZAÇÃO SUBSTITUTIVA DO SEGURO-DESEMPREGO PRESSUPOSTO ESSENCIAL. A dispensa sem justa causa obriga o empregador a fornecer ao ex-empregado as guias necessárias ao recebimento do seguro-desemprego, não cabendo a esse último dizer do direito ao benefício (art. 24, Lei n. 7998/90); deixando o ex-empregador de fornecer os documentos ao trabalhador, obsta- lhe o exercício do direito, devendo indenizá-lo, nos termos do art. 159 do Código Civil. Tal não ocorre, todavia, se o próprio trabalhador admite ter obtido nova ocupação após o desligamento do emprego, contrariando a presunção de falta de recursos financeiros no lapso imediatamente posterior à dispensa, pois nesse caso revela-se inexistente o pressuposto essencial que motivou a norma benéfica. (TRT 3ª R. — 5ª T. — RO/16734/00 — Rel. Juiz Eduardo Augusto Lobato — DJMG — 18.11.2000 — p. 25).

CAPÍTULO XXVIII

A REPRESENTAÇÃO DO EMPREGADOR EM DISSÍDIOS COLETIVOS E A NÃO APLICAÇÃO DO INSTITUTO DA REVELIA

Inicialmente, "os dissídios coletivos podem ser de natureza econômica ou jurídica. O dissídio de natureza econômica, também chamado de interesse, visa a decidir sobre novas condições de trabalho. O dissídio coletivo de natureza jurídica, também denominado de direito, visa a decidir sobre controvérsia quanto a interpretação ou aplicação de norma jurídica já existente"[102].

Existe também o dissídio de greve que tem por objetivo a declaração da legalidade ou ilegalidade do movimento, daí porque é de natureza declaratória.

Os dissídios coletivos são instaurados porque as partes envolvidas não conseguiram chegar a uma composição para o estabelecimento de novas condições de trabalho ou mesmo para manter as condições que estavam vigorando. De igual modo, quando há movimento grevista por reivindicações salariais ou outras pretensões e o socorro ao Judiciário se torna necessário para a solução do conflito de interesses.

Nos dissídios coletivos, as partes são as categorias profissionais e econômicas e são representadas pelas entidades sindicais respectivas, com poderes definidos em assembleia (art. 859 da CLT) e denominadas, no polo da ação, em suscitante, quando autor e, suscitado, quando réu.

É de se salientar também que o dissídio coletivo poderá ser instaurado pelo Ministério Público do Trabalho, em caso de greve dos trabalhadores, ou quando houver conturbação à ordem pública, o que se dá quando a paralisação envolve serviços de atividades consideradas essenciais (art. 856, da CLT). Essa possibilidade, de forma restritíssima, deriva do § 3º do art. 114 da Constituição Federal ao dispor:

102 DOMINGUES, Marcos Abílio. *Introdução ao direito coletivo de trabalho*. São Paulo: LTr, 2000. p. 65.

§ 3º Em caso de greve em atividade essencial, com possibilidade de lesão do interesse público, o Ministério Público do Trabalho poderá ajuizar dissídio coletivo, competindo à Justiça do Trabalho decidir o conflito.

No dissídio coletivo, a empresa também poderá figurar como suscitante, ou suscitada, isso quando na base territorial não existir sindicato patronal, ou quando for a maior interessada na solução judicial. Normalmente isso se verifica quando uma empresa sofre a paralisação das suas atividades em função de movimento grevista. Aliás, essa situação pode acontecer até como estratégia dos trabalhadores para obrigar a que as outras empresas fiquem solidárias com aquela que sofreu os efeitos da greve.

Instaurado o processo de dissídio coletivo perante o Tribunal Regional competente será designado audiência de conciliação no prazo de 10 (dez dias), com notificação às partes, as quais deverão comparecer na data determinada.

A instauração do dissídio coletivo também poderá ocorrer no Tribunal Superior do Trabalho quando envolver dissídios que excedam a jurisdição dos Tribunais Regionais e estender ou rever suas próprias sentenças normativas (art. 2º, I. "a", da Lei n. 7.701/88) ou então dos dissídios de abrangência nacional.

Na audiência de conciliação, além das partes, deverá estar presente um representante do Ministério Público do Trabalho, quer o dissídio seja instaurado por este ou pela empresa ou ainda pelos sindicatos profissionais e patronais, eis que o *parquet*, como fiscal da lei, deverá se manifestar sobre as divergências que deram origem ao conflito de natureza coletiva, verificando-se inclusive se as cláusulas questionadas não ferem normas de ordem pública, citando como exemplo as cláusulas relacionadas com a política salarial.

Quando as partes envolvidas são entidades sindicais, elas são representadas pelos diretores dos respectivos sindicatos, por força do que dispõe o art. 859 da CLT. Ao nosso ver, nada impedirá que o sindicato seja representado por um dos seus empregados, já que na prática o Sindicato sempre está representado pelo seu advogado, ou contratado, mesmo porque em dissídio coletivo não existem os efeitos da revelia e da confissão, tal como ocorre nos dissídios individuais. Nesse sentido, aponta Márcia Regina Lobato que:

> ...Configura-se revelia sempre que o demandado (réu) não apresentar defesa na ação contra ele proposta. Sendo assim, os fatos narrados pelo demandante (autor) serão considerados verdadeiros (art. 319 do CPC). Essa regra civilista foi encampada na esfera processual trabalhista, mas é aplicável apenas em dissídios individuais, na forma estabelecida pelo art. 844 da CLT.
>
> Afirma Martins Filho (2009, p. 139) que "o Processo Coletivo não comporta a figura da revelia", pois, nesse tipo de demanda, a controvérsia existente não se pauta em norma preexistente, mas sim na "elaboração originária da norma jurídica", e não a fatos relativos à violação de uma regra existente, mas a mudanças gerais pertinentes à prestação laboral de determinado setor econômico.
>
> Para Lima Santos (2012, p. 346) o art. 864 da CLT, ao estabelecer que "não havendo acordo, ou não comparecendo ambas as partes ou uma delas, o Presidente submeterá o processo a julgamento, depois de realizadas as diligências que entender necessárias e ouvida a Procuradoria", demonstra que o legislador, ao disciplinar os dissídios coletivos, não recepcionou o instituto da revelia, porquanto sua aplicação só gera efeitos em relação à ausência adversa na reclamatória trabalhista individual na forma da norma celetista em seu art. 844.[103]

Em se tratando de dissídio coletivo em que uma das partes é a empresa, o que pode ocorrer quando a instauração se dá pela própria empresa, por motivo de movimento grevista dos seus trabalhadores, cujo dissídio visa à decretação da ilegalidade ou não do movimento, a representação da empresa deve ser feita pelo diretor da empresa ou por empregado, utilizando-se da mesma faculdade conferida pelo parágrafo primeiro do art. 843 da CLT, ou mesmo por preposto não empregado, na forma do § 3º do art. 843, da CLT, incluído pela Lei n. 13.467, de 13.7.17, deixa claro que o preposto não precisa ser empregado. Nesse caso, porém, o preposto deverá ter credenciado para atuação, dada a relevância do processo.

103 *Dissídio coletivo*. São Paulo: LTr, set. 2014. p. 78-79.

Salienta Everaldo Gaspar Lopes de Andrade, após algumas considerações sobre o tema, que o "preposto, como nas ações individuais, há de ser um empregado. Ou advogado, quando empregado. Do contrário, pela inclinação jurisprudencial, tem-se como ausente a reclamada"[104]. Entretanto, a ausência não acarretará os efeitos da revelia.

Em se tratando de dissídio coletivo, as partes devem estar sempre presentes, porquanto normalmente envolve direito de uma categoria de trabalhadores ou então de empregadores, considerando-se, inclusive, que poderá ser instaurado dissídio coletivo pela própria empresa quando ocorre a paralisação por parte dos seus empregados. Ademais, os efeitos de uma decisão em processos de dissídios coletivos, sobretudo os de natureza econômica, normalmente acarretam efeitos nos contratos individuais de trabalho.

Finalmente, não podemos deixar de consignar que a presença do suscitado, principalmente em dissídio coletivo de greve se torna necessária com a apresentação da defesa para que o Tribunal tenha condições de apreciar a legalidade ou não do movimento. Nesse sentido, as judiciosas considerações feitas por Raimundo Simão de Melo quando afirma que "No dissídio coletivo de greve, embora não seja obrigatória a presença do suscitado (CLT, art. 856), é aconselhável que ele compareça em juízo e apresente defesa e provas sobre a regularidade da greve, em se tratando da categoria profissional, porque se considerada abusiva, consequências poderão advir para os contratos individuais de trabalho ou sobre a relativa abusividade, se o suscitado for a classe patronal. É neste momento que se deve apresentar as reivindicações que deram causa ao conflito, trazendo, assim, elementos de convicção para o Tribunal embasar o julgamento. Depois, a presença do suscitado para efeito de uma possível conciliação em juízo, perante um órgão neutro que poderá ajudar as partes a encontrar uma solução pacificadora para o litígio"[105].

104 LOPES DE ANDRADE, Everaldo Gaspar. *Dissídio coletivo.* São Paulo: LTr, 1993. p. 104.

105 MELO, Raimundo Simão de. *A greve no direito brasileiro.* 4. ed. São Paulo: LTr, jun. 2017.

CAPÍTULO XXIX

OUTRAS MODALIDADES DE REPRESENTAÇÃO DE ENTES PÚBLICOS E DE EMPREGADORES PRIVADOS

1. União

A União, conforme o inciso I do art. 75 do CPC/2015, será representada em juízo, ativa e passivamente, pela Advocacia-Geral da União, direta ou mediante órgão vinculado.

Essa disposição do CPC tem suporte no art. 131 da Constituição Federal, que estabelece:

> A Advocacia-Geral da União é a instituição, que diretamente ou por meio de órgão vinculado, representa a União, judicial e extrajudicialmente, cabendo-lhe nos termos da lei complementar que dispuser sobre a sua organização e funcionamento, as atividades de consultoria e assessoramento jurídico do Poder Executivo.

Por outro lado, a Lei Complementar n. 73/93 estabelece que "A Advocacia-Geral da União é a instituição que representa a União, judicial e extrajudicialmente" sendo que o art. 2ª, dessa mesma lei, estabelece os Órgãos de direção superior e os de execução.

Ademais, é consabido que a nomeação para o cargo de procurador da União, Estados, Distrito Federal, Municípios e suas autarquias e fundações públicas, é ato em que se exige a publicação no diário oficial e com isso torna dispensável a juntada de instrumento de mandato, mesmo porque a função de procurador é inerente à condição de representante do ente que o nomeou. Apenas se exige que o procurador se identifique como tal quando atua em juízo, não bastando a indicação do número de inscrição na Ordem dos Advogados do Brasil, conforme estabelece a Súmula n. 436 do TST.

Finalmente, nas audiências de reclamações trabalhistas em que a União seja parte, será obrigatório o comparecimento do preposto que tenha completo conhecimento do fato objeto da reclamação, o qual, na ausência do representante judicial da União, entregará contestação subscrita por ele. A intimação de membro da Advocacia-Geral da União, em qualquer caso, será feita pessoalmente (arts. 5º e 6º da Lei n. 9.028/95).

Sobre o disposto no art. 5º da Lei n. 9.028/95, aponta Manoel Antonio Teixeira Filho que ele deixa em aberto uma questão relevante: "se o procurador judicial da União não houver elaborado a contestação (ou qualquer espécie de resposta), ou se a elaborou, não entregou ao preposto, este poderá fazer a defesa oral, se aquele não compareceu à audiência?. O assunto é polêmico. Em que pese ao fato de o dispositivo legal referido deixar transparente que a resposta, em circunstâncias normais, deva ser elaborada (por escrito) pelo procurador judicial da União, entendemos ser possível, em situações extraordinárias (como a de que estamos a cogitar), a formulação da defesa oral, pelo preposto, seja em razão do caráter genérico do art. 847 da CLT, seja porque isto se faz necessário para defender os interesses da União"[106].

Não há dúvida que o entendimento do consagrado processualista está correto, mormente pelo fato de que, se se aplica essa regra para o empregador comum, com mais razão há de ser adotada ao ente público, o qual tem como um dos seus princípios básicos, o interesse público.

Portanto, sempre que possível deverá o preposto, quando não procurador, ter em mãos a contestação para ser apresentada em juízo quando da realização da audiência inicial.

106 TEIXEIRA FILHO, Manoel Antonio. *O processo do trabalho e a reforma trabalhista*. 2. ed. São Paulo: LTr, 2018. p. 243.

Jurisprudência

TST, Súmula n. 436. Representação processual. Procurador da União, Estados, Municípios e Distrito Federal, suas Autarquias e Fundações Públicas. Juntada de instrumento de mandato (conversão da Orientação Jurisprudencial n. 52 da SBDI-I e inserção do item II à redação) — Res. n. 185/2012, DEJT divulgado em 25, 26 e 27.9.2012. I — A União, Estados, Municípios e Distrito Federal, suas autarquias e fundações públicas, quando representadas em juízo, ativa e passivamente, por seus procuradores, estão dispensadas da juntada de instrumento de mandato e de comprovação do ato de nomeação. II — Para os efeitos do item anterior, é essencial que o signatário ao menos declare-se exercente do cargo de procurador, não bastando a indicação do número de inscrição na Ordem dos Advogados do Brasil.

2. Estados e Distrito Federal

No caso da representação dos Estados e Distrito Federal prescreve o art. 132 da Constituição Federal, com a redação dada pela Emenda Constitucional n. 19, de 4.6.1998:

> *Art. 132. Os Procuradores dos Estados e do Distrito Federal, organizados em carreira, na qual o ingresso dependerá de concurso público de provas e títulos, com a participação da Ordem dos Advogados do Brasil em todas as suas fases, exercerão a representação judicial e a consultoria jurídica das respectivas unidades federadas.*
>
> *Parágrafo único. Aos procuradores referidos neste artigo é assegurada estabilidade após três anos de efetivo exercício, mediante avaliação de desempenho perante os órgãos próprios, após relatório circunstanciado das corregedorias.*

Assim, os Estados e o Distrito Federal serão representados pelos seus procuradores, os quais devem estar legalmente investidos nas funções em conformidade com o disposto no inciso II do art. 75 do CPC/2015.

Em face das prerrogativas conferidas aos procuradores, cujas nomeações são publicadas no Diário Oficial, eles não necessitarão de procuração nos autos, bastando a sua identificação perante o juízo ou então na própria peça processual. Nesse sentido, a Súmula n. 436 do TST.

Os Estados e o Distrito Federal poderão ajustar compromisso recíproco para a prática de ato processual por seus procuradores em favor de outro ente federado, mediante convênio firmado pelas respectivas procuradorias, conforme previsão no § 4º do art. 75 do CPC/2015.

Conforme assinala Artur César de Souza, a inserção do § 4º no art. 75 "permite maior flexibilidade na representação processual dos Estados e do Distrito Federal, evitando que o procurador de um Estado se desloque para outro Estado a fim de representá-lo. No caso, o procurador do Estado em que tramita o processo poderá representar, mediante convênio, o Estado demandado ou demandante"[107].

Deverá ser obrigatória a presença de preposto, na forma da lei, que tenha conhecimento dos fatos que deram origem ao litígio trabalhista.

Jurisprudência

TST, SUM-436. Representação processual. Procurador da União, Estados, Municípios e Distrito Federal, suas Autarquias e Fundações Públicas. Juntada de instrumento de mandato (conversão da Orientação Jurisprudencial n. 52 da SBDI-I e inserção do item II à redação) — Res. n. 185/2012, DEJT divulgado em 25, 26 e 27.9.2012. I — A União, Estados, Municípios e Distrito Federal, suas autarquias e fundações públicas, quando representadas em juízo, ativa e passivamente, por seus procuradores, estão dispensadas da juntada de instrumento de mandato e de comprovação do ato de nomeação. II — Para os efeitos do item anterior, é essencial que o signatário ao menos declare-se exercente do cargo de procurador, não bastando a indicação do número de inscrição na Ordem dos Advogados do Brasil.

3. Município

O Município será representado pelo Prefeito Municipal ou seu procurador, cujas pessoas deverão estar investidas nas funções, conforme prescreve o inciso III do art. 75 do CPC/2015.

107 SOUZA, Artur César de. *Código de processo civil.* 1. ed. São Paulo: Almedina, 2015. p. 430. v. I: parte geral (arts. 1º a 317).

Inexistindo quadro de procuradores criado por lei municipal, a representação recairá ao prefeito. No caso de procurador, este concursado com publicação no Diário Oficial, exercerá a representação sem necessidade da juntada de procuração nos autos, mas deverá indicar essa condição na peça processual, conforme se extrai da Súmula n. 436 do TST que se acha publicada na parte destinada à jurisprudência.

O Prefeito poderá designar servidor municipal que tenha conhecimento dos fatos ou, ainda, nomear advogado para acompanhamento do processo, em virtude da existência de interesse público em discussão.

Aliás, Décio Sebastião Daidone afirma que "Alguns Juízes admitem, ainda, a nomeação de preposto pelo Prefeito, principalmente em grandes municípios, quando os Chefes do Executivo sequer têm condições de conhecer o seu pessoal"[108].

É comum ver figurar na peça inicial a Prefeitura Municipal em substituição ao Município. Encontramos jurisprudência como a citada por Theotônio Negrão[109] afirmando que "Prefeitura Municipal e Município são expressões que, na prática, se equivalem para designar as circunscrições territoriais autônomas em que se dividem as unidades federativas. O uso da primeira pela segunda não constitui irregularidade capaz de invalidar o processo" (TFR 139/393). Entretanto, entendemos que o correto é figurar o Município no polo ativo ou passivo já que a Prefeitura está mais relacionada com o prédio em que funciona a administração municipal.

Jurisprudência

TST, SÚMULA N. 436. Representação processual. Procurador da União, Estados, Municípios e Distrito Federal, suas Autarquias e Fundações Públicas. Juntada de instrumento de mandato (conversão da Orientação Jurisprudencial n. 52 da SBDI-I e inserção do item II à redação) — Res. n. 185/2012, DEJT divulgado em 25, 26 e 27.9.2012. I — A União, Estados, Municípios e Distrito Federal, suas autarquias e fundações públicas, quando representadas em juízo, ativa e passivamente,

108 DAIDONE, Décio Sebastião. *Direito processual do trabalho, ponto a ponto.* 4. ed. São Paulo: LTr, 2016. p. 131.

109 NEGRÃO, Theotônio. *Código de processo civil e legislação processual em vigor.* 31. ed. São Paulo: Saraiva, 2000. p. 107.

por seus procuradores, estão dispensadas da juntada de instrumento de mandato e de comprovação do ato de nomeação. II — Para os efeitos do item anterior, é essencial que o signatário ao menos declare-se exercente do cargo de procurador, não bastando a indicação do número de inscrição na Ordem dos Advogados do Brasil.

Prefeitura municipal. Legitimidade passiva. A referência a Prefeitura Municipal, quando a ação é proposta contra o Município, embora revele desprezo à técnica, não será suficiente para invalidar o processo, tratando-se de mera irregularidade formal, suprível até mesmo *ex officio*, em obediência aos postulados processuais da instrumentalidade das formas e da efetividade da jurisdição. TRT 10 Reg. — RO 3353/99 — (Ac.3ª T., Julg. 10.11.1999) — Rel. Juiz: Douglas Alencar Rodrigues. DJU 21.1.2000.

3.1. Câmara Municipal

Registre-se, inicialmente, que as Câmaras Municipais não são pessoas de direito público interno, como também não possuem personalidade jurídica própria e, muito menos, idoneidade econômica. A contratação de pessoal se faz pelo Município. Este sim, o legitimado para figurar no polo passivo da demanda.

Como bem esclarece Manoel Antonio Teixeira Filho "As Câmaras Municipais são destituídas de personalidade jurídica; possuem, tão somente, personalidade judiciária. Deste modo, se a ação trabalhista for dirigida à Câmara Municipal, o processo, em princípio, deverá ser extinto, sem resolução de mérito, em decorrência da manifesta ilegitimidade da ré"[110]. Entretanto, somos do entendimento de que não há razão para extinção do processo diante do que dispõem os arts. 338 e 339 do CPC/2015, a saber:

> Art. 338. Alegando o réu, na contestação, ser parte ilegítima ou não ser o responsável pelo prejuízo invocado, o juiz facultará ao autor, em 15 (quinze) dias, a alteração da petição inicial para substituição do réu.

110 TEIXEIRA FILHO, Manoel Antonio. *O processo do trabalho e a reforma trabalhista*. 2. ed. São Paulo: LTr, 2018. p. 243.

Parágrafo único. Realizada a substituição, o autor reembolsará as despesas e pagará os honorários ao procurador do réu excluído, que serão fixados entre três e cinco por cento do valor da causa ou, sendo este irrisório, nos termos do art. 85, § 8º.

Art. 339. Quando alegar sua ilegitimidade, incumbe ao réu indicar o sujeito passivo da relação jurídica discutida sempre que tiver conhecimento, sob pena de arcar com as despesas processuais e de indenizar o autor pelos prejuízos decorrentes da falta de indicação.

§ 1º O autor, ao aceitar a indicação, procederá, no prazo de 15 (quinze) dias, à alteração da petição inicial para a substituição do réu, observando-se, ainda, o parágrafo único do art. 338.

§ 2º No prazo de 15 (quinze) dias, o autor pode optar por alterar a petição inicial para incluir, como litisconsorte passivo, o sujeito indicado pelo réu.

Não descartamos também a possibilidade de a Vara do Trabalho no recebimento da petição inicial, mediante despacho judicial determinar a sua regularidade pelo acionante para que conste como réu o Município e, para tanto, invocando o princípio do atendimento aos fins sociais e as exigências do bem comum estampado no art. 8º do CPC/2015, assim disposto:

> *Art. 8º Ao aplicar o ordenamento jurídico, o juiz atenderá aos fins sociais e às exigências do bem comum, resguardando e promovendo a dignidade da pessoa humana e observando a proporcionalidade, a razoabilidade, a legalidade, a publicidade e a eficiência!*

Jurisprudência

Ementa: Câmara Municipal. Capacidade processual. Ação que envolve o erário público. Inadmissibilidade. A Câmara, muito embora não tenha personalidade jurídica, tem capacidade judiciária. Isso, porém, apenas para a defesa de seus interesses institucionais. Não para figurar, portanto, em ações que envolvam o erário municipal. Precedentes do Tribunal Superior do Trabalho e do Superior Tribunal de Justiça. Recurso Ordinário a que se dá provimento. TRT 2ª Reg. (SP) Proc.

01114001620085020371 RO — (Ac. 11ª T. 20130150481) — Rel. Eduardo de Azevedo Silva. DOe/TRT 2ª Reg., 5.3.2013, p. 13.

Ementa: Irregularidade de representação. Necessidade de intimação da parte. Na vigência do CPC/2015, verificada irregularidade da representação quando da interposição de recurso ordinário, cumpre ao juízo dar prazo a parte para a competente regularização. Agravo de instrumento provido para conhecer o recurso interposto, ante a juntada de regular instrumento de mandato. [...] TRT 4ª Reg. Proc. n. 0000002-23.2016.5.04.0761 AIRO — (Ac. 11ª T.) — Relª Desª Maria Helena Lisot. Publicação em 6.10.2016. (*Revista Eletrônica do TRT da 4ª Reg.*, ano XII, n. 187, out. 2016).

4. Autarquias e fundações públicas

Pelo disposto no inciso I do art. 5º do Decreto-lei n. 200, de 25.2.1967, considera-se "Autarquia — o serviço autônomo, criado por lei, com personalidade jurídica, patrimônio e receita próprios, para executar atividades típicas da Administração Pública, que requeiram, para seu melhor funcionamento, gestão administrativa e financeira descentralizada".

No que concerne a representação processual, a Lei n. 9.469, de 10.7.1997, estabelece no seu art. 9º que "A representação judicial das autarquias e fundações públicas por seus procuradores ou advogados, ocupantes de cargos efetivos dos respectivos quadros, independe da apresentação do instrumento de mandato".

No mesmo sentido, o disposto no inciso IV do art. 75 do CPC/2015, ao estatuir que a autarquia e a fundação de direito público serão representadas em juízo, ativa e passivamente, por quem a lei do ente federado designar.

Portanto, na condição de procurados das Autarquias e Fundações Públicas, estão aptos a representarem as respectivas entidades, bastando para isso que eles identifiquem quando da atuação em juízo.

Os Estados e Municípios não têm legitimidade para recorrer em nome das autarquias e das fundações públicas (OJ-SDI-1 n. 318, I, do TST).

Entretanto, os procuradores estaduais e municipais podem representar as respectivas autarquias e fundações públicas em juízo somente se designados pela lei da respectiva unidade da federação (art. 75, IV, do CPC de 2015) ou se investidos de instrumento de mandato válido (OJ-SDI-1 n. 318, II, do TST).

Jurisprudência

TST, OJ-SDI1-318. Autarquia. Fundação Pública. Legitimidade para recorrer. Representação processual. (Incluído o item II e alterada em decorrência do CPC de 2015) — Res. n. 220/2017 — DEJT divulgado em 21, 22 e 25.9.2017. I — Os Estados e os Municípios não têm legitimidade para recorrer em nome das autarquias e das fundações públicas. II — Os procuradores estaduais e municipais podem representar as respectivas autarquias e fundações públicas em juízo somente se designados pela lei da respectiva unidade da federação (art. 75, IV, do CPC de 2015) ou se investidos de instrumento de mandato válido.

5. Empresas públicas e sociedades de economia mista

Considera-se Empresa Pública "a entidade dotada de personalidade jurídica de direito privado, com patrimônio próprio e capital exclusivo da União, criado por lei para a exploração de atividade econômica que o Governo seja levado a exercer por força de contingência ou de conveniência administrativa podendo revestir-se de qualquer das formas admitidas em direito (inc. II, do Decreto-lei n. 200, de 25.2.1967)".

Já, a Sociedade de Economia Mista é a entidade dotada de personalidade jurídica de direito privado, criada por lei para a exploração de atividade econômica, sob a forma de sociedade anônima, cujas ações com direito a voto pertençam em sua maioria à União ou a entidade da Administração Indireta (inciso III, do Decreto-lei n. 200, de 25.2.1967).

Tanto as empresas públicas quanto as sociedades de economia mista acima delineadas possuem personalidade jurídica de direito privado, daí podendo ser parte em processo trabalhista nas mesmas condições de outros empregadores.

Conforme assinalam Marcos Scalércio e Tulio Martinez Minto, "as Empresas Públicas e Sociedades de Economia Mista não têm privilégios como têm as demais entidades da administração pública. Serão representadas por quem indicado nos seus estatutos ou pela lei que a regule. Aplica-se subsidiariamente a elas o inciso VIII do art. 75 do novo CPC de que a pessoa jurídica será representada, em juízo, por quem os respectivos atos constitutivos designarem ou, não havendo essa designação, por seus diretores"[111].

Portanto, a presença do preposto é necessária sob pena de aplicação dos efeitos da revelia e da confissão ficta.

6. Massa falida

Inicialmente, "a massa falida, como as sociedades de fato, apresentam-se positivadas pelo sistema jurídico pátrio em razão da premente necessidade fática de legalizar-se uma situação real, atribuindo a quem na verdade não possui condição própria de existência a condição de sujeito jurídico, visando a resguardar os demais com quem se relaciona juridicamente"[112].

A Lei n. 11.101, de 9.2.2005, que revogou o Decreto-lei n. 7.661, de 21.6.1945, passou a regular a recuperação judicial, a extrajudicial e a falência do empresário e da sociedade empresária.

Quanto à recuperação judicial, o art. 47, da mencionada Lei estatui que "A recuperação judicial tem por objetivo viabilizar a superação da situação de crise econômico-financeira do devedor, a fim de permitir a manutenção da fonte produtora, do emprego dos trabalhadores e dos interesses dos credores, promovendo, assim, a preservação da empresa, sua função social e o estímulo à atividade econômica". No que concerne à falência, ela, "ao promover o afastamento do devedor de suas atividades, visa a preservar e otimizar a utilização produtiva dos bens, ativos e recursos produtivos, inclusive os intangíveis, da empresa (art. 75 da Lei n. 11.101, de 9.2.2005). Também, o processo de falência atenderá aos princípios da celeridade e da economia processual, conforme dispõe o parágrafo único do art. 75 da mencionada lei".

111 SCALÉRCIO, Marcos; MINTO, Tulio Martinez. *Prática de audiência trabalhista conforme o novo CPC.* 1. ed. São Paulo: LTr, 2016. p. 77.

112 MACIEL, Fernando Antônio Barbosa. *Capacidade & entes não personificados.* Curitiba: Juruá, 2001. p. 75.

Ainda, dispõe o art. 76 da respetiva Lei que "O juízo da falência é indivisível e competente para conhecer todas as ações sobre bens, interesses e negócios do falido, ressalvadas as causas trabalhistas, fiscais e aquelas não reguladas nesta Lei em que o falido figurar como autor ou litisconsorte ativo".

Ocorrendo a falência da empresa, esta perde a administração dos negócios, em face de uma decisão judicial nesse sentido. Com a nova Lei a massa falida passa a ser representada pelo administrador judicial, deixando de existir a figura do síndico, que constava da norma revogada. No mesmo sentido, o disposto no inciso V do art. 75 do CPC/2015, que se ajustou à regra da Lei n. 11.101, de 9.2.2005.

Conforme assinala Artur Cesar de Souza o "*administrador judicial*, nomeado nos termos na Lei n. 11.101/2005, somente representa a massa falida, nos termos do art. 22, inc. III, letra 'n', e não a sociedade empresária em recuperação judicial"[113].

O administrador judicial, em caso de reclamação trabalhista deverá juntar autos cópia da decisão que o indicou representante da massa falida.

Em se tratando de recuperação extrajudicial, a empresa não perde a administração dos seus negócios, de forma que a representação será feita por seus procuradores com instrumento de mandato, acompanhado do respectivo preposto, que poderá ser empregado ou não, em face da inclusão do § 3º no art. 843 da CLT, pela Lei n. 13.467, de 13.7.2017, que não exige mais a condição de empregado.

Jurisprudência

Ementa: Agravo de petição. Representação processual. Empresa em recuperação judicial. O processamento da recuperação judicial e a nomeação de administrador judicial pelo Juiz, apenas confere a este ou a procurador por este constituído poderes para nomear causídico na hipótese de o Juiz de Direito determinar o afastamento dos diretores ou administradores da sociedade empresária recuperanda, exegese que se extrai do art. 22, I, '"h", e inciso III, "n", da Lei n. 11.101, de 2005, combinado com o art. 75, V, do NCPC. Assim, inexistindo nos autos demonstração de que os

113 SOUZA, Artur César de. *Código de processo civil.* 1. ed. São Paulo: Almedina, 2015. v. I: parte geral (arts. 1º a 317). p. 433.

diretores da empresa foram afastados pelo Juízo da recuperação judicial, reputo regular a outorga de poderes conferida à causídica subscritora da impugnação dos cálculos e determino o retorno dos autos à Vara do Trabalho de origem para seu regular processamento. Dou provimento ao recurso. TRT 23ª Reg. AP-0000078-73.2013.5.23.0001 — (Ac. 1ª T.) — Rel. Nicanor Favero Filho. DEJT/TRT 23ª Reg. n. 2.240/17, 2.6.2017, p. 128.

7. Espólio

O espólio não tem personalidade jurídica. Dessa forma, nos termos do inciso VII do art. 75 do CPC/2015, aplicável supletivamente à CLT (arts. 769 e 15 do CPC/2015), será representado em juízo pelo inventariante.

Ensina Décio Sebastião Daidone que:

> *Espólio pode ser caracterizado como uma universalidade de bens e direitos deixados pelo* de cujus *aos seus herdeiros e que deve ser tratado como um ente jurídico que pode ser sujeito de direito e, portanto, com capacidade processual, a exemplo do que ocorre com a 'massa falida'.*[114]

Aberta a sucessão e ocorrendo o processo de inventário, haverá a necessidade de o juiz nomear o inventariante. Enquanto o inventariante não prestar o compromisso conforme determina a lei (art. 617, parágrafo único do CPC/2015), ele será representado pelo administrador provisório, na forma do art. 613 do CPC/2015.

Assinala Artur Cesar de Souza que "o requerimento de abertura de inventário e de partilha incumbe a quem estiver na posse e na administração do espólio" (art. 615 do CPC/15).

Desde a assinatura do compromisso até a homologação da partilha, *a administração da herança será exercida pelo inventariante*[115].

114 DAIDONE, Décio Sebastião. Ob. cit., p. 132.

115 SOUZA, Arthur Cesar de. Ob. cit., p. 435.

Em sendo o inventariante "dativo", ou seja, aquele nomeado pelo juízo, haverá a necessidade de sua intimação no processo em que o espólio seja parte.

Lembra Daidone que:

> [...] o falecimento do reclamante durante o processo determina a sua suspensão para que se regularize a representação processual, possibilitando, ainda, a habilitação incidente de seus herdeiros ou sucessores a qualquer título.

A regularização poderá ser conforme determina a lei civil ou, ainda, na forma da Lei n. 6.858/80, que dispõe sobre o pagamento aos dependentes ou sucessores de valores não recebidos em vida pelo titular, bastando, para isso, que estejam habilitados perante a Previdência Social[116].

Assim, havendo reclamação trabalhista contra o espólio, este será representado em juízo pelo inventariante, o qual é nomeado pelo juiz, segundo a ordem disposta no art. 617 do CPC/15.

Jurisprudência

Ementa: Recurso de revista interposto pelo reclamante. 1 trabalhador falecido. Representação do espólio. Ilegitimidade ativa. O Tribunal Regional decidiu que a Srª Selma da Silva Valois não é pessoa legitimada para representar, em juízo, o espólio do trabalhador falecido, por verificar que não foi comprovada a alegada união estável entre as partes. Ante o contexto descrito no acórdão, conclui-se que o Reclamante não logrou demonstrar divergência jurisprudencial. O paradigma válido transcrito no recurso enuncia genericamente que o companheiro e os filhos do empregado falecido possuem legitimidade ativa para postular os créditos devidos ao trabalhador, porém o Tribunal Regional não negou a possibilidade de o companheiro do trabalhador falecido vindicar os direitos trabalhistas não recebidos em vida. O que a Corte de origem decidiu foi negar legitimidade ativa à Srª Selma da Silva Valois, porque não foi comprovada a união estável que ela alegou ter mantido com o trabalhador falecido. Conclui-se, assim, que o modelo é inespecífico, diante da premissa registrada

116 DAIDONE, Décio Sebastião. Ob. cit., p. 134.

pela Corte Regional (não comprovação da alegada união estável mantida com o trabalhador falecido). Recurso de revista de que não se conhece. TST-RR-32200-66.2011.5.17.0005 — (Ac. 4ª T.) — Rel. Min. Fernando Eizo Ono. DJe/TST n. 1.315/13, 19.9.2013, p. 1116.

Ementa: Representação do espólio na Justiça do Trabalho. União homoafetiva. A regulamentação da sucessão dos créditos trabalhistas tem esteio no art. 1º da Lei n. 6.858/80. Não há óbice legal à representação do espólio, na seara trabalhista, pelo companheiro do empregado falecido, em união estável — união homoafetiva — quando admitida esta pelo INSS, tendo em vista o julgamento, pelo e. STF, da Ação Direta de Inconstitucionalidade (ADI) n. 4.277 e da Arguição de Descumprimento de Preceito Fundamental (ADPF) n. 132, bem assim a Resolução n. 175, de 14 de maio de 2013, do Conselho Nacional de Justiça, obrigando todos os cartórios do país a celebrar em casamentos civis de casais do mesmo sexo ou a converterem em casamento a união estável homoafetiva. Extensível à união homoafetiva o regime jurídico das uniões estáveis, previsto no art. 1.723 do Código Civil, sendo, doravante, inconteste o direito das pessoas do mesmo sexo ao casamento civil ou à conversão da união estável em casamento, em atenção aos princípios fundamentais da igualdade, liberdade e da dignidade da pessoa humana, insculpidos na Constituição da República. TRT 9ª Reg. RO-845-86.2012.5.09.0664 — (Ac. 1ª T.) — Rel. Célio Horst Waldraff. DJe/TRT 1300/13, 29.8.2013, p. 403-4.

Ementa: Herança. Indivisibilidade do conjunto de direitos e obrigações transmitidos pela morte de pessoa natural. Equiparação a "imóveis para efeitos legais". Regulação pelas normas relativas a condomínios. Direito de atuação individual de cada cotitular. Sendo a herança o conjunto de direitos e obrigações da pessoa natural falecida transmitido a uma ou mais pessoas que sobreviveram ao falecido, equiparada a "imóveis para efeitos legais" e indivisível até a partilha ("todo unitário"), além de regulada pelas normas relativas a condomínio, qualquer destinatário, como cotitular, pode agir na defesa dos direitos e interesses da comunhão prevista na lei material (inteligência, CC/2002, arts. 80, II, 1.314, 1.784, 1.791 e parágrafo único). Espólio. Representação processual. Dependente habilitado perante a Autarquia Federal (INSS). Valores não recebidos em vida pelo trabalhador. Legitimidade ativa concorrente. A Lei n. 6.858/1980 não foi revogada nem derrogada pelo CC/2002. O autor da ação em que postulados valores não recebidos em vida pelo trabalhador falecido tanto pode ser o próprio titular do direito material (espólio — pessoa formal), representado por quem de direito, como qualquer destinatário (dependente habilitado perante o INSS, e, na ausência, sucessor na forma da lei civil). Há, no caso, indiscutível legitimidade ativa concorrente. O art. 1.829, I, do CC/2002 (lei geral) não trouxe previsão específica ao estatuído na Lei n. 6.858/1980 (lei especial). Herdeiro, sucessor, condômino ou coproprietário. Ação proposta por apenas um dos cotitulares do direito material. Atuação em nome próprio e como substituto processual os demais detentores do direito à comunhão. Destinação na sentença da cota-parte a cada beneficiário (coisa julgada material). O cotitular do direito material que demandar judicialmente estará agindo na defesa de direito próprio (cota-parte correspondente e ainda indivisível), mas também como substituto processual dos demais titulares com igual direito (comunhão). Por isso, a sentença deve definir a cota-parte de cada beneficiário da universalidade produzindo a coisa julgada material efeitos a todos os cotitulares do direito vindicado, tenham ou não comparecido no caderno para formar litisconsórcio ativo facultativo com o promovente da demanda. TRT 12ª Reg. Proc. 0001008-49.2015.5.12.0059 — (Ac. 5ª Câmara) — Rel. Reinaldo Branco de Moraes. Data de assinatura: 3.3.2017. (BJ do TRT da 12ª Reg., 1º a 10.3.2017).

Ementa: Espólio — Inexistência de bens — Legitimidade passiva ad causam. O espólio é parte legítima para responder a presente ação, nas pessoas dos descendentes da de cujus, mesmo que inexistam bens a serem partilhados, tendo em vista que o espólio "é conjunto de bens, direitos e obrigações de sua pessoa após a sua morte". (TRT 3ª Reg. — RO — 9.282/98 — (Ac. 4ª T.) — Rel. Juiz Virgílio S. D. Falci. DJMG 4.12.1999, p. 24).

Legitimidade de parte. Espólio. Não apresentação do formal de partilha. Caracterização. Com efeito, o espólio é parte legítima para responder à demanda trabalhista, não sendo suficiente para sua exclusão a simples notícia do encerramento do inventário. Absolutamente imprescindível a devida apresentação do formal onde conste a expressa indicação do herdeiro capaz de responder por eventuais débitos, na proporção da cota-parte do quinhão recebido. Sucessão. Compromisso de compra e venda de cotas sociais. Objeto de inventário. O qual aguarda condição suspensiva. Expedição de alvará para a venda. Não formalização da alteração social. Não caracterização. O simples compromisso de venda e compra das cotas sociais, com cláusula que prevê a expressa responsabilidade do promitente-comprador por todo o passivo, dependendo ainda da expedição do alvará judicial para a alteração societária, que não se aperfeiçoou dada a ausência do termo de compromisso e o competente registro junto à JUCESP, não caracteriza a sucessão à luz do direito laboral, produzindo efeitos jurídicos restritos à esfera civil. TRT 15ª Reg. (Campinas/SP) — Proc. n. 1.659/98 — (Ac. 5ª T. 7.429/99) — Rel. Luís Cândido Martins Sotero da Silva. DJSP 12.4.1999, p. 76.

Ementa: Ilegitimidade de parte. Ausência de capacidade do espólio. Condição de ré da inventariante não formalizada. Pressuposto de constituição regular do processo não atendido. Inexistindo aptidão do espólio Reclamado para estar em juízo, em face do encerramento do processo de inventário, e não formalizada, nos autos, a condição de Ré da inventariante, o que se verifica é a ausência de pressuposto essencial de constituição e desenvolvimento regular e válido do processo e é injurídica a condenação que visa, por via de interpretação "de fundo", autorizar a execução desta última, que se quer figurou como parte no polo passivo da ação. TRT 3ª Reg. RO-12.491/98 — (Ac. 1ª T.) — Relª Juíza Emília Facchini. DJMG 16.4.1999, p. 14.

8. Sociedade e associações irregulares e outros entes organizados sem personalidade jurídica, pela pessoa a quem couber a administração dos seus bens

As sociedades e associações de fato são aquelas que não têm personalidade jurídica. Não têm os atos constitutivos registrados nos órgãos competentes para tal.

Segundo o disposto no art. 75, IX do CPC/15, as sociedades sem personalidade jurídica serão representadas em juízo pela pessoa a quem couber a administração dos seus bens.

Em caso de demanda judicial, cabe esclarecer que, de conformidade com o disposto no § 2º do art. 75 do CPC/2015, não poderão alegar a irregularidade de sua constituição para afastar a ação ajuizada contra si. Seria, no caso, aceitar a alegação de sua própria torpeza em seu benefício em detrimento do reclamante.

Importante assinalar que normalmente em se tratando de sociedade e associações descritas acima, em reclamação trabalhista, o reclamante, ou reclamantes, ajuíza a ação contra todos os sócios da sociedade para se garantir na fase de execução. Isso se verifica na prática até porque, se isso não acontecer na fase de conhecimento, na fase de execução se abriria outra discussão para se saber quem responderá por eventuais créditos dos trabalhadores, mormente se o empreendimento não tiver bens que respondam pela condenação.

Nesse caso, as sociedades e associações descritas serão representadas pelos respectivos responsáveis que deverão demonstrar em juízo mediante carta de preposição que estão aptos à devida representação.

Jurisprudência

Ementa: Sociedade de fato. Teoria da aparência. Relação de emprego. Não altera o deslinde da lide o fato da constituição legal da empresa ter sido realizada após a admissão da autora. A falta de registro não impede à realização dos atos de comércio, daí porque, passível reconhecer-se uma relação de emprego em período anterior à legalização empresarial. É a aplicação da teoria da aparência, extraída do Direito Comercial, a qual não retira da sociedade "de fato" obrigações como se legalmente existisse. TRT 3ª Reg. — RO 33/99 — (Ac. 5ª T.) — Rel. Juiz Levi Fernandes Pinto. DJMG 9.10.1999, p. 20.

9. Sindicato profissional ou patronal

O Sindicato profissional ou patronal quando demandado em juízo trabalhista será representado pelo presidente.

Poderão, no entanto, constar do estatuto da entidade sindical poderes ao Presidente para nomear, como representante legal do sindicato, outro membro da Diretoria ou mesmo empregado da entidade sindical.

Os Sindicatos, quer os patronais ou profissionais, na defesa dos interesses das respectivas categorias, possuem autorização que consta da alínea "a" do art. 513 da CLT, assim disposto:

Art. 513. São prerrogativas dos sindicatos:

a) representar, perante as autoridades administrativas e judiciárias os interesses gerais da respectiva categoria ou profissão liberal ou interesses individuais dos associados relativos à atividade ou profissão exercida.

Na Justiça do Trabalho, o representante do sindicato poderá ser o seu diretor, ou então, preposto cuja previsão deverá figurar no estatuto da entidade sindical. No processo do trabalho, com a mudança trazida pela Lei n. 13.467, de 13.7.17, a representação poderá ser feita por preposto não empregado, desde que portador de carta de preposição dando poderes para isso.

Jurisprudência

Ementa: Sindicato no polo ativo. Representação processual. Diretor ou preposto. Previsão estatutária. Inaplicabilidade da Súmula n. 377 do C. TST. Se o estatuto do sindicato — autor atribuiu competência, nos termos do art. 12, VI, do CPC, ao Diretor-Presidente para representá-lo judicialmente, podendo este, por disposição estatutária, delegar poderes a terceiros, como ocorreu no caso concreto, não se justifica o arquivamento da ação, ante a representação processual regular do acionante. Inaplicável o disposto na Súmula n. 377 do C. TST, mormente por não ser o sindicato, réu no presente processo. Recurso a que se dá provimento para reverter o arquivamento, determinando o regular processamento do feito. TRT 2ª Reg. RO 00464200746202009 — (Ac. 4ª T. 20080538490) — Rel. Ricardo Artur Costa e Trigueiros. DOe/TRT 2ª Reg. 27.6.2008, p. 6-7.

10. Sociedade extinta ou sucedida por outra

Em se tratando de sociedade extinta, a reclamação será ajuizada na pessoa dos ex-sócios, os quais a representarão.

Cuidando-se de sociedade já extinta por meio de sentença judicial, com trânsito em julgado, informa Francisco Antonio de Oliveira que "o representante geral será o liquidante e não os ex-sócios. O Código de 1939 cuidava do assunto no Título XXXVIII"[117].

Entretanto, "se a sociedade vier a se dissolver na pendência da lide ou entrar em liquidação, em não havendo ainda liquidante nomeado, devem ser chamados ao processo todos os seus sócios. Nada impede, todavia, que os sócios indiquem um representante entre eles ou mesmo um terceiro por cujos atos todos responderão"[118]. Com a inclusão do § 3º no art. 843, da CLT, pela Lei n. 13.467, 13.7.17, que permite que a representação seja feita por preposto, não empregado, tem-se que ela poderá ser feita pela pessoa indicada pela sociedade extinta, desde que portadora de carta de preposição para validar a sua atuação.

11. Paróquias e outras instituições religiosas

Afirma Francisco Antonio de Oliveira que "Exceção feita à Santa Sé que tem natureza jurídica de direito público internacional, as paróquias espalhadas por todo o país têm natureza jurídica de direito privado. E a representação será feita por pároco"[119].

Efetivamente, as organizações religiosas são pessoas jurídicas de direito privado, conforme estatui o inciso IV do art. 44 do Código Civil.

No caso de a igreja estiver vinculada à Mitra Arquidiocesana, poderá ser chamada no polo passivo a Mitra Arquidiocesana e a representação, no caso, será feito pelo Bispo ou por alguém com poderes especificados na carta de preposição, na forma do § 3º do art. 843, da CLT.

Esclarece Manoel Antonio Teixeira Filho que "Há casos, no entanto, em que a paróquia mantém uma escola ou uma creche, com diretoria regularmente constituída, e emprega trabalhadores (professores, assistentes sociais, psicólogos, cozinheiros,

117 OLIVEIRA, Francisco Antonio de. *Manual de processo do trabalho*. 2. ed. São Paulo: Revista dos Tribunais, 2001. p. 59.

118 *Ibidem*, p. 60.

119 *Ibidem*, p. 61.

nutricionistas, serventes). Neste caso, a representação judicial poderá ser exercida pelo pároco como pelo diretor da escola ou da creche"[120].

Em se tratando de igrejas evangélicas os seus pastores é que serão os representantes em juízo trabalhista. Normalmente, no estatuto de criação da igreja contempla essa obrigação.

Também há possibilidade de ser designado preposto pelo padre ou pastor, desde que conste essa permissão no estatuto da entidade religiosa.

A verdade é que, com a inclusão do § 3º no art. 843, da CLT, pela Lei n. 13.467, 13.7.17, que permite que a representação seja feita por preposto, não empregado, tem-se que ela poderá ser feita pela pessoa indicada pela entidade, desde que portadora de carta de preposição.

12. Pessoa jurídica

Quanto a pessoa jurídica, o Código Civil de 1916 tinha disposição que estabelecia que "As pessoas jurídicas serão representadas, ativa e passivamente, nos atos judiciais e extrajudiciais, por quem os respectivos estatutos designarem, ou, não o designando, pelos seus diretores" (art. 17).

O Código Civil vigente, em face do inciso III do art. 46, permite compreender que a empresa, mediante registro, declarará "o modo porque se administra e representa, ativa e passivamente, judicial e extrajudicialmente".

Aludindo ao art. 46 quanto à necessidade do registro, Fabrício Zamprogna Matielo assinala que: "A série de exigências quanto ao teor do registro tem por finalidade identificar precisamente a pessoa jurídica de direito privado que está sendo criada, a fim de prevenir posteriores responsabilidades, direitos e obrigações atrelados ao exercício das atividades a que se dedicará"[121].

O disposto no inciso VIII do art. 75 do CPC/2015, no que concerne às pessoas jurídicas deixa patente que elas serão representadas por quem os respectivos atos constitutivos designarem ou, não havendo essa designação, por seus diretores.

120 TEIXEIRA FILHO, Manoel Antonio. Ob. cit., p. 247-8.

121 MATIELO, Fabrício Zamprogna. *Código civil comentado*. 3. ed. São Paulo: LTr, out. 2007. p. 53.

Como se sabe, as sociedades anônimas se regem por seus estatutos e as sociedades por quotas de responsabilidade limitada pelo seu contrato social.

Portanto, na procuração outorgada pela pessoa jurídica, é necessário que conste a identificação não só do representante como da outorgante a fim de que o instrumento tenha validade para os efeitos legais.

Na hipótese de reclamação trabalhista há de se aplicar as regras normais do devido processo legal, devendo a empresa ser representada pelo seu procurador acompanhado do preposto, sujeitando-se aos efeitos da revelia e da confissão quanto à matéria de fato, quando não atendidas as determinações exigidas pelas regras processuais.

Cabe, salientar, por último, que em face da inclusão do § 3º no art. 843, da CLT, pela Lei n. 13.467, 13.7.17, que permite que a representação seja feita por preposto, não empregado, tem-se que ela poderá ser feita pela pessoa indicada pela pessoa jurídica, desde que seja portadora de carta de preposição.

13. Pessoa jurídica estrangeira

A representação judicial das pessoas jurídicas estrangeiras, em juízo, ativa e passivamente, será feita pelo gerente, representante ou administrador de sua filial, agência ou sucursal aberta ou instalada no Brasil, conforme disposto no inciso X do art. 75 do CPC/2015.

Nessa conformidade, o gerente da pessoa jurídica, por presunção, estará autorizado a receber citação inicial para responder a qualquer ação promovida contra a empresa.

Com razão, Décio Sebastião Daidone quando afirma que "O gerente da filial ou agência presume-se autorizado pela pessoa jurídica estrangeira a receber citação inicial para o processo de conhecimento, de execução, cautelar e especial. Significa, portanto, que ficam impedidas de opor exceções desse teor, na tentativa de fugir às responsabilidades que lhe atribuem as leis brasileiras".[122]

122 DAIDONE, Décio Sebastião. *Direito processual do trabalho, ponto a ponto.* 4. ed. São Paulo: LTr, 2016. p. 135.

14. Empresa em liquidação extrajudicial. Preposto. O regime especial de liquidação extrajudicial é um instrumento jurídico que leva a intervenção do poder público no gerenciamento operacional de empresas insolventes, com a finalidade de evitar dano a sociedade. Por exemplo, um banco ou seguradora, se fossem diretamente para a falência, geraria uma grande insegurança no mercado e aos consumidores ligados as duas empresas, daí surgindo a necessidade da intervenção para que haja um equilíbrio afim de que não se verifique a falência. Nesse caso, a jurisprudência do TST admitiu a representação da empresa em liquidação extrajudicial, mesmo quando predominava o entendimento de que o preposto devia ser empregado, na forma prevista na Súmula n. 377, do TST. A decisão abaixo é do entendimento de que em se tratando de pessoa jurídica em processo de liquidação extrajudicial, deve ser relativizado o entendimento previsto no mencionado verbete, sob pena de se inviabilizar o exercício das garantias constitucionais da ampla defesa e do contraditório.

"RECURSO DE REVISTA INTERPOSTO PELO RECLAMANTE. ACÓRDÃO REGIONAL PUBLICADO NA VIGÊNCIA DA LEI Nº 13.015/2014 E ANTES DA VIGÊNCIA DA LEI Nº 13.467/2017. 1. PESSOA JURÍDICA REPRESENTADA POR PREPOSTO NÃO EMPREGADO. RECLAMADO EM PROCESSO DE LIQUIDAÇÃO EXTRAJUDICIAL. RELATIVIZAÇÃO DO ENTENDIMENTO PREVISTO NA SÚMULA Nº 377 DO TST. CONFISSÃO FICTA NÃO CARACTERIZADA. NÃO CONHECIMENTO. I. Hipótese em que a Corte Regional concluiu que o entendimento consagrado na [...] Súmula nº 377 do C. TST deve ser relativizado quando se tratar de empresa ou pessoa jurídica submetida a regime de liquidação extrajudicial". II. A jurisprudência desta Corte Superior está consolidada no sentido de que, no processo do trabalho, a pessoa que comparece à audiência na qualidade de preposto do empregador deve ser necessariamente sua empregada, salvo na hipótese de empregador doméstico ou micro ou pequena empresa (Súmula nº 377 desta Corte Superior). III. Extrai-se da decisão recorrida que a pessoa que compareceu à audiência apresentando-se como preposta do primeiro Reclamado (FUNDO DE SAÚDE DOS SERVIDORES PÚBLICOS DO MUNICÍPIO DE PETRÓPOLIS) não era sua empregada e que o primeiro Reclamado não está inserido em quaisquer das exceções a que alude a Súmula nº 377 desta Corte Superior, o que, em tese, atrairia a aplicação dos efeitos da revelia ao

primeiro Reclamado. IV. Todavia, tratando-se de pessoa jurídica em processo de liquidação extrajudicial, deve ser relativizado o entendimento previsto no mencionado verbete, sob pena de se inviabilizar o exercício das garantias constitucionais da ampla defesa e do contraditório. V. O encerramento das atividades empresariais geralmente vem acompanhado de um esvaziamento do quadro de funcionários, motivo pelo qual não se revela razoável a exigência de que o preposto ostente a condição de empregado do reclamado. Sob esse enfoque, não se processa o recurso de revista por contrariedade à Súmula nº 377 do TST. VI. Também não se viabiliza o processamento do recurso de revista por divergência jurisprudencial. Os dois primeiros arestos indicados para o confronto de teses são inservíveis, pois são provenientes de Turma do TST, órgão não arrolado no art. 896, a, da CLT. Já o terceiro e quarto arestos são inespecíficos, porquanto não possuem a mesma premissa fática delineada na decisão recorrida (pessoa jurídica submetida a regime de liquidação extrajudicial), o que atrai o óbice previsto na Súmula 296, I, do TST. VII. Recurso de revista de que não se conhece. 2. RECONHECIMENTO DE VÍNCULO DE EMPREGO COM O 1º RECLAMADO. RESPONSABILIDADE SOLIDÁRIA DO 2º E 3º RECLAMADOS. NÃO ATENDIMENTO DO ART. 896, § 1º-A, I, DA CLT. NÃO CONHECIMENTO. I. É ônus da parte, " sob pena de não conhecimento " do recurso de revista, observar o disposto nos incisos I, II e III do § 1º-A do art. 896 da CLT (redação dada pela Lei nº 13.015/2014). II. A parte Recorrente deixou de atender ao requisito do inciso I do § 1º-A do art. 896 da CLT, pois não transcreveu o " trecho da decisão recorrida que consubstancia o prequestionamento da controvérsia objeto do recurso de revista ". III. Recurso de revista de que não se conhece" (RR-852-88.2013.5.01.0301, 4ª Turma, Relator Ministro Alexandre Luiz Ramos, DEJT 11/10/2019).

Hoje, em face ao disposto no § 3º do art. 843, da CLT, introduzido pela Lei n. 13.467, de 13.7.17, o preposto não precisa ser empregado para representar o empregador em juízo, bastando no caso que apresente a carta de preposição que autorize o seu portador a agir em nome da empresa.

CAPÍTULO XXX

PREPOSTO E A PERÍCIA JUDICIAL

A perícia, no processo do trabalho, poderá ocorrer tanto na fase de conhecimento como na fase de execução e acontece em várias situações. As mais comuns na fase de conhecimento são para constatação de trabalho em condições insalubres ou de periculosidade, sendo que a decisão judicial não poderá prescindir do respectivo laudo técnico, embora o Juiz, possa contrariá-lo, desde que justifique cabalmente o seu posicionamento.

Na fase de conhecimento, dependendo da complexidade da matéria em litígio, as partes podem se socorrer da perícia judicial para ajudar na elucidação do conflito, inclusive sobre autenticidade de documentos etc., embora se saiba que o juiz não está vinculado a ela.

Na fase de execução também poderá ocorrer a necessidade de perícia para definir cálculos complexos na liquidação de sentença ou mesmo na condenação que estabelece que os direitos reclamados e reconhecidos serão apurados em artigos de liquidação.

O preposto, como representante do empregador, normalmente, ao participar da audiência, ficará sabendo da determinação judicial sobre a realização de perícia técnica para apuração de trabalho supostamente desenvolvido em local insalubre ou perigoso, cuja constatação poderá dar ensejo ao pagamento pela empresa do adicional de insalubridade ou de periculosidade, já que, por força do art. 195 da CLT, o seu pagamento não poderá ser feito de forma cumulada, embora haja controvérsia a respeito, com predominância do entendimento de que não é possível.

As partes, se desejarem, poderão nomear assistentes técnicos, cujo laudo deverá ser entregue no mesmo prazo assinado ao perito do juízo, a teor do parágrafo único do art. 3º da Lei n. 5.584/70. Sempre é aconselhável a nomeação de assistente técnico, pois é por meio do seu laudo que se pode contrapor o laudo do perito do juiz.

Também as partes poderão apresentar quesitos a fim de serem respondidos pelo perito do juiz e o preposto, conhecedor dos fatos, poderá ajudar na sua elaboração com informações pertinentes. Tais informações serão mais eficientes quando a empresa possuir Serviços Especializados em Segurança e Medicina do Trabalho e Comissão Interna de Prevenção de Acidentes de Trabalho — CIPA, pois tais órgãos, no âmbito da empresa, visam à proteção do trabalhador em relação ao ambiente do trabalho e os riscos inerentes, com o objetivo de eliminar ou reduzir as adversidades da insalubridade e da periculosidade.

Em tais situações, é importante que o preposto acompanhe a realização da perícia com o objetivo de fornecer informações ao perito no que for necessário, até porque se houver impugnação do laudo pela parte prejudicada ou mesmo pelo advogado da empresa, a fim de que a defesa se posicione sobre possível cerceamento de defesa. Isso porque, dependendo da impugnação feita pelas partes, o juiz poderá designar audiência para oitiva do perito e de testemunhas se forem necessárias.

Lembramos que, no caso da perícia, a Justiça do Trabalho afastou a alegação de suspeição pelo fato de a testemunha ter atuado como representante da empresa na perícia determinada pelo Juízo, conforme se visualiza pela seguinte decisão:

> *Ementa: Cerceamento de defesa. Atuação da testemunha como representante da empresa na perícia realizada pelo juízo.* Para a comprovação da suspeição da testemunha é necessário que fique demonstrada a falta de isenção de ânimo para depor, nos termos do art. 447 do CPC/2015. No caso dos autos, o fato de a testemunha ter atuado como representante da empresa quando da realização da perícia que apurou a existência de insalubridade ou periculosidade no trabalho do empregado, ou até mesmo o mero exercício de cargo de supervisor sem maiores poderes de gestão, não a torna suspeita, por absoluta falta de previsão em lei. Assim, configura-se cerceamento de defesa o acolhimento da contradita quanto à única testemunha apresentada pela reclamada em Juízo. TRT 3ª Reg. RO-0012097-54.2016.5.03.0069 — (Ac. 9ª T.) — Rel. Rodrigo Ribeiro Bueno. DEJT/TRT 3ª Reg. n. 2.710/19, 26.4.2019, p. 3013.

No que se refere a cálculos dos valores da condenação, havendo contradições entre os cálculos oferecidos pelas partes, principalmente quando eles forem complexos e envolverem vários trabalhadores, o juiz poderá designar um perito ou contador que elabore os cálculos, facultando às partes a indicação de perito assistente.

Destaque-se que o preposto, quando atuante nos interesses do seu empregador, já que é conhecedor dos fatos questionados em juízo, poderá contribuir no sentido de se saber se os cálculos apresentados pelo perito do juiz estão corretos ou não, principalmente quando não houve indicação de assistente técnico. Ademais, normalmente os documentos requisitados para elaboração do laudo pericial são fornecidos pela empresa dos quais o preposto deverá ter conhecimentos para confrontar os cálculos que são colocados à impugnação pelas partes.

Os cálculos devem ser verificados cuidadosamente, inclusive sobre os juros e correção monetária, bem como se foram observadas as regras predominantes sobre os aludidos cálculos. Normalmente, existem publicações em *sites* de Tribunais Regionais que disponibilizam as tabelas para aplicação de juros e correção monetária.

Reitera-se, que, dependendo da dimensão do processo, é de todo conveniente a indicação de assistente técnico por parte do reclamado, pois com base no trabalho por ele elaborado é que se apoiará a tese defensiva. Como preposto, atuamos em processos na fase de execução em que a participação do assistente técnico foi muito eficiente para desmontar a pretensão veiculada na execução.

Outra questão que precisa ser esclarecida é que existem juízes que designam audiência na fase de execução visando à conciliação do processo em que as divergências (valores, cálculos etc.) possam ser solucionadas com rapidez. Existem casos em que as próprias partes requerem essa conciliação, objetivando pôr fim ao litígio. Normalmente, é determinado que as partes compareçam à audiência, munidas de todos os dados que possam elucidar as possíveis dúvidas e que venham imbuídas do propósito de fazer composição. A própria Justiça do Trabalho criou a Semana Nacional de Conciliação que tem sido prestigiada em função dos resultados alcançados.

As empresas, em tais hipóteses, devem atender ao chamamento judicial, pois a audiência tem por objetivo a tentativa conciliatória, não se podendo praticar outro ato que não seja isso.

Fizemos muitas audiências de conciliação na fase de execução e quando não comparecia o reclamado e nem o reclamante, consignava na ata da audiência a proposta do exequente ou executado, dando-se prazo para a manifestação da parte contrária e o resultado em muitos processos foi positivo. Assim, nada impede que o reclamado ou executado peça ao Juiz para constar a sua proposta e prazo para a parte adversa se manifestar a respeito.

Lembramos que, pela Lei n. 13.467, de 13.7.2017, os honorários de sucumbência se aplicam ao empregador ou reclamante, se vencidos no conflito que envolve a necessidade de perícia, conforme o disposto no art. 790-B, que transcrevemos abaixo:

> **Art. 790-B.** A responsabilidade pelo pagamento dos honorários periciais é da parte sucumbente na pretensão objeto da perícia, ainda que beneficiária da justiça gratuita. *(Redação dada pela Lei n. 13.467, de 13.7.2017, DOU 14.7.2017)*
>
> § 1º Ao fixar o valor dos honorários periciais, o juízo deverá respeitar o limite máximo estabelecido pelo Conselho Superior da Justiça do Trabalho. *(Redação dada pela Lei n. 13.467, de 13.7.2017, DOU 14.7.2017)*
>
> § 2º O juízo poderá deferir parcelamento dos honorários periciais. *(Incluído pela Lei n. 13.467, de 13.7.2017, DOU 14.7.2017)*
>
> § 3º O juízo não poderá exigir adiantamento de valores para realização de perícias. *(Incluído pela Lei n. 13.467, de 13.7.2017, DOU 14.7.2017)*.
>
> § 4º Somente no caso em que o beneficiário da justiça gratuita não tenha obtido em juízo créditos capazes de suportar a despesa referida no *caput*, ainda que em outro processo, a União responderá pelo encargo. (NR) *(Incluído pela Lei n. 13.467, de 13.7.2017, DOU 14.7.2017)*.

Recomendamos também que, em determinadas situações, é preferível a composição em processo que se exige a realização de perícia ante a possibilidade de o empregador arcar com as despesas de perícia, notadamente quando se tratar de caso isolado.

Finalmente, o empregador deve atentar que, em muitos casos, a audiência conciliatória possibilita a composição em pagamento parcelado e, poderá evitar, em muitas situações, possível determinação de prova pericial, hipótese em que os honorários do perito serão sempre do executado (reclamado).

Jurisprudência

Ementa: Agravo de instrumento. Recurso de revista interposto sob a égide da Lei n. 13.015/2014. Adicionais de periculosidade e insalubridade. Cumulação. Por ocasião do julgamento do E-ARR-1081-60.2012.5.03.0064, publicado no DEJT de 17.6.2016, a SBDI-1 decidiu pela impossibilidade de cumulação dos adicionais de insalubridade e de periculosidade derivados de um único fato gerador. Precedentes. A decisão regional está em consonância com a jurisprudência desta Corte Superior, pelo que incide o óbice da Súmula n. 333 do TST. Agravo de instrumento conhecido e desprovido. TST-AIRR-0011839-90.2015.5.15.0151 — (Ac. Complemento Processo Eletrônico Relator Min. Alexandre de Souza Agra Belmonte. DEJT/TST n. 2.709/19, 25.4.2019, p. 2894).

Ementa: Adicionais. Periculosidade e insalubridade. Percepção cumulativa. Art. 193, § 2º, da CLT. Alcance. 1. No Direito brasileiro, as normas de proteção ao empregado pelo labor prestado em condições mais gravosas à saúde e à segurança deverão pautar-se sempre nos preceitos insculpidos no art. 7º, incisos XXII e XXIII, da Constituição Federal: de um lado, a partir do estabelecimento de um meio ambiente do trabalho equilibrado; de outro lado, mediante retribuição pecuniária com vistas a "compensar" os efeitos nocivos decorrentes da incontornável necessidade de exposição do empregado, em determinadas atividades, a agentes nocivos à sua saúde e segurança. 2. No plano infraconstitucional, o art. 193 da CLT, ao dispor sobre o direito à percepção de adicional de periculosidade, assegura ao empregado a opção pelo adicional de insalubridade porventura devido (§ 2º do art. 193 da CLT). 3. A opção a que alude o art. 193, § 2º, da CLT não conflita com a norma do art. 7º, XXII, da Constituição Federal. Os preceitos da CLT e da Constituição, nesse ponto, disciplinam aspectos distintos do labor prestado em condições mais gravosas:

enquanto o art. 193, § 2º, da CLT regula o adicional de salário devido ao empregado em decorrência de exposição a agente nocivo, o inciso XXII do art. 7º impõe ao empregador a redução dos agentes nocivos no meio ambiente de trabalho. O inciso XXIII, a seu turno, cinge-se a enunciar o direito a adicional "de remuneração" para as atividades penosas, insalubres e perigosas e atribui ao legislador ordinário a competência para fixar os requisitos que geram direito ao respectivo adicional. 4. Igualmente não se divisa descompasso entre a legislação brasileira e as normas internacionais de proteção ao trabalho. As Convenções ns. 148 e 155 da OIT, em especial, não contêm qualquer norma explícita em que se assegure a percepção cumulativa dos adicionais de periculosidade e de insalubridade em decorrência da exposição do empregado a uma pluralidade de agentes de risco distintos. Não há, pois, em tais normas internacionais preceito em contraposição ao § 2º do art. 193 da CLT. 5. Entretanto, interpretação teleológica, afinada ao texto constitucional, da norma inscrita no art. 193, § 2º, da CLT, conduz à conclusão de que a opção franqueada ao empregado, em relação à percepção de um ou de outro adicional, somente faz sentido se se partir do pressuposto de que o direito, em tese, ao pagamento dos adicionais de insalubridade e de periculosidade deriva de uma única causa de pedir. 6. Solução diversa impõe-se se se postula o pagamento dos adicionais de insalubridade e de periculosidade, concomitantemente, com fundamento em causas de pedir distintas. Uma vez caracterizadas e classificadas as atividades, individualmente consideradas, como insalubre e perigosa, nos termos do art. 195 da CLT, é inarredável a observância das normas que asseguram ao empregado o pagamento cumulativo dos respectivos adicionais — arts. 192 e 193, § 1º, da CLT. Trata-se de entendimento consentâneo com o art. 7º, XXIII, da Constituição Federal de 1988. Do contrário, emprestar-se-ia tratamento igual a empregados submetidos a condições gravosas distintas: o empregado submetido a um único agente nocivo, ainda que caracterizador de insalubridade e também de periculosidade, mereceria o mesmo tratamento dispensado ao empregado submetido a dois ou mais agentes nocivos, díspares e autônomos, cada qual em si suficiente para gerar um adicional. Assim, se presentes os agentes insalubre e de risco, simultaneamente, cada qual amparado em um fato gerador diferenciado e autônomo, em tese há direito à percepção cumulativa de ambos os adicionais. 7. Incensurável, no caso, acórdão de Turma do TST que nega a percepção cumulativa dos adicionais de insalubridade e de periculosidade se não comprovada, para tanto, a presença de causa de pedir distinta. 8. Embargos do Reclamante de que se conhece, por divergência jurisprudencial, e a que se nega provimento. (E-ARR — 1081-60.2012.5.03.0064, Redator Ministro: João Oreste Dalazen, Subseção I Especializada em Dissídios Individuais, DEJT 17.6.2016).

Ementa: Perícia médica. Inspeção do local de trabalho. Não obrigatoriedade. Cerceio de defesa não configurado. O art. 473 do CPC, ao elencar os requisitos do laudo pericial, não estabelece a obrigatoriedade da realização de vistoria in loco. Além disso, nos termos dos arts. 2º e 11 da Resolução n. 1.488/98 do Conselho Federal de Medicina, o estudo do local de trabalho é um dos elementos a serem considerados pelo perito médico para a investigação do nexo de causalidade entre o labor e os transtornos de saúde apresentados pelo trabalhador, não constituindo, entretanto, pressuposto para a validação do seu parecer. Pelo que, existindo, nos autos, laudo médico pericial claro, completo e conclusivo a respeito da questão investigada, não há reconhecer a ocorrência de cerceio de defesa pelo indeferimento do pedido de inspeção do posto de trabalho. Aplicação dos arts. 765 da CLT e 370 e 371 do CPC. TRT 12ª Reg. Proc. 0000817-23.2017.5.12.0030 — (Ac. 6ª Câmara) — Relª Lília Leonor Abreu. Data de Assinatura: 18.6.2019. (BJ do TRT 12ª Reg., 11 a 20.6.2019).

Ementa: Nova Perícia — Não Cabimento. Incabível o pedido de realização de nova perícia, posto que não se justifica por mero inconformismo da parte com o resultado que lhe foi desfavorável e quando a matéria foi suficientemente esclarecida com a apresentação de laudo realizado por perito de confiança do juízo, na forma do art. 480 do CPC. Pedido da reclamante a que se rejeita no particular. TRT 2ª Reg. (SP) RO-1000477-04.2017.5.02.0204 — (Ac. 1ª T.) — Rel. Ricardo Apostolico Silva. DEJT/TRT 2ª Reg. n. 2.697/19, 4.4.2019, p. 11380-1.

Ementa: Perícia — Componente probatório — Valoração do juiz — **Judex peritus peritorum.** O nosso ordenamento processual consagra o juiz como o perito dos peritos. A ele a lei atribui a tarefa de dar a resposta estatal à controvérsia apresentada em juízo, não importando a que ramo do conhecimento seja afeta. O art. 370 do Código de Processo Civil, dá ao juiz a atribuição de ordenar e coordenar as provas a serem produzidas, conforme a utilidade e necessidade, perante a controvérsia estabelecida na postulação do autor e resistência do réu, podendo, caso necessite de assessoria técnica, determinar a realização de perícia, nomeando profissional ou profissionais, com conhecimento necessário para auxiliá-lo no deslinde da questão alvo (arts. 156, 465, Novo CPC), formulando e acolhendo os questionamentos necessários aos esclarecimentos (art. 470 do CPC), não estando adstrito ao laudo pericial, peça meramente informativa ao *peritus peritorum,* que poderá repeti-la, se não estiver suficientemente esclarecido e até desprezá-la, formando seu convencimento com outros elementos ou fatos provados nos autos (art. 479, Novo CPC). Mesmo quando a lei impõe a realização de perícia, como nos pedidos relativos à insalubridade e periculosidade (art. 195, § 2º, da CLT), não vincula o Juiz às conclusões do perito e faculta às partes a indicação de assistente técnico, para lhes assessorar na fundamentação de suas impugnações (art. 3º da Lei n. 5.584/1970 e art. 421 do CPC). A decisão é fruto exclusivo do convencimento do Juiz, perito dos peritos, à vista das informações que lhe dá o conjunto probatório disponível nos autos, não estando restrito a qualquer prova; avalia as segundo as regras de valoração ditadas pelas normas processuais, resolvendo a controvérsia diante do extrato dos fatos alegados e provados. TRT 15ª Reg. (Campinas/SP) ROPS-0011954-17.2015.5.15.0053 — (Ac. 4ª C., 2ª T.) — Rel. Dagoberto Nishina de Azevedo. DEJT/TRT 15ª Reg. n. 2.682/19, 14.3.2019, p. 10307.

Ementa: Adicionais de insalubridade e de periculosidade. Art. 193, § 2º, da CLT. Possibilidade de opção por um dos adicionais somente na fase de liquidação. Quanto ao momento processual para realizar a opção acerca de qual adicional o trabalhador almeja receber, a postergação da escolha para a fase de liquidação não agrava a posição do empregador, pois não implicará maiores custos processuais, bem como inexiste impedimento do ponto de vista processual, desde que o comando jurisdicional faça constar expressamente que o trabalhador deverá realizar a opção por um dos adicionais. Por fim, verifica-se o respeito à legislação, em especial o art. 193, § 2º, da CLT. Precedentes do TST. TRT 12ª Reg. Proc. 0010268-77.2015.5.12.0051 — (Ac. 1ª Câmara) — Rel. Narbal Antônio de Mendonça Fileti. Data de Assinatura: 13.12.2018 (BJ do TRT 12ª Reg., 11 a 31.12.2018).

Ementa: Recurso ordinário. Adicional de insalubridade. Agentes insalubres diversos. Cumulação. Impossibilidade. Em que pese o reconhecimento das condições insalubres que o autor laborava, no período em análise, por incidência dos raios solares, o entendimento majoritário é no sentido de que não há previsão legal sobre o pagamento cumulativo de dois ou mais adicionais de insalubridade em face da constatação de dois ou mais agentes nocivos, como no caso presente, em que a demandada efetuou a sua quitação em razão do reclamante manipular agrotóxicos, como demonstrado pelas fichas financeiras e laudos periciais acostados aos autos. Recurso patronal provido. TRT 6ª Reg. RO-0000810-17.2017.5.06.0412 — (Ac. 3ª T.) — Rel. Ruy Salathiel de Albuquerque e Mello Ventura. DEJT/TRT 6ª Reg. n. 2.488/18, 4.6.2018, p. 1855.

CAPÍTULO XXXI

PREPOSTO E A EXECUÇÃO TRABALHISTA

Não temos dúvida em dizer que na fase de execução do processo trabalhista é que surgem as maiores dificuldades, pois é nela que se apurarão os valores decorrentes da condenação ou seu *quantum*. Conhecem-se processos que se arrastam por vários anos nesta fase, não só em razão dos recursos, mas também no que concerne ao *quantum* da condenação.

A representação do empregador no processo do trabalho por preposto só se faz na fase de conhecimento. Na execução, é dispensada a sua presença, bastando a participação do advogado que poderá inclusive firmar acordo em nome da empresa que representa, desde que munido de poderes para tal.

A justificativa da não participação do preposto do empregador na referida fase está explicada na lição de José Augusto Rodrigues Pinto para quem:

> A área de discussão, nos embargos e nas impugnações, é essencialmente jurídica e, sob esse aspecto, predominantemente obrigacional.
>
> Assim, a prova fática, em tese admissível, é de pouca extensão testemunhal e documental, como sói acontecer com a quitação, em juízo ou diretamente à parte contrária, e a prescrição, aspectos de fundo dos embargos, ou a nulidade, o desrespeito à *res judicata* ou as inexatidões do acertamento, aspectos processuais dos próprios embargos ou do acertamento revisional possibilitado pelas impugnações.[123]

Aventamos a participação do preposto em caso da execução por artigos de liquidação em que as partes deverão estar presentes na audiência designada para este

123 PINTO, José Augusto Rodrigues. *Execução trabalhista.* 7. ed. São Paulo: LTr, 1996. p. 138.

fim ou ainda, quando o juiz, dentro do seu poder diretivo (arts. 139 do CPC e 765 da CLT) entender que é o caso de designação de audiência.

A respeito, ensina o saudoso Valentin Carrion, referindo-se aos embargos na execução: "A *instrução dos embargos* à execução está subordinada à teoria das provas, de seus ônus, controvérsia, pertinência e contraditório, estando todos os atos submetidos à direção do processo que incumbe ao juiz, cujo arbítrio obedece à lei. Audiência poderá ter a finalidade de ouvir testemunhas, como diz a lei, assim como todas as demais provas permitidas em juízo, prova documental, ofícios etc. Aplicam-se no que couber os dispositivos legais da CLT, referentes às provas, audiências, nulidades etc."[124].

Poderá também, a critério do juiz (arts. 765 da CLT e 139 do CPC), ser designada audiência conciliatória na fase de execução, procedimento este que tem sido prestigiado na Justiça Obreira, principalmente na 15ª Região, conforme se infere pela seguinte decisão do TRT da 15ª Região:

> *Correição parcial — Audiência para tentativa de conciliação, quando da liquidação da sentença — Prática orientada pela corregedoria — Inocorrência de atentado à boa ordem processual — Improcedência. Inicialmente, cumpre ressaltar que o Juiz não está obrigado e nem deve homologar cálculos antes de verificar a sua exatidão. Agiu acertadamente, portanto, ao determinar a análise pelo assistente de cálculos, que fez os seus, apresentando nos autos o correto importe do crédito do reclamante. A designação de audiências para tentativa de conciliação na fase de execução e quando da liquidação da sentença é prática que tem sido orientada e incentivada por esta Corregedoria, com bons resultados colhidos por toda a 15ª Região. Com toda certeza, a intenção da Magistrada ao designar a audiência conciliatória, não foi impor o que quer que fosse a qualquer das partes, como afirma o reclamante. Frente a frente, em audiência, com a participação e ajuda do Juiz-Presidente, as partes podem tentar a composição amigável, alcançando solução muitas vezes mais interessante a ambas do que a longa e traumática execução do feito. Nenhum ato praticado pela Juíza Corrigenda se afigura tumultuário da boa ordem processual. Pelo contrário,*

124 CARRION, Valentin. *Comentários à CLT.* 26. ed. São Paulo: Saraiva, 2001. p. 713.

agiu corretamente a Magistrada, devendo ser mantido não apenas o ato ora atacado, mas o próprio procedimento da Juíza, elogiável e, em regra, eficaz. Medida julgada improcedente. (TRT — 15ª R. — CP n. 220/98-0 — Prol. Carlos Alberto M. Xavier — DJSP 24.7.1998 — p. 41).

Portanto, o preposto em tais situações poderá representar o empregador com fulcro no § 1º do art. 843 da CLT.

O saudoso José Serson ensinava que:

O preposto deve fazer o depósito em garantia da execução, quando a empresa não se conforma com a sentença de liquidação, orientando-se na Secretaria da Junta (hoje Vara do Trabalho) quanto à forma de sua realização...; ou, conforme orientação do advogado, escolher os bens que serão dados em penhora. Avisar o advogado de imediato porque o prazo para embargos, 5 dias, corre desde logo, automaticamente, da data do depósito ou da penhora.[125]

Afora isso, a atuação do preposto na fase de execução será importante para o empregador no âmbito da empresa, notadamente quando ele tenha formação jurídica ou esteja estudando Direito, já que na prática ele será o elo entre o empregador e o advogado contratado, mormente quando a empresa não tenha corpo jurídico próprio.

Dessa forma, o preposto deverá canalizar todas as informações do processo no setor em que trabalha e, será de bom alvitre que tenha nos arquivos físicos ou digitais da empresa:

a) cópia dos documentos mais importantes que foram para os autos do processo trabalhista;

b) atas das audiências, cópia das peças processuais; como defesa, impugnações, decisões judiciais; e

125 SERSON, José. *Curso de rotinas trabalhistas*. Atualizada por Annibal Fernandes. 37. ed. São Paulo: Revista dos Tribunais, 1997. p. 366.

c) outras informações que interessam à empresa, como depósito recursal e pagamento de custas.

Assim, com base nesses documentos, quando o processo estiver na fase de execução, o preposto poderá contribuir na elaboração ou na revisão dos cálculos, se houver perícia contábil, atentando-se para a correção monetária e juros de mora, que normalmente apresentam erros, tudo com a assistência do advogado que cuida da causa.

Não se pode esquecer também, que o preposto, principalmente quando a empresa não possuir corpo jurídico próprio, poderá ser instado a fornecer relatório de processo a pedido de superior hierárquico e sem os documentos mencionados será muito difícil a sua elaboração.

Havendo conciliação na fase de execução, cuidar para que o pagamento seja feito em audiência, ou então após a homologação pela Justiça do Trabalho, de acordo com o ajustado entre as partes, eis que, na jurisprudência encontramos decisões que desaconselham o pagamento antecipado em face da possibilidade de desistência pelo interessado ou exequente, conforme a seguinte decisão:

> ***Ementa: Execução. Acordo extrajudicial. Inexistência de sentença homologatória. Desistência. Possibilidade.*** *Entabulado acordo extrajudicial em processo que se encontra em fase de execução tal procedimento não gera nenhum efeito jurídico enquanto não houver a homologação judicial. A desistência do acordo pelo Exequente, antes da homologação judicial, impede que o Juiz o homologue. O Executado para resguardar-se de eventuais contratempos deve adotar o procedimento de estabelecer que o pagamento dos valores avençados só deverá ocorrer após a homologação judicial do acordo. Não adotando tal procedimento, a única garantia que restará ao Executado será a de que os valores pagos serão abatidos dos valores em execução, evitando-se, assim, o enriquecimento sem causa do Exequente. Agravo de Petição a que se dá provimento para determinar o prosseguimento da execução em todos os seus termos.* (TRT-MT-AP`2240/2000-Ac. TP 084/2001-Rel. Juiz Bruno Luiz Weiler Siqueira. *Revista Gênesis*, n. 104, Curitiba: Gênesis, p. 276, ago. 2001).

Por outro lado, é importante assinalar que, por força da EC n. 20/98, que incluiu o § 3º no art. 114 da Constituição Federal, a Justiça do Trabalho passou a ser competente para executar, de ofício, as contribuições sociais previstas no art. 195, I, *a*, e II, e seus acréscimos legais, decorrentes das sentenças que proferir.

A Lei n. 10.035, de 10.2.2001 disciplinou o seu procedimento no processo do trabalho a fim de se pôr em prática a cobrança das contribuições previdenciárias no processo trabalhista.

Dessa forma, quando é formalizado acordo na fase de conhecimento ou de execução, o preposto deverá ter o cuidado de discriminar as verbas de natureza salarial para efeito de recolhimento previdenciário, pois se não houver discriminação o recolhimento incidirá sobre o total pago ao reclamante, conforme tem se posicionado a Justiça do Trabalho, a respeito, a seguinte ementa:

> Se houver reconhecimento do vínculo empregatício na decisão trabalhista, o recolhimento deverá ser feito mensalmente, utilizando o mês de competência para tal, podendo ser feito à dedução da parte do trabalhador, segundo a jurisprudência majoritária a respeito, sob o fundamento de que se trata de norma de ordem pública.

O preposto deve estar atento sobre o disposto no art. 276 e parágrafos do Decreto n. 3.048, de 6.5.1999, que aprova o Regulamento da Previdência Social e dá outras providências e, para tanto, o transcrevemos a seguir, pela sua importância.

> Art. 276. Nas ações trabalhistas de que resultar o pagamento de direitos sujeitos à incidência de contribuição previdenciária, o recolhimento das importâncias devidas à seguridade social será feito no dia dois do mês seguinte ao da liquidação da sentença.
>
> § 1º No caso do pagamento parcelado, as contribuições devidas à seguridade social serão recolhidas na mesma data e proporcionalmente ao valor de cada parcela.
>
> § 2º Nos acordos homologados em que não figurarem, discriminadamente, as parcelas legais de incidência da contribuição previdenciária, esta incidirá sobre o valor total do acordo homologado.

§ 3º Não se considera como discriminação de parcelas legais de incidência de contribuição previdenciária a fixação de percentual de verbas remuneratórias e indenizatórias constantes dos acordos homologados, aplicando-se, nesta hipótese, o disposto no parágrafo anterior.

§ 4º A contribuição do empregado no caso de ações trabalhistas será calculada, mês a mês, aplicando-se as alíquotas previstas no art. 198, observado o limite máximo do salário de contribuição.

§ 5º Na sentença ou acordo homologado, cujo valor da contribuição previdenciária devida for inferior ao limite mínimo permitido para recolhimento na Guia da Previdência Social, é autorizado o recolhimento dos valores devidos cumulativamente com as contribuições normais de mesma competência. (Incluído pelo Decreto n. 4.032, de 2001)

§ 6º O recolhimento das contribuições do empregado reclamante deverá ser feito na mesma inscrição em que são recolhidas as contribuições devidas pela empresa. (Incluído pelo Decreto n. 4.032, de 2001)

§ 7º Se da decisão resultar reconhecimento de vínculo empregatício, deverão ser exigidas as contribuições, tanto do empregador como do reclamante, para todo o período reconhecido, ainda que o pagamento das remunerações a ele correspondentes não tenham sido reclamadas na ação, tomando-se por base de incidência, na ordem, o valor da remuneração paga, quando conhecida, da remuneração paga a outro empregado de categoria ou função equivalente ou semelhante, do salário normativo da categoria ou do salário-mínimo mensal, permitida a compensação das contribuições patronais eventualmente recolhidas. (Incluído pelo Decreto n. 4.032, de 2001)

§ 8º Havendo reconhecimento de vínculo empregatício para empregado doméstico, tanto as contribuições do segurado empregado como as do empregador deverão ser recolhidas na inscrição do trabalhador. (Incluído pelo Decreto n. 4.032, de 2001)

§ 9º É exigido o recolhimento da contribuição previdenciária de que trata o inciso II do art. 201, incidente sobre o valor resultante da decisão que reconhecer a ocorrência de prestação de serviço à empresa, mas não o vínculo empregatício, sobre o valor total da condenação ou do acordo homologado, independentemente da natureza da parcela e forma de pagamento. (Incluído pelo Decreto n. 4.032, de 2001)

Art. 277. A autoridade judiciária deverá velar pelo fiel cumprimento do disposto no artigo anterior, executando, de ofício, quando for o caso, as contribuições devidas, fazendo expedir notificação ao Instituto Nacional do Seguro Social, para dar-lhe ciência dos termos da sentença, do acordo celebrado ou da execução.

Parágrafo único. O Instituto Nacional do Seguro Social fornecerá, quando solicitados, as orientações e dados necessários ao cumprimento do que dispõe este artigo.

Art. 278. Nenhuma contribuição é devida à seguridade social se a construção residencial for unifamiliar, com área total não superior a setenta metros quadrados, destinada a uso próprio, do tipo econômico e tiver sido executada sem a utilização de mão de obra assalariada.

Parágrafo único. Comprovado o descumprimento de qualquer das disposições do *caput*, tornam-se devidas as contribuições previstas neste Regulamento, sem prejuízo das cominações legais cabíveis.

Lembramos, também, que o art. 214 do mesmo Decreto trata das verbas que sofrem a incidência da contribuição previdenciária, bem como daquelas que não têm natureza salarial.

Normalmente, no que se refere às contribuições destinadas à Previdência Social e Imposto de Renda as empresas possuem assessoria jurídica que presta as informações necessárias ao preposto ou ao setor encarregado das providências pertinentes no que se refere aos descontos e recolhimentos legais.

O importante é o preposto estar atento aos cálculos da liquidação trabalhista, verificando se eles estão corretos no que concerne às verbas deferidas e os acréscimos legais, no caso, a correção monetária e juros de mora.

Entretanto, em se tratando de execução trabalhista, todos os cuidados devem ser tomados a fim de que não sejam ultrapassados os limites da condenação — trânsito em julgado —, que é o balizador da execução e, para isso, a empresa terá que contar com a participação do profissional de direito que é o responsável pelo processo.

REFERÊNCIAS BIBLIOGRÁFICAS

ALMEIDA, Cléber Lucio de. *Abuso do direito no processo do trabalho*. Belo Horizonte: Inédita, 2000.

BAPTISTA DA SILVA, Ovídio A. *Comentários ao Código de Processo Civil, do processo de conhecimento, arts. 1º a 100.* São Paulo: Revista dos Tribunais, 2000.

BARBI, Celso. *Comentários ao CPC.* 5. ed. Rio de Janeiro: Forense, 1988. v. I, n. 154.

BRESOLIN, Umberto Bara. Revelia e seus efeitos. In: CARMONA, Carlos Alberto (coord.). *Coleção Atlas de processo civil.* São Paulo: Atlas, 2006.

CAMPINHO, Sérgio. *O direito de empresa à luz do novo código civil.* 8. ed. Rio de Janeiro: Renovar, 2007.

CARRION, Valentin. *Comentários à CLT.* 43. ed. São Paulo: Saraiva, 2019.

______. *Comentários à CLT.* 26. ed. São Paulo: Saraiva, 2001.

CARRION, Valentin; SILVESTRE, Rita Maria. Os empregados domésticos. In: PINTO, José Augusto Rodrigues (coord.). *Noções atuais de direito do trabalho. Estudos em homenagem ao professor Élson Gottschalk.* São Paulo: LTr, 1995.

CISNEIROS, Gustavo. *Manual de audiência e prática trabalhista.* 3. ed. São Paulo: Gen/ Método, 2017.

COSTA, Coqueijo. *Direito processual do trabalho.* 2. ed. Rio de Janeiro: Forense, 1998.

DAIDONE, Décio Sebastião. *Direito processual do trabalho, ponto a ponto.* 4. ed. São Paulo: LTr, 2016.

DOMINGUES, Marcos Abílio. *Introdução ao direito coletivo de trabalho.* São Paulo: LTr, 2000.

FEÓLA, Luiz Fernando. *Prática jurídica no processo eletrônico na justiça do trabalho.* 2. ed. São Paulo: LTr, 2018.

FERRARA, Francesco. *Interpretação e aplicação das leis.* 3. ed. Coimbra: Armênio Amado, 1978.

FERRARI, Irany. A legislação trabalhista e o consórcio de empregadores. In: SILVESTRE, Rita Maria; NASCIMENTO, Amauri Mascaro (coords.). *Os novos paradigmas do direito do trabalho. Homenagem a Valentin Carrion.* São Paulo: Saraiva, 2001.

FERREIRA, Germana Monteiro de Castro. *TST principais julgamentos.* Salvador: Juspodivm, 2009.

GARCIA, Gustavo Filipe Barbosa. *CLT comentada de acordo com a reforma trabalhista.*
3. ed. São Paulo: Gen/Método, 2019.

GARCIA, Roni Genicolo. *Manual de rotinas trabalhistas* – problemas práticos na atuação diária. 10. ed. São Paulo: Gen/Atlas, 2017.

GEMIGNANI, Tereza Asta. Conciliação e a função promocional do direito: uma leitura constitucional. In: GUNTHER, Luiz Eduardo; PIMPÃO, Rosemarie Diedrichs (coords.); BUSNARDO, Juliana Cristina; SANTOS, Willians Franklin Lia dos (orgs.). *Conciliação. Um caminho para a paz social.* Curitiba: Juruá, 2013.

GIGLIO, Wagner D.; CORRÊA, Claudia Giglio Veltri. *Direito processual do trabalho.*
15. ed. São Paulo: Saraiva, 2005.

GIOMETTI, Patrícia Esteves Jordão. *O preposto sob a nova ordem trabalhista,* 9.4.2018. Disponível em: <www.Migalhas.com.br>. Acesso em 4 ago. 2019.

GONÇALVES, Emílio. *Manual de prática processual trabalhista.* 6. ed. rev. e atual. por Irany Ferrary e Melchíades Rodrigues Martins. São Paulo: LTr, 2001.

______ . *O preposto do empregador no processo do trabalho.* 3. ed. São Paulo: LTr, 1995.

GRINOVER, Ada Pellegrini. *A marcha do processo.* 1. ed. Rio de Janeiro: Forense Universitária, 2000.

HINZ, Henrique Macedo. *Audiência trabalhista na prática.* 3. ed. São Paulo: Saraiva Jur, 2018.

HOUAISS. *Dicionário da língua portuguesa.* 1. ed. Rio de Janeiro: Objetiva, 2009.

LOBO XAVIER, Bernardo da Gama. *Curso de direito do trabalho.* Lisboa: Verbo, 1992.

LOPES, Otávio Brito. Consórcio de empregadores rurais. *Revista Jurídica Consulex,* ano V, n. 111, 31.8.2001.

LOPES DE ANDRADE, Everaldo Gaspar. *Dissídio coletivo.* São Paulo: LTr, 1993.

MACIEL, Fernando Antônio Barbosa. *Capacidade & entes não personificados.* Curitiba: Juruá, 2001.

MALTA, Christovão Piragibe Tostes; ARAGÃO, Luiz Fernando Basto. *Comentários à CLT.* 7. ed. São Paulo: LTr, 1995.

______ . *Prática de processo trabalhista.* 14. ed. São Paulo: LTr, 1995.

MARTINS, Sergio Pinto. *Comentários à CLT.* 14. ed. São Paulo: Atlas, 2010.

______ . *Comentários à CLT.* 21. ed. São Paulo: Saraiva, 2018.

______ . *Estudos de direito.* São Paulo: LTr, 1998.

______ . *Práticas discriminatórias contra a mulher e outros estudos.* São Paulo: LTr, 1996.

MATIELO, Fabrício Zamprogna. *Código civil comentado.* 3. ed. São Paulo: LTr, out. 2007.

MEIRELLES, Edilton. *Grupo econômico trabalhista.* São Paulo: LTr, 2002.

MELO, Raimundo Simão de. *A greve no direito brasileiro*. 4. ed. São Paulo: LTr, jun. 2017.

MENDES, Marlene; ALMEIDA, Sérgio; BOTELHO, João. *Código de processo do trabalho anotado*. Lisboa: Petrony, 2010.

MENDONÇA, José Xavier Carvalho de. *Tratado de direito comercial brasileiro*. Rio de Janeiro: Freitas Bastos, 1933.

MIESSA, Élisson; CORREIA, Henrique. *Súmulas e OJs do TST comentadas e organizadas por assunto*. 8. ed. Salvador: Juspodivm, 2018.

MILHOMENS, Jônatas; ALVES, Geraldo Magela. *Vocabulário prático de direito*. Rio de Janeiro: Forense, 2001.

MORAIS FILHO, Evaristo de *apud* DUARTE NETO, Bento Herculano. *Temas modernos de processo e direito do trabalho*. São Paulo: LTr, 1994.

NASCIMENTO, Amauri Mascaro. *Elementos de direito processual do trabalho*. São Paulo: LTr, 1973.

NASSIF, Elaine. *Conciliação judicial e indisponibilidade de diretos* — paradoxos da justiça menor no processo civil e trabalhista. São Paulo: LTr, jul. 2005.

NEGRÃO, Theotônio. *Código de processo civil e legislação processual em vigor*. 31. ed. São Paulo: Saraiva, 2000.

NEVES, Daniel Amorim Assumpção. *Novo código de processo civil comentado, artigo por artigo*. 1. ed. Salvador: JusPodivm, 2016.

NOBRE, George de Oliveira. *O preposto na justiça do trabalho*. 2. ed. São Paulo: LTr, nov. 2013.

OLIVEIRA, Aristeu de. *Manual de prática trabalhista*. 31. ed. São Paulo: Atlas, 2000.

OLIVEIRA, Francisco Antonio de. *Manual de processo do trabalho*. 2. ed. São Paulo: Revista dos Tribunais, 1999.

OLIVEIRA, José Antônio de. *Justiça com desconto. Uma visão crítica da conciliação na execução trabalhista*. São Paulo: Letras Jurídicas, 2016.

OLIVEIRA, Vallisney de Souza. *Audiência, instrução e julgamento.* São Paulo: Saraiva, 2001.

PAMPLONA FILHO, Rodolfo; VILLATORE, Marco Antônio César. *Direto do trabalho doméstico.* 2. ed. São Paulo: LTr, 2001.

PASCO, Mario. *Fundamentos do direito processual do trabalho.* Tradução de Edilson Alkmim Cunha, Revisão Técnica de Amauri Mascaro Nascimento. São Paulo: LTr, 1997.

PINTO, José Augusto Rodrigues. *Execução trabalhista.* 7. ed. São Paulo: LTr, 1996.

______. *Anais da Academia Nacional de Direito do Trabalho.* Atualidades de Direito do Trabalho, Coordenadores Nelson Mannrich, Gustavo Vogel, Valdir Florindo e Yone Frediani. São Paulo: LTr, 2011.

PINTO, José Augusto Rodrigues; PAMPLONA FILHO, Rodolfo. *Direitos individuais.* São Paulo: LTr, 2001. v. I.

PINTO, Raymundo Antônio Carneiro; BRANDÃO, Cláudio. *Orientações jurisprudenciais do TST comentadas.* 3. ed. São Paulo: LTr, 2011.

PRUNES, José Luiz Ferreira. *Absenteísmo, revelia e confissão no direito brasileiro do trabalho.* 2. ed. São Paulo: LTr, 1999.

QUEIROZ, Raphael Augusto Sofiati de. *Os princípios da razoabilidade e proporcionalidade das normas e sua repercussão no processo civil brasileiro.* Rio de Janeiro: Lumen Juris, 2000.

RIBEIRO, Fábio Túlio Correia. *Processo do trabalho básico* – da inicial à sentença. São Paulo: LTr, 1997.

ROBERTO DE SÁ, Lucas. *Condomínio. A responsabilidade do síndico.* São Paulo: LTr, 2001.

ROTONDI, Mário *apud* MAXIMILIANO, Carlos. *Hermenêutica e aplicação do direito.* Rio de Janeiro: Forense, 2011.

RUSSOMANO, Mozart Victor. *Comentários à consolidação das leis do trabalho.* 17. ed. Rio de Janeiro: Forense, 1997. v. I.

SCALÉRCIO, Marcos; MINTO, Tulio Martinez. *Prática de audiência trabalhista conforme o novo CPC.* 1. ed. São Paulo: LTr, jun. 2016.

SCHWARZ, Rodrigo Garcia (org.). *Dicionário:* direito do trabalho; direito processual do trabalho. Direito previdenciário aplicado ao direito do trabalho. São Paulo: LTr, 2012.

SERSON, José. *Curso de rotinas trabalhistas.* Atualizada por Annibal Fernandes. 37. ed. São Paulo: Revista dos Tribunais, 1997.

SILVA, De Plácido e. *Vocabulário jurídico.* 28. ed. Atualizadores Nagib Slaibi Filho e Gláucia Carvalho. Rio de Janeiro: Forense, 2009.

SILVA, José Antônio Ribeiro de Oliveira. *Questões relevantes do procedimento sumaríssimo. 100 perguntas e respostas.* São Paulo: LTr, 2000.

SOBRINHO, Elicio Cresci. *Dever de veracidade das partes no novo Código de Processo Civil.* São Paulo: Vellenich, 1975.

SOUZA, Artur César de. *Código de processo civil.* 1. ed. São Paulo: Almedina, 2015. v. I: parte geral (arts. 1º a 317).

SOUZA JÚNIOR, Antonio Umberto de; SOUZA, Fabiano Coelho de; MARANHÃO, Ney; AZEVEDO NETO, Platon Teixeira de. *Manual prático das audiências trabalhistas.* 1. ed. São Paulo: Revista dos Tribunais, Thomson Reuters, 2018.

SÜSSEKIND, Arnaldo. *Instituições de direito do trabalho.* 18. ed. São Paulo: LTr, 1999.

TEIXEIRA FILHO, Manoel Antonio. *O processo do trabalho e a reforma trabalhista.* 2. ed. São Paulo: LTr, 2018.

THEODORO JUNIOR, Humberto. *Abuso dos direitos processuais.* Coordenação de José Carlos Barbosa Moreira. Rio de Janeiro: Forense, 2000.

______. *Direito e processo* — direito processual civil ao vivo. Rio de Janeiro: Aide, 1997. v. 5.

ZAINAGHI, Domingos Sávio. O preposto da empresa e sua atuação na justiça do trabalho. *Síntese Trabalhista*, Porto Alegre: Síntese, n. 142, abr. 2001.

Jurisprudência

MARTINS, Melchíades Rodrigues (elab.). *Suplemento de Jurisprudência LTr*, São Paulo: LTr.

______. *Jurisprudência trabalhista brasileira.* Curitiba: Juruá, v. 50.